■知行经管系列■

企业财务管理
QI YE CAI WU GUAN LI

李 燕 张永刚 编著

基金项目一：江苏省教育厅教改项目：基于"能力本位"的中职与本科七年一贯制分段培养课程体系建设研究

基金项目二：南京人才培养创新实验基地项目：基于教学做合一的经管专业高素质应用型人才培养创新实验基地

东南大学出版社
SOUTHEAST UNIVERSITY PRESS
·南京·

图书在版编目(CIP)数据

企业财务管理 / 李燕,张永刚编著. —南京:东南大学出版社,2016.12
(知行经管系列 / 赵玉阁主编)
ISBN 978-7-5641-6900-8

Ⅰ.①企… Ⅱ.①李… ②张… Ⅲ.①企业管理—财务管理 Ⅳ.①F275

中国版本图书馆 CIP 数据核字(2016)第 316689 号

企业财务管理

出版发行	东南大学出版社
出 版 人	江建中
社　　址	南京市四牌楼 2 号(邮编:210096)
网　　址	http://www.seupress.com
责任编辑	孙松茜(E-mail:ssq19972002@aliyun.com)
经　　销	全国各地新华书店
印　　刷	常州市武进第三印刷有限公司
开　　本	700mm×1000mm　1/16
印　　张	13.75(插页 4)
字　　数	287 千字
版　　次	2017 年 1 月第 1 版
印　　次	2017 年 1 月第 1 次印刷
书　　号	ISBN 978-7-5641-6900-8
定　　价	39.80 元

(本社图书若有印装质量问题,请直接与营销部联系。电话:025-83791830)

知行经管系列编委会名单

（按姓氏拼音排序）

主　任：赵玉阁

副主任：季　兵　林　彬　刘宏波　张志军
　　　　赵　彤　朱长宏

委　员：陈少英　戴孝悌　高振杨　季　兵
　　　　林　彬　刘宏波　单以红　沈　毅
　　　　席佳蓓　许国银　张美文　张志军
　　　　赵　彤　赵玉阁　周　姣　朱长宏

总 序

胡锦涛总书记在庆祝清华大学建校100周年大会上的讲话中,明确指出了全面提高高等教育质量的战略思路。全面提高高等教育质量,要坚持以提升人才培养水平为核心。高等教育的根本任务是培养人才。要从教育规律、教学规律和人才成长的规律出发,更新教育理念,把促进人的全面发展和适应社会需要作为衡量人才培养水平的根本标准,形成体系开放、机制灵活、渠道互通、选择多样的人才培养体系。

面对新形势对高等教育人才培养提出的新要求,我们一直在思索,作为新办本科院校经济管理专业在课程设置、教材选择、教学方式等方面怎样才能使培养的学生适应社会经济发展的客观需要。

顾明远先生主编的《教育大词典》对教材的界定为:教材是教师和学生据以进行教学活动的材料,教学的主要媒体,通常按照课程标准(或教学大纲)的规定,分学科门类和年级顺序编辑,包括文字教材和视听教材。由此可见,教材是体现教学内容的知识载体,人才的培养离不开教材。高质量教材是高质量人才培养的基本保障。

鉴于教材质量在高等教育人才培养中的基础地位和重要作用,按照高等院校经济类和管理类学科本科专业应用型人才培养要求,我们深入分析了新办本科院校经济管理类专业本科学生的现状及存在的问题;探索经济管理类专业高素质应用型本科人才培养途径,在明确人才培养定位的基础上,组织了长期在教学第一线从事教学工作的教师进行教材编写。我们在策划和编写本系列教材过程中始终贯彻精品战略的指导思想,以科学性、先进性、系统性、实用性和创新性为目标,教材编写特色主要体现在强调"新思维、新理念、新能力"三个方面。

1. 新思维

关注经济全球化发展新进程和经济管理学科发展的大背景,贯彻教育部《普通高等学校本科专业目录(2012年)》对经济类和管理类学科本科专业设置及人才培养的新要求,编写内容更新,汇集了国内外相关领域的最新观点、方法及教学改革成果,力求简明易懂、内容系统和实用;编写体例新颖,注意广泛吸收国内外优秀教材的写作思路和写作方法,图文并茂;教材体系完整,涵盖经济类和管理类专业核心课程和专业课程,注重把握相关课程之间的关系,构建完整、严密的知识体系。

2. 新理念

秉承陶行知先生"教学做合一"的教育理念,突出创新能力和创新意识培养;贯彻以学生为本的教学理念,注重提高学生学习兴趣和学习动力,如在编写中注重增加相关内容以支持教师在课堂中使用启发式教学等先进的教学手段和多元化教学方法,以激发学生的学习兴趣和学习动力。

3. 新能力

高素质应用型本科人才培养目标核心是培养学生的综合能力,本系列教材力图在培养学生自我学习能力、创新思维能力、创造性解决问题能力和自我更新知识能力方面有所建树。教材具备大量案例研究分析内容,特别是列举了我国经济管理工作中的最新实际实例和操作性较强的案例,将理论知识与实际相结合,让学生在学习过程中理论联系实际,增强学生的实际操作能力。

感谢参加本系列教材编写和审稿的老师们付出的大量卓有成效的辛勤劳动。由于编写时间紧等原因,本系列教材肯定还存在一定的不足和错漏,但本系列教材是开放式的,我们将根据社会经济发展和人才培养的需要、学科发展的需要、教学改革的需要、专业设置和课程改革的需要,对教材的内容进行不断的补充和完善。我们相信在各位老师的关心和帮助下,本系列教材一定能够不断改进和完善,在我国经管专业课程体系建设中起到应有的促进作用。

赵玉阁
2013 年 2 月 1 日

目 录

第1章 总论 ... 1
- 1.1 企业财务管理的概念 ... 1
- 1.2 企业财务管理的目标 ... 4
- 1.3 企业财务管理与金融市场 ... 10
- 1.4 企业财务管理学与相关学科的关系 ... 11
- 思考练习题 ... 13

第2章 企业财务管理的价值观念 ... 16
- 2.1 货币时间价值 ... 16
- 2.2 风险(Risk) ... 34
- 思考练习题 ... 44

第3章 筹资管理 ... 48
- 3.1 筹资概述 ... 48
- 3.2 长期筹资方式 ... 57
- 3.3 短期筹资方式 ... 83
- 3.4 资本成本 ... 89
- 3.5 财务杠杆与最佳资本结构 ... 100
- 思考练习题 ... 104

第4章 长期投资管理 ... 111
- 4.1 投资管理概述 ... 111
- 4.2 现金流量的构成与计算 ... 114
- 4.3 投资决策的主要方法 ... 116
- 思考练习题 ... 133

第 5 章 营运资金投资管理 …………………………………………… 138

5.1 营运资金概述 ……………………………………………… 138
5.2 现金管理 …………………………………………………… 142
5.3 应收账款管理 ……………………………………………… 153
5.4 存货管理 …………………………………………………… 168
思考练习题 …………………………………………………… 180

第 6 章 利润分配的管理 …………………………………………… 186

6.1 利润分配概述 ……………………………………………… 186
6.2 股利理论 …………………………………………………… 194
6.3 股利政策 …………………………………………………… 197
思考练习题 …………………………………………………… 201

上市公司股东大会规则(2014 年修订) ……………………………… 204

附表一 复利终值系数表(FVIF 表)

附表二 复利现值系数表(PVIF 表)

附表三 年金终值系数表(FVIFA 表)

附表四 年金现值系数表(PVIFA 表)

第 1 章 总 论

◎ 学习要点：
本章主要讲授财务管理的基本概念，要求同学们能够建立起财务管理学习的系统性概念框架。其中财务活动、财务关系、财务管理基本内容及财务管理最终目标是本章学习的重点。

◎ 学习难点：
理解并区分不同财务管理最终目标的特点。

1.1 企业财务管理的概念

企业财务管理(Financial Management)，是企业组织财务活动、处理财务关系的一项经济管理工作。企业财务管理是公司管理的一个重要组成部分，是社会经济发展到一定阶段的产物。

1.1.1 企业财务活动

企业财务活动是以现金收支为主的企业资金收支活动的总称，具体表现为企业在资金的筹集、投资及利润分配活动中引起的资金流入及流出。

1. 企业筹资引起的财务活动

企业从事经营活动，必须要有资金。资金的取得是企业生存和发展的前提条件，也是资金运动和资本运作的起点。企业可以通过借款、发行股票等方式筹集资金，表现为企业的资金的流入。企业偿还借款、支付利息、股利以及付出各种筹资费用等，则表现为企业资金的流出。这些因为资金筹集而产生的资金收支，便是由企业筹资引起的财务活动。

企业需要多少资金、资金从哪来、以什么方式取得、资金的成本是多少、风险是否可控等一系列问题需要财务人员去解决。财务人员面对这些问题时，一方面要保证筹集的资金能满足企业经营与投资的需要；另一方面还要使筹资风险在企业的掌握之中，以免企业以后由于无法偿还债务而陷入破产境地。

2. 企业投资引起的财务活动

企业筹集到资金以后,使用这些资金以获取更多的价值增值,其活动即为投资活动,相应产生的资金收支便是由企业投资引起的财务活动。

投资活动包括对内投资及对外投资。对内投资主要是使用资金以购买原材料、机器设备、人力、知识产权等资产,自行组织经济活动方式获取经济收益。对外投资是使用资金购买其他企业的股票、债券或与其他企业联营等方式获取经济收益。对内投资中,公司用于添置设备、厂房、无形资产等非流动资产的对内投资由于回收期较长,又称对内长期投资。对内长期投资通常形成企业的生产运营环境,形成企业经营的基础。企业必须利用这些生产运营环境,进行日常生产运营,组织生产产品或提供劳务,并最终将所产产品或劳务变现方能收回投资。日常生产运营活动也是一种对内投资活动,这些投资活动主要形成了应收账款、存货等流动资产,资金回收期较短,故又被称为对内短期投资。

企业有哪些方案可以备选投资、投资的风险是否可接受、有限的资金如何尽可能有效地投放到最大报酬的项目上是财务人员在这类财务活动中要考虑的主要问题。财务人员面对这些问题时,一方面要注意将有限的资金尽可能加以有效的使用以提高投资效益,另一方面要注意投资风险与投资收益之间的权衡。

3. 企业利润分配引起的财务活动

从资金的来源看,企业的资金分为权益资本和债务资本两种。企业利用这两类资金进行投资运营,实现价值增值。这个价值增值扣除债务资本的报酬即利息之后若还有盈余,即为企业利润总额。我国相关法律法规规定企业实现的利润应依法缴纳企业所得税,缴纳所得税后的利润为税后利润又称为净利润。企业税后利润还要按照法律规定按以下顺序进行分配:一是弥补企业以前年度亏损;二是提取盈余公积;三是提取公益金,用于支付职工福利设施的支出;四是向企业所有者分配利润。这些活动即为利润分配引起的财务活动。

利润分配活动中尤为重要的是向企业所有者分配利润。企业需要制定合理的利润分配政策,相关政策既要考虑所有者近期利益的要求,又要考虑企业的长远发展,留下一定的利润用作扩大再生产。

上述财务活动的三个方面不是相互割裂、互不相关的,而是相互联系、互相依存的。因此,合理组织这些财务活动即构成了财务管理的基本内容,即筹资管理、投资管理及利润分配的管理三个方面。由于投资活动中的对内短期投资主要用于企业的日常运营,是企业最为频繁且相当重要的财务活动,因此也有学者将财务管理的基本内容分为筹资管理、投资管理、营运资本管理、利润及其分配的管理四方面内容,本书亦认可此观点。

1.1.2 企业财务关系

企业在组织财务活动过程中与其利益相关者之间发生的经济关系即为企业

财务关系。在企业发展过程中,离不开各种利益相关者的投入或参与,比如股东、政府、债权人、雇员、消费者、供应商,甚至是社区居民。他们是企业的资源,对企业生产经营活动能够产生重大影响。企业要照顾到各利益相关者的利益才能使企业生产经营进入良性循环状态。

1. 企业与其所有者之间的财务关系

企业的所有者是指向企业投入股权资本的单位或个人。企业的所有者必须按投资合同、协议、章程等的约定履行出资义务,及时提供企业生产经营必需的资金;企业利用所有者投入的资金组织运营,实现利润后,按出资比例或合同、章程的规定,向其所有者分配利润。企业同其所有者之间的财务关系体现着所有权的性质,反映着经营权和所有权的关系。

2. 企业与其债权人之间的财务关系

企业除利用所有者投入的资本金进行经营活动外,还会向债权人融入一定数量的资金以补充资本金的不足或降低成本企业资本成本。企业债权人是指那些对企业提供需偿还的资金的单位和个人,包括贷款债权人和商业债权人。贷款债权人是指给企业提供贷款的单位或个人;商业债权人是指以出售货物或劳务形式提供短期融资的单位或个人。

企业利用债权人的资金后,对贷款债权人,要按约定还本付息;对商业债权人,要按约定时间支付本金,若约定有利息的,还应按约定支付利息。企业同其债权人之间体现的是债务与债权的关系。

3. 企业与其受资者之间的财务关系

企业投资除了对内投资以外,还会以购买股票或直接投资的形式向其他企业投出股权资金。企业按约定履行出资义务,不直接参与被投资企业的经营管理,但按出资比例参与被投资企业的利润及剩余财产的分配。被投资企业即为受资者,企业同其受资者之间的财务关系体现的是所有权与经营权的关系。

4. 企业与其债务人之间的财务关系

企业经营过程中,可能会有闲置资金。为了有效利用资金,企业会去购买其他企业的债券或向其他企业提供借款以获取更多利息收益。另外,在激烈的市场竞争环境下,企业会采用赊销方式促进销售,形成应收账款,这实质上相当于企业借给了购货企业一笔资金。这两种情况下,借出资金的企业为债权人,接受资金的企业即为债务人。企业将资金借出后,有权要求其债务人按约定的条件支付利息和归还本金。企业同其债务人的关系体现的是债权与债务关系。

5. 企业与国家之间的财务关系

国家作为社会管理者,担负着维护社会正常秩序、保卫国家安全、组织和管理社会活动等任务。国家为企业生产经营活动提供公平竞争的经营环境和公共设施等条件,为此所发生的"社会费用"须由受益企业承担。企业承担这些费用的主要形式是向国家缴纳税金。依法纳税是企业必须承担的经济责任和义务，以确保国家财政收入的实现；国家秉承着"取之于民、用之于民"的原则，将所征收的税金用于社会各方面的需要。企业与税务机关之间的关系反映的是依法纳税和依法征税的义务与权利的关系。

6. 企业内部各单位之间的财务关系

企业是一个系统，各部门之间通力合作，共同为企业创造价值。因此各部门之间关系是否协调，直接影响企业的发展和经济效益的提高。企业目前普遍实行内部经济核算制度，划分若干责任中心、分级管理。企业为了准确核算各部门的经营业绩，合理奖惩，各部门间相互提供产品和劳务要进行内部结算，由此而产生了资金内部的收付活动。企业内部各单位之间的财务关系实质体现的是在劳动成果上的内部分配关系。

7. 企业与员工之间的财务关系

员工是企业的第一资源，员工又得依靠企业而生存，两者相互依存。正确处理好公司与员工之间的关系，对于一个公司的发展尤为重要，也是一个公司发展壮大的不竭动力。员工为企业创造价值，企业将员工创造的价值的一部分根据员工的业绩作为报酬（包括工资薪金、各种福利费用）支付给员工。企业与员工之间的财务关系实质体现的也是在劳动成果上的分配关系。

1.2　企业财务管理的目标

目标是系统运行所希望实现的结果，其具有导向、激励、凝聚及考核作用，正确的目标是系统良性循环的前提。企业财务管理目标（简称财务目标）对企业财务管理系统的运行也具有同样的意义，是评价企业理财活动是否合理的基本标准，是财务管理实践中进行财务决策的出发点和归宿。

财务目标具有层次性，其可以按一定标准划分为整体财务目标、分步财务目标及具体财务目标三类不同的层次。整体财务目标又称总财务目标，是一段时期内公司全部财务管理活动应实现的根本目标。整体财务目标比较笼统，必须将其进行逐步、分层分解，制定更为细致、可操作性的目标。将各层次目标分解至不可或无需再分解的程度的目标即为具体目标，即各部门可立即付诸实现的目标。整体目标与具体目标之间的分层次目标则被称为分步目标。整体目标处于支配地位，决定着分步目标及具体目标；整体目标的实现又有赖于分步目标及具体目标的科学实施与整合。

受社会政治环境、经济环境的影响，财务目标具有阶段性的特点：不同时期、不同财务环境下，财务目标是不一样的；即使是在同一时期，不同企业由于所面临的具体经营环境不同，财务目标也不尽相同。财务目标还具有稳定性的特点。若财务目标朝令夕改,会令企业管理人员无所适从,也就没有目标可谈了。因此,财务目标应是阶段性与稳定性的统一,即一个企业一旦确立了某一个财务目标,这一财务目标在一段时间内将会保持稳定不变。

1.2.1 企业财务管理整体目标

如上所述,不同时期、不同政治经济环境下有不同形式的财务管理整体目标。自1949年新中国成立至今,随着我国经济的发展、经济环境的变革,我国先后出现了以下四种形式的财务管理整体目标。

1. 产值最大化目标

产值是指生产出的产品的价值。产值最大化目标是指企业以一段时期内生产的产品价值为考核目标。企业领导人职位的升迁,职工个人利益的多少,均由完成的产值计划指标的程度来决定。

产值最大化是中国、前苏联以及东欧各个社会主义国家在计划经济体制下产生的。1949年新中国成立伊始,中国的经济极为困难,物质资料极其匮乏,当时最迫切的任务是尽可能多地生产出人们所需要的物品。在当时条件下,这一整体目标对尽快恢复生产、恢复经济、发展经济、满足人民基本生活需求具有非常重大的意义。但是,随着经济的发展,计划经济体制逐渐对经济发展产生了极大的束缚作用,总产值最大化也越来越暴露其自身的特点:只求数量,不求质量;只讲产值,不讲效益。一方面,之前由于物资缺乏,人们对产品的质量及个性化的设计的要求并不高,企业的产品只要能生产出来,就能销售出去,从而造成了企业对产品质量及品种的多样性方面重视不足。另一方面,因为产值最大化并不考核成本,管理层只要能增加总产值,而不管产品能否适销对路,也不管是否能以高于产品成本的价值销售出去,获得真正的价值增值。但是随着技术、经济的不断发展,越来越多的产品出现了剩余,人们不再是"饥不择食",而是开始注重产品的质量及个性化的特点。显然,若仍以产值最大化为整体目标已不再适合,否则其结果是导致产品销售不出去,积压在仓库中,最后贬值甚至全部报废,"赔了夫人又折兵"。为克服产值最大化目标存在的缺陷,利润最大化目标被提了出来。

2. 利润最大化

利润最大化目标是指企业以一段时期内实现的会计利润为考核目标。企业领导人职位的升迁,职工个人利益的多少,均根据实现的会计利润的多少来决定。

利润是一定时期收入扣除成本后的余额,代表了这段时期企业新创造的价值增值,利润越多则企业的财富增加得越多。企业生产出来的产品只有被销售出去才能确认收入,并且要以高于成本的价格销售出去,才能获取正的利润。在市场竞争日益激烈的情况下,只有质量好,满足消费者个性化需求的产品才能畅销。因此,利润最大化目标可以克服上述讨论的产值最大化目标导致的缺陷。利润最大化目标早在 19 世纪初就被西方企业广泛运用。我国自 1978 年经济体制改革以后,市场经济模式逐渐确立,企业面向市场自主经营、自负盈亏,利润最大化目标替代了产值最大化目标被我国企业广为采用。

利润最大化目标并非没有缺点,随着经济环境的不断变化,其缺点也逐渐显现。

(1) 没有考虑资金的时间价值

会计利润是按照权责发生制原则进行核算的,会计利润与中含有未达账项,通常会计利润与实际收到现金的利润是不相等的,则据此目标,有可能会导致错误的决策。例如:A、B 两个投资项目,投资成本均为 800 万元,收入均为 900 万元,其会计利润都是 100 万元;但在一时间内 A 项目的所有收入均已收回,而 B 项目的收入尚有 500 万元未收回。若按利润最大化目标来评价这两个项目,应是两个方案都可行。可是此例中,显然 A 项目更好一些。

(2) 没有有效考虑风险问题

利润最大化目标容易引导管理层选择投资项目时尽可能选择利润高的项目。殊不知,高风险往往伴随着高利润,管理层决策时若不考虑风险一味追求高利润,会将企业带上"不归路"。

(3) 可能导致管理层的短期行为

影响利润的因素主要有收入与成本两大类因素。若收入没有增加,成本降低也可增加利润。因此,有些企业在未能有效"开源"的情况下,会采取一些短期行为,如减少产品开发、人员培训、设备更新方面的支出来提高当期的利润以完成任务。更有甚者,有些管理层有可能人为调节利润,使企业表面利润增加,实际企业财富并未增加,反而会因兑现虚假绩效而降低。这显然对企业的长期发展极为不利。为克服利润最大化目标存在的缺陷,股东财富最大化目标、企业价值最大化目标相继被提出。

3. 股东财富最大化

企业主要是由股东出资形成的,股东是企业的所有者。股东财富即企业的所有者拥有的企业的资产的价值。在股份制公司中,股东的财富就由其所拥有股票的数量和每股股票的市场价格来决定。当股票数量一定时,股票价格达到最高,就能使股东财富价值达到最大。因此,股东财富最大化最终体现为股票价格最大化。股东财富最大化目标是指企业以一段时期后的股票价格为考核目标。企业领导人职位的升迁、职工个人利益的多少,均根据股票价格的高低来决定。

股东财富最大化目标与利润最大化目标相比,具有以下优点:

(1) 一定程度上考虑了资金的时间价值

这一优点可以从股票定价原理角度来分析。

Williams(1938 年)提出的现金股利折现模型是公认的最基本的股票定价理

论模型,其基本原理是:

$$P_t = \sum_{t=1}^{+\infty} \frac{E\left(\frac{d_{t+1}}{\theta_t}\right)}{(1+r)^t} \tag{1.1}$$

公式(1.1)中,P_t 为 t 时刻股东投资的股票价格;d_{t+1} 为 $t+1$ 期间每股现金股利;θ_t 是 t 时刻可能获得的信息,r 是预期未来现金股利的折现率,$E\left(\frac{d_{t+1}}{\theta_t}\right)$ 是公司在经营期内预期能得到的股息收入。该模型认为股票的内在价值应等于该股票持有者在公司经营期内预期能得到的股息收入按一定折现率计算的现值。

从公式中可以看出影响股票价格的因素包括现金股利、折现率、当时市场信息等。现金股利及折现率因素体现了股票价格的确定需考虑资金时间价值的影响。

(2) 一定程度上考虑了风险因素

公式(1.1)中,股东可以从市场信息中判断企业经营中可能存在的风险,继而将风险体现在对股票的定价上。若企业经营风险较大,则股票价格会下降,反之则股票价格会上升。管理层若要股票价格最大化,则必须在风险与报酬间寻找一个平衡点。

(3) 一定程度上能够克服管理者追求利润上的短期行为

因为股价是未来各期收益的综合体现,每期的现金股利是根据其所属期的利润来确定的,无论是现在的利润还是预期的利润都会对企业的股票价格产生影响,则短期增加利润的行为对于实现股东财富最大化目标来说没有效果。

但是股东财富最大化也存在着一些缺陷,主要有:

(1) 忽视了除股东以外的其他利益相关者的利益

企业的利益相关者不仅仅只是股东,还包括债权人、员工、政府、社会公众等。所有的利益相关者都有可能对企业财务管理产生影响。股东通过股东大会或董事会参与企业经营决策,董事会直接任免企业经理甚至财务经理;债权人要求企业保持良好的资金结构和适当的偿债能力,以及按合约规定的用途使用资金;员工是企业财富的创造者,提供人力资本必然要求合理的报酬;政府为企业提供了公共服务,也要通过税收分享收益。正是各利益相关者的共同参与,构成了企业利益制衡机制。如果试图通过损害一方利益而使另一方获利,结果就会导致矛盾冲突,出现诸如股东抛售股票、债权人拒绝贷款、员工怠工、政府罚款等级不利现象,从而影响企业的可持续发展。而股东财富最大化目标可能会诱导管理层仅仅考虑管理层自己及股东的利益,有时甚至还会损害除股东以外的其他利益相关者的利益。

(2) 股票财富指标自身存在一定的缺陷

股票财富最大化是以股票价格为指标,而事实上影响股票价格的因素很多,并不都是企业管理层能够控制和影响的。把受不可控因素影响的股票价格作为企业财务管理目标显然不尽合理。也有些学者提出：对非上市企业来说，股票价格较难确定，因此股东财富最大化仅对股票上市的企业适用。[①]

4. 企业价值最大化

为了克服股东财富最大化目标存在的缺陷，企业价值最大化目标"应声"出现。衡量企业价值通常用下列公式：

$$V = \sum_{t=1}^{n} \frac{CF_t}{(1+r)^t} \tag{1.2}$$

V 表示企业价值，CF_t 表示企业第 t 期的现金流量，t 表示各期现金流入的时间，n 表示产生现金流量的总的期数，r 表示对企业各期所得到的净现金流入量的贴现率。

对企业价值的评价不仅评价企业已经获得的利润水平，更重要的是评价企业获得未来现金流入的能力和水平。因此，企业价值是能反映企业潜在或预期获利能力的企业全部资产的市场价值。企业的价值与预期的报酬成正比，但与风险成反比。此外，在寻求企业价值最大化的过程中，必须考虑和兼顾相关利益者之间的利益，并使之达到平衡，否则将不利于公司财务关系的协调，进而影响企业价值最大化的实现。

企业价值最大化目标除了具备股东财富最大化目标所具有的优点外，还具有兼顾了股东以外的利益相关者的利益的优点；但在计量上尤其是非上市公司企业价值的计量上仍存在一定的缺陷。

企业在确立财务整体目标时必须注意目标的唯一性，即上述目标均可作为企业的整体目标，但只能取其一，否则会因找不清方向而造成企业管理混乱。就我国国情来看，上述四种财务目标中，产值最大化目标已经过时，当前已没有任何企业再以此为整体财务目标了。利润最大化、股东财富最大化及企业价值最大化目标仍不同程度地被企业采用。利润最大化目标目前主要为非股份制企业及非上市股份制企业所采用，股东财富最大化目标目前主要为股份制企业尤其是股份制上市企业所采用；企业价值最大化目标由于其相对其他目标来说更为理想化，目前为少数有社会责任意识的股份制企业所采用。

1.2.2　财务管理目标相关的利益冲突

正所谓"众口难调"，企业众多的利益相关者的利益不可能完全一致，企业的财务目标不可能让所有的利益相关者绝对满意，从而使得某些利益相关者之间产生一定的利益冲突。这些利益冲突是否能被有效协调直接关系到财务目标的实

[①] 虽然非上市企业股票价格确实不如上市企业股票价格那样容易获得，但并非绝对获得不了。实践中，非上市企业转让时通常通过资产评估或公司未来可取得的现金流入量的方式来进行估值。

现程度。若想有效协调这些利益冲突,则必须了解这些利益冲突及产生的根源。

1. 股东与管理层的利益冲突

并不是所有的股东都懂经营,而资本只有运动起来才可能增值,那谁能来完成这个增值任务呢？现代公司制企业强调企业所有权与经营权分离,为那些不懂经营却想为自己掌握的资本寻找增值机会的人以及懂经营却没有资本的人(职业经理人)提供了一个合作的契机,实现资源、人力的最优化配置。股东聘用职业经理人来帮他们管理企业,这些职业经理人被称为管理层。管理层追求个人收入最大化,社会地位、声誉的提高,权力的扩大及舒适的工作条件;但股东则追求公司利润和股东权益最大化。由于信息的不对称,当管理层期望的回报得不到满足时,则有可能会通过消极怠工、在职消费、利用企业资源谋取私利等手段寻求心理平衡,最终股东的利益亦将受到伤害,由此便产生了股东与管理层之间的利益冲突。

2. 大股东与中小股东的利益冲突

企业的股东众多,若每个股东希望自己的意愿在企业得以实现,则企业的运作秩序将会陷于紊乱。因此股东们需要遵循一定的股东会表决制度将意愿合法地表示出来。当前股东会有"资本多数决"及"多重表决"两种制度。

资本多数决制度是指在股东大会上或者股东会上,股东按照其所持股份或者出资比例对企业重大事项行使表决权,经代表多数表决权的股东通过,方能形成决议。此种情况下,企业股本结构按同股同权的原则设计,股东持有的股份越多,出资比例越大,所享有的表决权就越大。多重表决制度是指一股享有多个表决权的股份,其是建立在双重股权结构基础之上的。双重股权结构是指上市公司股本可以同股不同权,通常是一般股东一股一票,但公司少数高管可以一股数票。是否允许多重表决权股,各国规定颇不一致：日本一般不允许多重表决权股,美国则允许公司章程规定多重表决权股。我国最新《公司法》第四十二条规定股东会会议由股东按照出资比例行使表决权;但是,公司章程另有规定的除外。

在实行资本多数决制度的企业,大股东[①]在股东大会上对企业的重大决策及在选举董事上实质上都拥有绝对的控制权。若大股东控制并积极行使控制权来管理企业,中小股东可以用相对较低的成本获取收益,得到"搭便车"的好处;但是若大股东利用其垄断性的控制地位做出对自己有利而有损于中小股东利益的行为,则大股东与中小股东之间即产生利益冲突。

3. 股东与债权人的利益冲突

企业的资金来源于股东投入的股权性质资金及债权人投入的债务性质的资

---

① 通常指控股股东。公司股权结构中,拥有半数以上的有表决权的股东,也称为绝对控股股东,随着公司股权的分散化,持股未达到半数以上的相对控股股东也能有效地控制公司董事会及公司的经营行为。现在市场上所说的大股东也大多都是相对控股股东,即不再单纯强调比例,而是着重看对公司的控制权。

金。当企业盈利时，股东权益增加，债权人的本金及利息偿付将会得到有力的保障；当企业亏损时，股东权益减少，但只要没有出现资不抵债的情况，债权人的利益仍是有保障的，其本金及利息仍将被全额偿付；当股东权益不断减少甚至接近于零时，债权人的本金及利息将不会得到完全的清偿。相比而言，企业股东的风险比企业债权人的风险偏高。有时股东会不考虑债权人的利益，投资于一些比债权人期望风险更高的项目，若成功，由于财务杠杆的作用，收益归股东所有，债权人不会得到额外收益；若失败导致股东权益为负时，债权人却将遭受损失。对债权人来说，这时的风险与报酬是不对等的。债权人为保护其利益不受损害，通常会与企业签订一个限制性的条款。但这些限制性条款又可能会影响股东获得更高收益，从而形成股东与债权人之间的利益冲突。

1.3 企业财务管理与金融市场

筹资与投资是企业财务管理的两大基本内容，它们都离不开金融市场。金融市场是资金供需双方通过某种方式进行资金交易的场所和机制。金融市场是企业财务管理活动外部环境的重要组成部分，其发达程度、金融机构的组织体制及运作方式、金融工具的丰富程度、金融市场参与者对风险的态度及报酬的要求都会对企业财务管理产生重大影响。

1.3.1 金融市场分类

金融市场可根据不同的标准分类，常见的分类方法如下。

1. 有形市场和无形市场

金融市场按形态不同可分为有形市场和无形市场。有形市场是交易者集中在有固定地点和交易设施的场所内进行交易的市场。无形市场是交易者分散在不同地点（机构）或采用电讯手段进行交易的市场。在证券交易电子化之前的证券交易所就是典型的有形市场，但目前世界上所有的证券交易所都采用了数字化交易系统，因此有形市场渐渐被无形市场所替代。场外交易市场、全球外汇市场和电子化的证券交易所市场都属于无形市场。

2. 货币市场和资本市场

金融市场按金融工具的期限不同可分为货币市场和资本市场。货币市场是融通短期资金的市场，期限一般短于1年，包括同业拆借市场、回购协议市场、商业票据市场、银行承兑汇票市场、短期政府债券市场、大面额可转让存单市场。资本市场是融通长期资金的市场，期限都在1年以上，多为3～5年，有的在10年以上甚至更长，包括中长期银行信贷市场和证券市场。中长期信贷市场是金融机构与工商企业之间的贷款市场，证券市场是通过证券的发行与交易进行融资的市场,包括债券市场、股票市场、保险市场、融资租赁市场等。

3. 发行市场和交易市场

金融市场按交易类型不同可分发行市场和交易市场。发行市场是资金需求者将金融资产首次出售给公众时所形成的交易市场,又称为初级市场或一级市场。交易市场是已发行的有价证券进行买卖交易的场所,又称二级市场,是资金从一个投资者手中转移到另一个投资者手中。交易市场为发行市场上的投资者提供了有效的退出通道,使投资者敢于在发行市场购买金融资产。这两个市场相互依存、相互制约。发行市场所提供的证券及其发行的种类、数量与方式决定着交易市场上流通证券的规模、结构与速度;交易市场上的证券供求状况与价格水平等又将有力地影响着初级市场上证券的发行。

1.3.2 金融工具

金融工具是资金融通交易的载体,是金融交易者在金融市场上买卖的对象。金融工具按与实际信用的关系可分为基础金融工具和衍生金融工具两类。

1. 基础金融工具

基础金融工具又称为原生金融工具或非衍生金融工具,是指在实际信用活动中出具的能证明债权债务关系或所有权关系的合法凭证,主要有商业票据、债券等债权债务凭证和股票、基金等所有权凭证。

2. 衍生金融工具

衍生金融工具又称派生金融工具、金融衍生品等,是由原生金融工具派生出来的,主要有期货、期权、远期、互换合约四种衍生工具以及由此变化、组合、再衍生出来的一些变形体。原生金融工具是金融市场上最广泛使用的工具,是衍生金融工具赖以生存的基础。

为适应经济的发展,市场上不断创新出新的金融工具,金融服务范围也一再拓展。这样的变革为企业筹资、投资提供极大的便利,但同时也派生出利率风险、汇率风险、表外风险等新的风险,使金融风险进一步加大。合理地利用金融工具在适合的金融市场有效地融资并规避风险将成为企业财务管理面临的最重要课题之一。

1.4 企业财务管理学与相关学科的关系

自1897年格林纳的《公司财务》一书出版以来,财务管理已成为一门独立的学科,但它与会计学、经济学、管理学、数学、计算机技术等有着密切的联系,具体如图1-1所示:

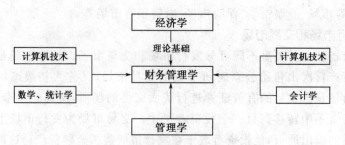

图 1-1 财务管理学与相关学科的关系

1.4.1 财务管理与经济学、管理学的关系

经济学是研究人类经济活动的规律即研究价值的创造、转化、实现的规律的理论。早在公元前即有系统的经济学理论指导人类的经济活动,如色诺芬的《经济论》、柏拉图的社会分工论和亚里士多德关于商品交换与货币的学说等。1776年亚当·斯密《国富论》的发表为现代经济学奠基。现代经济学经历了200多年的发展,如今已广泛应用于各类领域,指导人类财富积累与创造。

管理学是应现代社会化大生产的需要产生的、系统研究管理活动的基本规律和一般方法的科学。管理学研究目的是:如何在现有的条件下通过合理的组织和配置人、财、物等因素,提高生产力的水平。管理学所包括的内容很广,包括生产管理、营销管理、质量管理、信息管理、设备管理、物资管理、人力资源管理、财务管理等。

虽然经济学与管理学的研究都涉及资源问题,但是对于这个问题经济学长于解释"who"和"why",而管理学则长于指导"how"。经济学的研究目的是解释社会资源利用和配置的方式对社会经济发展的影响;管理学的研究目的是提供实现组织目标的组织资源最优使用原理和方法。

经济学是财务管理的理论基础;财务管理是管理学的一个重要分支,它利用价值形态,反映、控制和协调其他各方面的管理活动,与公司的各项管理活动都有关联。

1.4.2 财务管理学与会计学的关系

财务管理学与会计学的关系十分密切,以至于往往有人把两者混为一体。其实两者是有区别的。

会计是按规范程序、法定会计准则,对公司发生过的经济业务进行连续地反映、监督并编制财务报表的一种信息管理工作。财务管理是运用管理知识、技能、方法,对会计提供的数据和其他外部信息进行分析,以便于合理安排企业资金的筹集、使用以及分配等财务活动。

因此,会计学是为财务管理学提供信息支持的学科。

1.4.3 财务管理学与数学、统计学及计算机技术的关系

随着数学、统计学、计算机技术的不断发展,许多计量技术方法及各种模拟技术被广泛地应用于财务管理之中,如已成为现代财务管理学的发展趋势的财务决策数量化技术中就涉及大量的统计学、数学公式与计算;又如 Excel,VBA 等软件,已被国内外财务管理人员公认为是强有力的信息分析与决策支持软件工具。因此数学、统计及计算机技术已成为财务管理的有力工具。

思考练习题

一、名词解释
 1. 企业财务管理　　　　　　　2. 企业财务活动
 3. 企业财务关系　　　　　　　4. 股东财富最大化
 5. 利润最大化　　　　　　　　6. 企业价值最大化
 7. 金融市场　　　　　　　　　8. 金融工具

二、单项选择题
 1. 企业同其所有者之间的财务关系反映的是(　　)。
   A. 经营权与所有权关系　　　B. 债权债务关系
   C. 投资与受资关系　　　　　D. 债务债权关系
 2. 企业同其债权人之间的财务关系反映的是(　　)。
   A. 经营权与所有权关系　　　B. 债权债务关系
   C. 投资与受资关系　　　　　D. 债务债权关系
 3. 股份公司财务管理的最佳目标是(　　)。
   A. 总产值最大化　　　　　　B. 利润最大化
   C. 收入最大化　　　　　　　D. 股东财富最大化

三、多项选择题
 1. 财务管理的基本内容包括(　　)。
   A. 确定财务管理对象　　　　B. 筹资管理
   C. 投资管理　　　　　　　　D. 利润分配管理
   E. 营运资金管理
 2. 利润最大化的理论依据是西方微观经济学中的厂商理论,以利润最大化为理财的目标,引起的争议主要包括(　　)。
   A. 利润最大化目标的含义难以界定清楚
   B. 利润最大化目标不能划分不同时期的利润

C. 利润最大化目标无法考虑风险因素
D. 利润最大化在会计上具有可操作性
E. 利润最大化不考虑股东的投入与产出关系，因而可能导致企业财务管理决策错误

3. 与"利润最大化"和"股东财富最大化"相比，后者的进步在于（　　）。
A. 考虑的是利润的相对额
B. 考虑货币的时间价值和风险因素
C. 不仅要关注投资决策，也要关心筹资决策和股利政策
D. 有可能出现为追求股东财富最大而损害其他利益相关者的行为
E. 一定程度上能够克服管理者追求利润的短期行为

四、简答题

1. 简述企业的财务活动。
2. 简述企业的财务关系。
3. 简述以利润最大化作为企业财务管理目标的优缺点。
4. 简述以股东财富最大化作为企业财务管理目标的优缺点。
5. 简述以企业价值最大化作为企业财务管理目标的优缺点。
6. 股东与管理层之间的利益冲突表现为哪些方面？如何化解这一冲突？

五、案例分析

国美电器"陈黄之战"

国美电器（英语：GOME）成立于1987年1月1日，是中国大陆的家电零售连锁企业。2009年，国美电器入选中国世界纪录协会中国最大的家电零售连锁企业。国美电器的创始人黄光裕是现代潮商代表人物之一，2004、2005、2008年三度问鼎胡润百富榜之大陆首富，在2006年福布斯中国富豪榜亦排名第一。2008年11月黄光裕因商业犯罪致获罪14年，同时任命国美执行董事兼行政总裁陈晓为代理主席。然而，据各方面公开消息显示，他蛰伏狱中仍幕后指引着庞大的商业帝国的运作。

2010年8月4日晚，黄光裕全资控股的国美电器大股东Shinning Crown提出要求：进行特别股东大会的提议。这些动议包括撤销陈晓的执行董事和董事局主席职务，撤销孙一丁的执行董事职务但保留其行政副总裁职务，撤销2010年5月国美电器股东大会通过的一般授权。随即，国美董事会在香港对公司的间接持股股东及前任执行董事黄光裕进行法律起诉，并针对其于2008年1月及2月前后回购公司股份中被指称的违反公司董事的信托责任及信任的行为寻求赔偿。黄光裕与陈晓公开决裂和过招，双方通过媒体采访和公开信的方式你来我往，成为当时商业世界最为关注的事件，被称为"陈黄之战"。

此战也引起了网民的热议,有网友认为:黄光裕出事后,其高管旧部都"背叛"了他,证明黄在任老板时,肯定有很失败的地方,估计根源就是利益分配上有问题,这也是中国式老板的通病。也有网友认为以陈晓为首的职业管理团队违背大股东黄光裕所信托,窃取具有家族企业色彩的上市公司控制权,意图私利,对中国企业的职业化道路将会产生十分恶劣的影响。

讨论:针对以上热议,你怎么看?

第 2 章 企业财务管理的价值观念

◎ 学习要点：

本章主要讲授财务管理的两个理论基础：货币时间价值及风险价值。其中货币时间价值的概念、复利终值、复利现值、年金终值与年金两会的计算方法及实践应用；风险与风险报酬计量、风险投资决策及投资组合的基本思路是本章学习的重点。

◎ 学习难点：

如何正确理解货币时间价值的概念，并在具体问题中选择方法；风险及风险报酬的计量及风险投资决策。

2.1 货币时间价值

货币时间价值观念是现代财务管理的基础观念之一，它揭示了不同时点上资金之间的换算关系，是财务决策的基本依据。为此，必须了解货币时间价值的概念和计算方法。

2.1.1 货币时间价值相关基本概念

1. 货币时间价值概念

货币的时间价值是一定量的货币在不同时点上的价值量的差额。关于货币时间价值，西方传统观念认为：在没有风险和通货膨胀的条件下，今天的1元钱的价值大于一年以后的1元钱的价值，因为投资1元钱，就失去了当时使用或消费这1元钱的效用，则应对投资者推迟消费的耐心应给予补偿，并且这种补偿的量应与推迟消费的时间成正比。这种观点似乎认为"时间""耐心"能创造价值，实质并不科学，其说明了时间价值的表现，并没有说明时间价值的本质。试想，若货币所有者把钱埋入地下保存能否得到补偿呢？

相比之下，马克思关于资本运动的理论则更好地解释这一问题。马克思认为，货币本身不能带来价值，只有投入到生产领域转化为劳动资料、劳动对象，再和一定的劳动相结合才能产生价值,这些价值最终还需在流通中才能实现。这一运动过程可表示为:$G-W\cdots P\cdots W'-G'$。① $G'=G+\Delta G$,ΔG 表示新增的价值。马克思认为,新增的价值是工人创造的,一部分作为工资支付给了工人,剩余的部分则归各类资本所有者所有。

马克思在《资本论》中精辟地论述了剩余价值转化为利润、社会平均利润的过程。最后,在不考虑风险的情况下,投资于不同行业的资金会获得大体相当的投资报酬率。马克思揭示了货币时间价值的本质是资金周转使用而产生的增值额,是劳动者创造的剩余价值的一部分。

此外,通货膨胀也会影响货币的实际购买力,资金的供应者在通货膨胀的情况下,必须要求索取更高的报酬以补偿其购买力损失,这部分补偿称为通货膨胀贴水。可见货币在生产经营过程中产生的报酬还包括货币资金提供者要求的风险报酬和通货膨胀贴水。因此,本书认为:货币时间价值是扣除风险报酬和通货膨胀贴水后的社会平均利润率。

货币时间价值有相对数、绝对数两种表达形式。相对数形式即时间价值率,是扣除风险报酬和通货膨胀贴水后的社会平均利润率;绝对数形式即时间价值额,是资金与时间价值率的乘积。两种表示方法中,用相对数表达的情况较多一些。

银行存款利率、贷款利率、股利率等各种投资报酬率与时间价值在形式上没有区别,但实质上,这些投资报酬率只有在没有风险和通货膨胀的情况下才与货币时间价值相等。一般来说,一个政治、经济稳定的国家的国债利率可以近似地认为是没有风险的投资报酬率。为了分层次、由简到难地研究问题,在论述货币时间价值时采用抽象分析法,一般假定没有风险、没有通货膨胀情况下的利率代表时间价值率。本章也是以此假设为前提的。

2. 现值与终值

货币时间价值的计算是将不同时点发生的现金流量进行时间基础的转换。通常会借助现金流量时间轴来计算。典型的现金流量时间轴如图 2-1 所示。

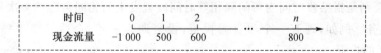

图 2-1 现金流量时间轴

现金流量时间轴是计算货币资金时间价值的一个重要工具,它可以直观、便捷地反映资金运动发生的时间和方向。图中横轴为时间轴,箭头所指的方向表示

---

① G 表示货币,W 表示商品,$W\cdots P\cdots W'$ 表示生产过程,W' 表示生产出的新商品,G' 表示新商品出售后的货币。

时间的增加,横轴上的坐标代表各个时点,时间点 0 表示现在,时间点 1、2、…n 分别表示从现在开始的第 1 期期末、第 2 期末,依此类推。每期所隔时间可以是年、月、日,甚至是小时等。现金流为正数,表示有现金流入;现金流为负数,表示有现金流出。时间点 0 时的价值,通常被称为现值(Present Value,PV),是指未来时点收到或支付的现金在当前的价值,又称为本金。时间点 n 时的价值通常被称为终值(Future Value,FV),是指当前的某笔资金在若干期后所具有的价值。

在不考虑风险及通货膨胀因素的情况下,某笔资金的终值与现值之间的差额即为货币资金的时间价值(Interest,I),具体关系如图 2-2 所示。

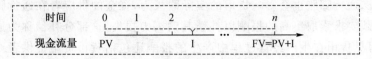

图 2-2 现值与终值关系图

从图 2-2 中可看出,终值等于现值加上时间价值,因此终值又被称为本利和。已知现值求终值的过程为计息,已知终值求现值的过程为贴现(或折现),具体关系如图 2-3 所示。

图 2-3 现值与终值关系图

3. 现金流模式

企业中常见的现金流模式类型一般包括三种:一次性款项、年金及不规则现金流。

一次性款项通常指某段时间内特定时点上发生的某项一次性付款(或收款)业务,经过一段时间后发生与此相关的一次性收款(或付款)业务。例如,现在存入银行 100 万元,三年期满后一次性收回本金及利息。

年金则是指某段时间内每间隔相等时间段就发生的相同金额的多次付款(或收款)业务。例如,现有一个项目需投资,投资期为三年,今后三年中每年进行 500 万元的投资。

不规则现金流是指某段时间内发生多次不同金额的付款(或收款)业务。例如,现有一个项目需投资,投资期为三年,第一年投资 300 万元,第二年投资 400 万元,第三年投资 600 万元。

4. 计息法

在计息和贴现两种计算中,根据利息的计算方法不同分为单利法、复利法。单利法是指只就本金计算利息,本期产生的利息在以后时期不再计算利息。复利法是指不仅就本金计算利息,本期产生的利息在以后时期也要作为下一期的本金计算利息,俗称"利滚利"。

单利法计算简单,操作容易,也便于理解,银行存款计息和到期一次还本付息的国债都采取单利计息的方式。但是对于投资者而言,每一期收到的利息都是会进行再投资的,不会有人把利息收入原封不动地放在钱包里,至少存入银行也是会得到活期存款收益的。因此复利法是更为科学的计算投资收益的方法。现代企业理财中,均是采用复利法进行投资决策的,本书若非特别说明,凡是涉及资金时间价值的计算均是采用复利法进行计算。

2.1.2 一次性收付款的货币时间价值计算

1. 单利终值与单利现值

(1) 单利终值

单利终值是指现在一定量资金按单利计算的未来价值。其计算公式为:

$$FV_n = PV_0 + PV_0 \times i \times n = PV_0(1 + i \times n) \tag{2.1}$$

式中,FV_n——单利终值;PV_0——单利现值;i——利息率;n——计息期数。

例 2.1 李某向银行存入 100 万元,年利率为 10%,按单利计息,则 5 年后的本利和为多少?

$$FV_5 = 100(1 + 10\% \times 5) = 150(万元)$$

(2) 单利现值

单利现值班是未来的一定量资金按单利计算的现在价值。求现值是求终值的逆运算,其计算公式为:

$$PV_0 = FV_n(1 + i \times n)^{-1} \tag{2.2}$$

式中的字母含义与前相同。

例 2.2 李某现在向银行存入一笔款项,期望 5 年后得到本利和 100 万元,若年利率为 10%,按单利计息,则现在一次性需要存入多少元?

$$PV_0 = 100(1 + 10\% \times 5)^{-1} \approx 66.67(万元)$$

2. 复利终值与复利现值

(1) 复利终值

复利终值是指当前一定量资金按复利计算在若干期后所具有的价值。其计算公式为:

$$FV_n = PV_0(1 + i)^n \tag{2.3}$$

式中,FV_n——复利终值;PV_0——复利现值;i——利息率;n——计息期数。

式(2.3)中的$(1+i)^n$称为复利终值系数(Future Value Interest Factor,FVIF),可以写成$FVIF_{(i,n)}$,也可写成$(F/P, i, n)$,则复利终值的计算公式也可表示为:

$$FV_n = PV_0(1+i)^n = PV_0 \cdot FVIF_{(i,n)} = PV_0 \cdot (F/P, i, n) \qquad (2.4)$$

式中符号含义同前。

例2.3 李某向银行存入100万元,年利率为10%,按复利计息,则5年后的本利和为多少元?

$$FV_5 = 100 \times (1+10\%)^5 \approx 161.1(万元)$$

复利终值系数是按几何级数进行增长的,当计息数越来越大时,复利终值系数的计算越来越复杂,通常会借助于复利终值系数表(见本书附录)来进行计算,表2-1是其中的一部分。

表2-1 复利终值系数表

利息率 i 期数 n	1%	2%	3%	4%	5%	6%	7%	8%	9%	10%
1	1.010	1.020	1.030	1.040	1.050	1.060	1.070	1.080	1.090	1.100
2	1.020	1.040	1.061	1.082	1.103	1.124	1.145	1.166	1.188	1.210
3	1.030	1.061	1.093	1.125	1.158	1.191	1.225	1.260	1.295	1.331
4	1.041	1.082	1.126	1.17	1.216	1.262	1.311	1.360	1.412	1.464
5	1.051	1.104	1.159	1.217	1.276	1.338	1.403	1.469	1.539	1.611
6	1.062	1.126	1.194	1.265	1.340	1.419	1.501	1.587	1.677	1.772
7	1.072	1.149	1.23	1.316	1.407	1.504	1.606	1.714	1.828	1.949
8	1.083	1.172	1.267	1.369	1.477	1.594	1.718	1.851	1.993	2.144

(2)复利现值

复利现值(Present Value,PV)是指未来时期收到(或支付)的款项按复利计算折现到当前的价值。复利现值的计算公式可由复利终值的计算公式导出:

$$PV_0 = \frac{FV_n}{(1+i)^n} = FV_n \cdot \frac{1}{(1+i)^n} = FV_n \cdot (1+i)^{-n} \qquad (2.5)$$

式(2.5)中的$(1+i)^{-n}$称为复利现值系数(Present Value Interest Factor,PVIF)或折现系数,可以写成$PVIF_{(i,n)}$,也可写成$(P/F, i, n)$,PV_0表示复利现值。因此,复利现值的计算公式也可表示为:

$$PV_0 = FV_n \cdot PVIF_{(i,n)} = FV_n \cdot (P/F, i, n) \qquad (2.6)$$

式中符号含义同前。

为了简化计算,也可利用复利现值系数表(见本书附录),表2-2是其中的一部分。

表 2-2 复利现值系表数

利息率 i \ 期数 n	1%	2%	3%	4%	5%	6%	8%	10%
1	0.990	0.980	0.970	0.961	0.952	0.943	0.925	0.909
2	0.980	0.961	0.942	0.924	0.907	0.889	0.857	0.826
3	0.970	0.942	0.915	0.888	0.863	0.839	0.793	0.751
4	0.960	0.923	0.888	0.854	0.822	0.792	0.735	0.683
5	0.951	0.905	0.862	0.821	0.783	0.747	0.680	0.620
6	0.942	0.887	0.837	0.790	0.746	0.704	0.630	0.564
7	0.932	0.870	0.813	0.759	0.710	0.665	0.583	0.513
8	0.923	0.853	0.789	0.730	0.676	0.627	0.540	0.466

例 2.4 李某 5 年后想得到 100 万元，若银行存款的年利率为 10%，按复利计息，则现在应向银行一次性存入多少元？

$$PV_0 = 100 \cdot PVIF_{(10\%,5)} = 100 \times 0.620 \approx 62 (万元)$$

知识窗 2-1

利用 Excel 函数计算时间价值

当计息期数过大时，如计息期数为 50 期，则 $(1+10\%)^{50}$ 无论是人工计算还是查表计算，都极不方便，随着电子信息技术的发展，我们现在可以用 Excel 中时间价值函数的来解决这一难题。

Excel 中有 FV( )、PV( )、RATE( )、NPER( )函数分别用来计算资金的终值、现值、利率及计息期。Excel 中 FV 函数的语法为：FV(rate, nper, pmt, [pv], [type])①。参数中，type 为 0 表示付款时间在期末，type 为 1 表示付款时间在期初，一次性收付款项时 pmt 为 0，若为年金，则 pmt 前需加"－"，pv 的前面需加"－"，参数加[ ]表示该参数可省略。计息期数为 50 时的复利终值可以如图 2-4 所示，只需在 B8 单元格中输入"＝FV(B5,B6,0,－100)"即可计算出结果。

---

① 其余时间价值函数语法：PV(rate, nper, pmt, [fv], [type]); RATE(nper, pmt, pv, [fv], [type], [guess]); NPER(rate, pmt, pv, [fv], [type]).

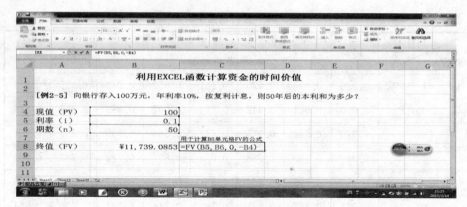

图 2-4 Excel 函数计算复利终值

在短期内,复利的影响不大,但是当计息期间拉长、计息频率增多时,它的影响将会变大。举个极端的例子,假定 200 年以前,你节俭的祖先在 6% 的年利率情况下投资了 5 美元。那么今天,你应该有多少钱呢?终值系数 $(1+6\%)^{200} \approx 115\,125.9$(你可用 Excel 函数计算这个系数)。因而你将得到 $5 \times 115\,125.9 = 75\,629.93$ 美元。请注意,如果以单利计算,每年的利息只有 5 美元 $\times 0.06 = 0.3$ 美元,200 年后也只不过有 65 美元。两者之间的差额都来自于利息再投资。这就是复利的力量所在!

72 法则

所谓的"72 法则"就是以 1% 的复利来计息,经过 72 年以后,你的本金就会变成原来的一倍。这个公式好用的地方在于它能以一推十,例如:利用 5% 年报酬率的投资工具,经过 14.4 年(72/5)本金就变成一倍;利用 12% 的投资工具,则要 6 年左右(72/12),才能让 1 块钱变成 2 块钱。因此,今天如果你手中有 100 万元,运用了报酬率 15% 的投资工具,你可以很快便知道,经过约 4.8 年,你的 100 万元就会变成 200 万元。虽然利用 72 法则不像查表计算那么精确,但也已经十分接近了,因此当你手中少了一份复利表时,记住简单的 72 法则,或许能够帮你不少的忙。

2.1.3 年金的货币时间价值计算

年金(Annuity)是指一定时期内每期相等金额的收付款项。折旧、利息、租金等均表现为年金的形式。年金按款项具体发生的时点的特点不同,可分为后付年金、先付年金、延期年金及永续年金四种形式。

1. 后付年金

后付年金(Ordinary Annuity)是指每期期末有等额收付款的年金。在现实经济生活中这种年金最为常见,因此也称为普通年金。

(1) 后付年金终值

后付年金终值是指一定时期内每期期末的等额系列收付的款项相当于最后一期期限末的价值,也可认为是每期期末等额收付款项的复利终值之和。

假设:A—年金数额;i—利息率;n—计息期数;FVA_n—年金终值。则后付年金终值的计算可用图 2-5 来说明。

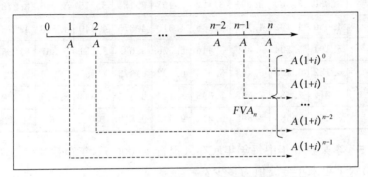

图 2-5 后付年金终值计算示意图

由图 2-5 可知,后付年金终值的计算公式为:

$$FVA_n = A(1+i)^0 + A(1+i)^1 + \cdots + A(1+i)^{n-2} + A(1+i)^{n-1}$$
$$= A[(1+i)^0 + (1+i)^1 + \cdots + (1+i)^{n-2} + (1+i)^{n-1}]$$
$$= A\sum_{t=1}^{n}(1+i)^{t-1} \tag{2.7}$$

式中,$\sum_{t=1}^{n}(1+i)^{t-1}$ 被称为年金终值系数(Future Value Interest Factors of Annuity),通常写作 $FVIFA_{(i,n)}$ 或年$(F/A,i,n)$,其他符号含义同前。因此,后付年金终值的计算公式也可表示为:

$$FVA_n = A \cdot FVIFA_{(i,n)} = A \cdot (F/A,i,n) \tag{2.8}$$

式中符号含义同前。$FVIFA_{(i,n)}$ 还可进一步地推导,推导过程如下:

$$FVIFA_{(i,n)} = (1+i)^0 + (1+i)^1 + \cdots + (1+i)^{n-2} + (1+i)^{n-1} \tag{2.9}$$

将①式两边同乘以$(1+i)$,得

$$FVIFA_{(i,n)}(1+i) = (1+i)^1 + (1+i)^2 + \cdots + (1+i)^{n-1} + (1+i)^n \tag{2.10}$$

式(2.10)-式(2.9),得

$$FVIFA_{(i,n)}\,i = (1+i)^n - 1$$

$$FVIFA_{(i,n)} = \frac{(1+i)^n - 1}{i} \tag{2.11}$$

为了简化计算,编成年金终值系数表(具体见附录)供查表计算年金终值系数。下表为年金终值系数表的一部分。

表 2-3　年金终值系数表

利率 i 期数 n	1%	2%	3%	4%	5%	6%	7%	8%	9%	10%
1	1.000	1.000	1.000	1.000	1.000	1.000	1.000	1.000	1.000	1.000
2	2.010	2.020	2.030	2.040	2.050	2.006	2.070	2.080	2.090	2.100
3	3.030	3.060	3.091	3.122	3.153	3.184	3.215	3.246	3.278	3.310
4	4.060	4.122	4.184	4.246	4.310	4.375	4.440	4.506	4.573	4.641
5	5.101	5.204	5.309	5.416	5.526	5.637	5.751	5.867	5.985	6.105
6	6.152	6.308	6.468	6.633	6.802	6.975	7.153	7.336	7.523	7.716
7	7.214	7.434	7.662	7.898	8.142	8.394	8.654	8.923	9.200	9.487
8	8.286	8.583	8.892	9.214	9.549	9.879	10.260	10.637	11.028	11.436

例 2.5　李某在 6 年中每年年底存入银行 10 000 元,年存款利率为 8%,复利计息,则第六年年末年金终值为多少？

$$FVA_n = 10\ 000 \cdot FVIFA_{(8\%,6)} = 10\ 000 \times 7.336 = 73\ 360 (元)$$

上例也可用 Excel 中的 $FV(\ )$ 函数来计算,具体如图 2-6 所示。

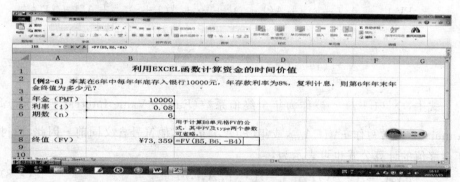

图 2-6　Excel 函数计算年金终值①

（2）后付年金现值

后付年金现值是指一定时期内每期期末等额的系列收付款项相当于第一期期初的价值,也就是一定时期内每期期末等额的系列收付款项的现值之和。

假设：A—年金数额；i—利息率；n—计息期数；PVA_n—年金终值。则后付年金终值的计算可用图 2-7 来说明。

---

① 由于四舍五入的原因,两种方法计算结果可能存在较小差异。

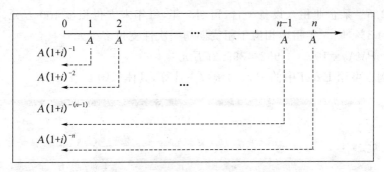

图 2-7 后付年金现值计算示意图

由图 2-7 可知，后付年金现值的计算公式为：

$$PVA_0 = A(1+i)^{-1} + A(1+i)^{-2} + \cdots + A(1+i)^{-(n-1)} + A(1+i)^{-n}$$
$$= A[(1+i)^{-1} + (1+i)^{-2} + \cdots + (1+i)^{-(n-1)} + (1+i)^{-n}]$$
$$= A\sum_{t=1}^{n}(1+i)^{-t} \tag{2.12}$$

式中，$\sum_{t=1}^{n}(1+i)^{-t}$ 被称为年金现值系数（Present Value Interest Factor of Annuity），通常写作 $PVIFA_{(i,n)}$ 或 $(P/A,i,n)$，其他符号含义同前。因此，后付年金现值计算公式也可表示为：

$$PVA_0 = A \cdot PVIFA_{(i,n)} = A \cdot (P/A,i,n) \tag{2.13}$$

$PVIFA_{(i,n)}$ 也可像 $FVIFA_{(i,n)}$ 一样进一步推导，最终推导结果为：

$$PVIFA_{(i,n)} = \frac{(1+i)^n - 1}{i(1+i)^n} \tag{2.14}$$

为了简化计算，编成年金现值系数表（具体见附录）供查表计算年金现值系数。下表为年金现值系数表的一部分。

表 2-4 年金现值系数表

利率 i 期数 n	1%	2%	3%	4%	5%	6%	8%	10%
1	0.990	0.980	0.970	0.961	0.952	0.943	0.925	0.909
2	1.970	1.941	1.913	1.886	1.859	1.833	1.783	1.735
3	2.940	2.883	2.828	2.775	2.723	2.673	2.577	2.486
4	3.901	3.807	3.717	3.629	3.545	3.465	3.312	3.169
5	4.853	4.713	4.579	4.451	4.329	4.212	3.992	3.790
6	5.795	5.601	5.417	5.242	5.075	4.917	4.622	4.355
7	6.728	6.471	6.230	6.002	5.786	5.582	5.206	4.868
8	7.651	7.325	7.019	6.732	6.463	6.209	5.746	5.334
9	8.566	8.162	7.786	7.435	7.107	6.801	6.246	5.759
10	9.471	8.982	8.530	8.110	7.721	7.360	6.710	6.144

例 2.6 某企业租入设备一台,租期 5 年,每年末支付租金 100 万元,当时市场利率为 8%,则 5 年租金相当于租赁期初一次性支付多少元?

$$PVA_0 = 100 \times 3.992 \approx 399.2(万元)$$

上例也可用 Excel 中的 $PV(\ )$ 函数来计算,具体如图 2-8 所示。

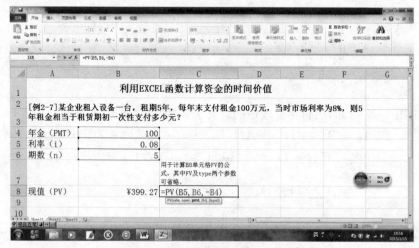

图 2-8 Excel 函数计算年金现值[①]

2. 先付年金

先付年金(Annuity Due)是指在一定时期内,各期期初等额的系列收付款项,又称为即付年金或预付年金。n 期先付年金与 n 期后付年金的区别仅仅在于付款时间点的不同,具体见图 2-9 所示。

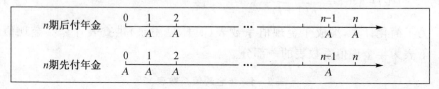

图 2-9 n 期后付年金与 n 期先付年金比较图

由于后付年金是最常用的,通常所使用的年金终值、现值系数表均是按后付年金编制的,因此查表计算先付年金的终值、现值必须根据后付年金的值换算出来。

(1) 先付年金终值

先付年金终值是指一定时期内,各期期初等额的系列收付款项相当于最后一期期末的价值,如图 2-10 所示。

---

① 由于四舍五入的原因,两种方法计算结果可能存在较小差异。

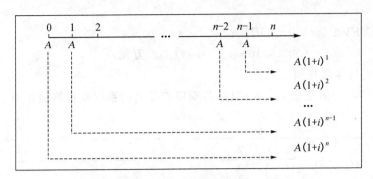

图 2-10　先付年金终值的计算示意图

根据定义,先付年金终值的计算公式可写为:

$$XFVA_n = A(1+i)^1 + A(1+i)^2 + \cdots + A(1+i)^{n-1} + A(1+i)^n \quad (2.15)$$

普通年金的终值计算公式为:

$$FVA_n = A(1+i)^0 + A(1+i)^1 + \cdots + A(1+i)^{n-2} + A(1+i)^{n-1} \quad (2.16)$$

将前述两个公式比较,可得出:

$$XFVA_n = FVA_n \cdot (1+i) = A \cdot FVIFA(i,n) \cdot (1+i) \quad (2.17)$$

此外,还可根据 n 期先付年金终值与 $n+1$ 期后付年金终值的关系推导出另一个计算公式,具体见图 2-11。

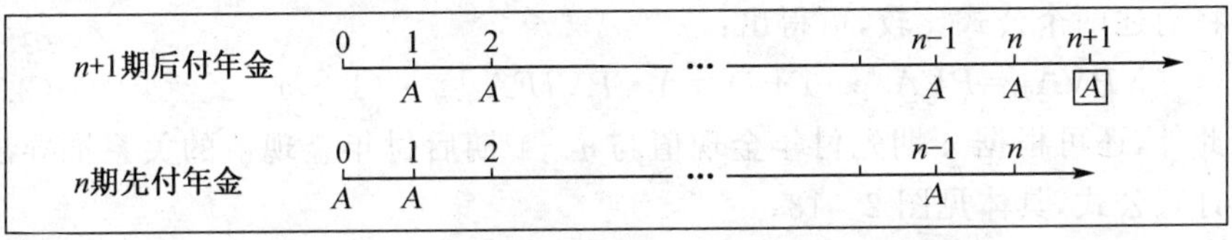

图 2-11　$n+1$ 期后付年金与 n 期先付年金比较图

n 期先付年金与 $n+1$ 期后付年金的计息期数相同,但比 $n+1$ 期后付年金少付一次款。因此,只要将 $n+1$ 期后付年金的终值减去一期付款额 A,便可求出 n 期先付年金终值。其计算公式为:

$$XFVA_n = A \cdot FVIFA_{(i,n+1)} - A = A(FVIFA_{(i,n+1)} - 1) \quad (2.18)$$

式中符号含义同前。

例 2.7　某公司决定连续 5 年于每年年初存入 100 万元作为住房基金,银行存款利率为 10%,则该公司在第 5 年年末,能一次取出多少元?

$$XFVA_5 = 100 \times (FVIFA_{(10\%,6)} - 1)$$
$$\approx 100 \times (7.716 - 1) \approx 671.6(万元)$$

或：

$$XFVA_5 = 100 \times FVIFA_{(10\%,5)} \times (1+10\%)$$
$$= 100 \times 6.105 \times 1.1 \approx 671.55(万元)^{①}$$

(2) 先付年金现值

先付年金现值是指一定时期内，各期期初等额的系列收付款项相当于第一期期初的价值，如图 2-12 所示。

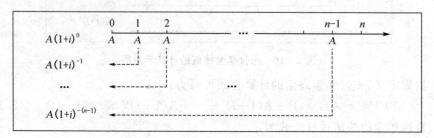

图 2-12　先付年金现值的计算示意图

根据定义，先付年金现值的计算公式可写为：

$$XPVA_0 = A(1+i)^0 + A(1+i)^{-1} + \cdots + A(1+i)^{-(n-1)} \quad (2.19)$$

普通年金的终值计算公式为：

$$PVA_0 = A(1+i)^{-1} + A(1+i)^{-2} + \cdots + A(1+i)^{-n} \quad (2.20)$$

将前述两个公式比较，可得出：

$$XPVA_0 = PVA_n \cdot (1+i) = A \cdot PVIFA_{(i,n)} \cdot (1+i) \quad (2.21)$$

此外，还可根据 n 期先付年金现值与 $n-1$ 期后付年金现值的关系推导出另一个计算公式，具体见图 2-13。

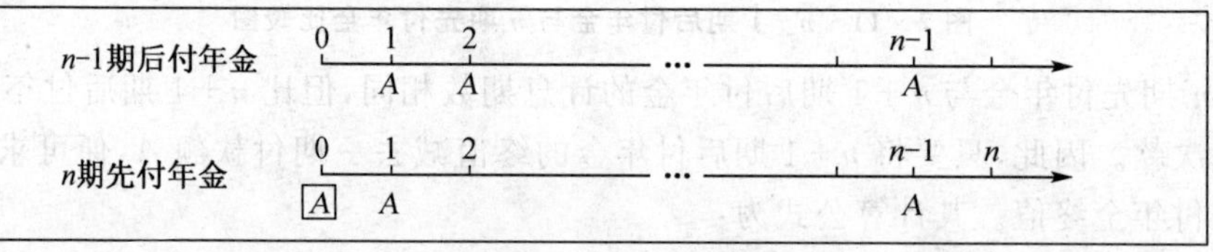

图 2-13　$n-1$ 期后付年金与 n 期先付年金比较图

由图 2-13 可以看出，n 期先付年金比 $n-1$ 期后付年金多一笔不用折现的付款额 A。因此，只要将 $n-1$ 期后付年金的现值加上一期不用折现的付款 A，便可求出 n 期先付年金现值，其计算公式为：

---

① 由于四舍五入的原因，两种方法计算结果可能存在较小差异。另，例 2.7 还可借助 Excel 中的 FV 函数来求得，此时该笔款项是期初支付，属先付年金，type 参数的类型为 1，pv 参数可省略，但由于 type 参数不能省略，因此在 PV 及 type 参数间要加","表示中间省略了一个参数。具体语法如：FV=FV(rate, nper, pmt, [PV], [type])=FV(10%, 6, -100, , 1)。

$$XPVA_0 = A \cdot PVIFA_{(i,n-1)} + A = A(PVIFA_{(i,n-1)} + 1) \tag{2.22}$$

例 2.8 某公司租用一套设备，在 10 年中每年年初要支付租金 50 000 元，年利息率为 8%，则这些租金的现值是多少？

$$XPVA_0 = 50\,000 \times (PVIFA_{(8\%,9)} + 1)$$
$$\approx 50\,000 \times (6.247 + 1) \approx 362\,350(万元)$$

或：

$$XPVA_0 = 100 \times PVIFA_{(8\%,10)} \times (1 + 8\%)$$
$$= 50\,000 \times 6.71 \times 1.08 \approx 362\,340(万元)^{①}$$

3. 延期年金

延期年金（Deferred Annuity）又称为递延年金，是指在最初若干期没有收付款项的情况下，后面若干期有等额的系列收付款项的年金。

假定最初有 m 期没有付款项，后面 n 期每期期末有等额的系列收付款项，总期数为 $m+n$ 期，简称为 $m+n$ 期延期年金，其付款时点及期数如图 2-14 所示。

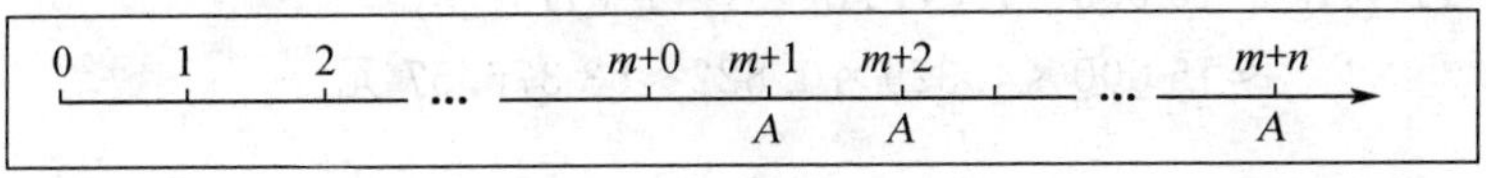

图 2-14 m 期延期年金示意图

(1) 延期年金终值

延期年金终值是指一定时期内，各付款期期末等额的系列收付款项相当于最后一期期末的价值。由于 $m+n$ 期延期年金前 m 期没有发生任何款项，实际发生支付款项的期数为 n 期，且均是于每期期末发生，其终值计算示意图与 n 期后付年金的极为相似，具体如图 2-15 所示。

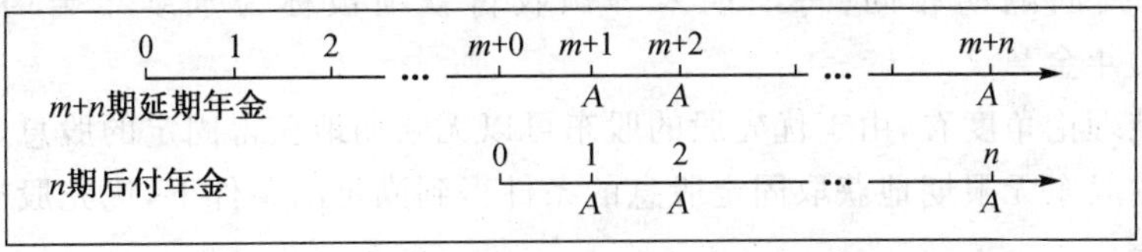

图 2-15 m 期延期年金与 n 期后付年金示意图比较

从图 2-15 中可看出，计算 $m+n$ 期延期年金终值时，前面 m 期没有发生收付款的时期不算，后面 n 期发生的收付款与 n 期后付年金终值的计算方法相同。

---

① 于四舍五入的原因，两种方法计算结果可能存在小数点上的差异。另，例 2.8 还可借助 Excel 中的 PV 函数来求得，此时该笔款项是期初支付，属先付年金，type 参数的类型为 1，pv 参数可省略，但由于 type 参数不能省略，因此在 FV 及 type 参数间要加","，表示中间省略了一个参数。具体语法如：PV=PV(rate, nper, pmt, [FV], [type])=PV(8%, 10, -50 000, , 1)。

(2) 延期年金现值

延期年金现值是指一定时期内,各付款期期末等额的系列收付款项相当于第一期期初的价值。延期年金现值的计算主要有两种方法。

第一种方法:把延期年金在 n 期期初(m 期期末)的现值,作为终值折现至 m 期的第一期期初。其计算公式为:

$$YPVA_0 = A \cdot PVIFA_{(i,n)} \cdot PVIF_{(i,m)} \qquad (2.23)$$

式中 $YPVA_0$ 表示 $m+n$ 期延期年金的现值,其他符号含义同前。

第二种方法:先求出 $m+n$ 期后付年金现值,减去没有付款的前 m 期后付年金现值,二者之差是 $m+n$ 期延期年金的现值。其计算公式为:

$$YPVA_0 = A \cdot (PVIFA_{(i,m+n)} - PVIFA_{(i,m)}) \qquad (2.24)$$

例 2.9 李明大学入学时向银行借入一笔助学贷款,银行贷款的年利息率为 5%,合同约定,前 4 年不用还本付息,但第 5 年开始每年年末偿还本息 15 000 元,连续偿还 5 年,请问李明大学入学时借入了多少元钱?

$$YPVA_0 = 15\,000 \times PVIFA_{(5\%,5)} \cdot PVIF_{(5\%,4)}$$
$$\approx 15\,000 \times 4.329 \times 0.822 \approx 53\,376.57 \text{ 元}$$

或:

$$YPVA_0 = 15\,000 \times PVIFA_{(5\%,9)} - PVIFA_{(5\%,4)}$$
$$\approx 15\,000 \times (7.107 - 3.545) \approx 53\,430 \text{ 元}[1]$$

4. 永续年金

18 世纪,英国英格兰银行曾发行"英国统一公债"(English Consols),英格兰银行保证对该公债的投资者永久地支付固定的利息。

统一公债是一种没有到期日、定期发放固定债息的一种特殊债券。这种期限为无穷的、间隔期相同、每期期末等额收付款项被称为永续年金(Perpetual Annuity)年金。

从纯理论角度看,由于优先股的股东可以无限期地获得固定的股息,所以,在优先股的股东无限期地获取固定股息的条件得到满足的条件下,优先股也是一种永续年金。

永续年金可视为后付年金的特殊形式,即期限趋于无穷的后付年金。因其没有终止的时间,也就没有终值;其年金现值系数也可根据后付年金的现值系数来推导。

已知后付年金现值系数的计算公式为:

$$PVIFA_n = \frac{1 - \dfrac{1}{(1+i)^n}}{i}$$

---

[1] 由于四舍五入的原因,两种方法计算结果可能存在较小差异。

当 $n \to \infty$ 时，$\frac{1}{(1+i)^n} \to 0$，所以：

$$\lim_{n\to\infty}\frac{1-\frac{1}{(1+i)^n}}{i}=\frac{1}{i} \qquad PVA_{n\to\infty}=A \cdot \frac{1}{i} \tag{2.25}$$

例2.10 2014年初，李某捐一笔款项在某山村小学建立一个奖学基金。其将这笔款项委托给信托投资机构代为管理，进行固定收益的理财，收益率为5%，每年收益的10 000元作为每年支付的奖学金。请问2014年初，李某捐了多少钱？

$$PVA_{n\to\infty}=10\ 000\times\frac{1}{5\%}=200\ 000\ \text{元}$$

2.1.4 时间价值计算中的几个特殊问题

上述介绍的都是时间价值计算的基本原理，现对时间价值计算中的几个特殊情况加以说明。

1. 不规则现金流的货币时间价值计算

年金的金额每期是相等的，但在财务管理实践中其现金流大多表现为不规则现金流。不规则现金流是指每期的现金流量并不全部相等。

例2.11 某公司投资了一新项目，新项目投产后每年年末获得的现金流入量分别为1 000万、2 000万、2 000万、2 000万、3 000万、3 000万、3 500万，当时资金市场利率为8%，求这一系列现金流入量的现值。

如图2-16所示，可将这7年的现金流看作是一个组合：第2~4年末的现金流看作是一个延期1期的延期年金；第5~6年末的现金流看作是一个延期4期的延期年金；将第1年的现金流及第7年的现金流看作是一次性收付款项。则：

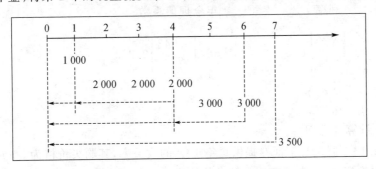

图2-16 不规则现金流现值计算示意图

$$PV_0 = 1\,000 \times PVIF_{(8\%,1)} + 2\,000 \times PVIFA_{(8\%,3)} \cdot PVIF_{(8\%,1)} +$$
$$3\,000 \times PVIFA_{(8\%,2)} \cdot PVIF_{(8\%,4)} + 3\,000 \times PVIF_{(8\%,7)}$$
$$= 1\,000 \times 0.926 + 2\,000 \times 2.577 \times 0.926 +$$
$$3\,000 \times 1.783 \times 0.735 + 3\,000 \times 0.583$$
$$\approx 11\,379.12(万元)$$

2. 计算利率和计息期

前面计算现值和终值时,都假定利率和计息期是已知的,但在财务管理中,经常会遇到已知现值、终值、利率求计息期或已知现值、终值、计息期求利率的问题。这类计算应计算出相应的系数,然后查有关的系数表,从表上直接查到相应的利率或期数,若查表不能求得,可采用插值法求得。

(1) 计算利率

例 2.12 李某现在向银行存入 500 000 元,年利率为多少时,才能在以后的 10 年内,每年年末从银行取出 75 000 元?

$$500\,000 = 75\,000 \times PVIFA_{(i,10)}$$

$$PVIFA_{(i,10)} = \frac{500\,000}{75\,000} \approx 6.667$$

在年金现值系数表上,不能直接查到期数为 10 时,有相应的利率的年金现值系数为 6.667,只能采用插值法。

插值法需要先查到两个期数为 10,但年金现值系数分别大于 6.667 和小于 6.667 的利率。如 8%、9%。

查表可知:

$$PVIFA_{(8\%,10)} = 6.710 \qquad PVIFA_{(9\%,10)} = 6.418$$

则列式如下:

利率			年金现值系数	
8%	} X%	} 1%	6.710 } 0.043	} 0.292
?			6.667	
9%			6.418	

$$\frac{x}{1} = \frac{0.043}{0.292} \quad X = 0.147 \quad i = 8\% + 0.147\% = 8.147\%\text{[①]}$$

(2) 计算计息期

例 2.13 假设某个证券提供每年 10% 的收益率,其购买价格为 50 元。你想进行这项投资,并一直持有这份证券价值为 100 美元为止。那么这项投资增长到 100 元需要多长时间呢?

---

① 此题还可借助 Excel 中的 RATE 函数来求得,具体语法如:i = RATE(nper, pmt, pv, [fv], [type], [guess]) = RATE(10, 0, 75 000, 500 000),其中 type 及 guess 参数可省略。

$$100 = 50 \times FVIF_{(10\%, n)} \qquad FVIF_{(10\%, n)} = \frac{100}{50} = 2$$

在复利终值系数表上,不能直接查到利率为 10% 时,有相应的期数的复利终值系数为 2,只能采用插值法。

插值法需要先查到两个利率为 10%,但复利终值系数分别大于 2 和小于 2 的期数,如 7 期和 8 期。

查表可知:

$$FVIF_{(10\%, 7)} = 1.949 \qquad FVIF_{(10\%, 8)} = 2.144$$

列式如下:

期数	复利终值系数

$$\left.\begin{matrix}8 \\ ? \\ 7\end{matrix}\right\}X\bigg\}1 \qquad \left.\begin{matrix}2.144 \\ 2 \\ 1.949\end{matrix}\right\}0.144\bigg\}0.195$$

$$\frac{x}{1} = \frac{0.144}{0.195} \qquad X \approx 0.738 \qquad n = 8 - 0.738 \approx 7.262\,^{①}$$

3. 计息期短于一年的时间价值的计算

利息每年计息一次的,这种利息称为年复利。在现实生活中,还会有按半年、季度、月份甚至按日计息的情况。当计息期短于一年,而利率又是年利率时,计算期和计息利率应按下式进行换算:

$$R = \frac{i}{m} \qquad t = m \cdot n$$

其中 R 表示期利率;i 表示年利率;m 表示每年的复利计息次数;n 表示年数,t 表示换算后的计算期数。

例 2.14 李某买了 10 000 元的三年期债券,票面年利率为 10%,每半年计息一次,其到期能收回多少元呢?

如果每半年计息一次,即:

$$n = 3, \qquad m = 2, \qquad R = \frac{i}{m} = \frac{10\%}{2} = 5\%, \qquad t = m \cdot n = 3 \times 2 = 6$$

$$FV = 10\,000 \times FVIF_{(5\%, 6)} = 10\,000 \times 1.340 = 13\,400 \text{ 元}$$

若上例中是每年计息一次的结果又如何呢?如果每年计息一次,则:

$$FV = 10\,000 \times FVIF_{(10\%, 3)} = 10\,000 \times 1.331 = 13\,310 \text{ 元}$$

这意味着在年利率相同的情况下,计息次数越多,利息会越高。每年计息一次的利率通常被称为单利收益率或名义年利率;每年计息多次,按计息期复利折

---

① 此题还可借助 Excel 中的 NPER 函数来求得,具体语法如:$n =$ NPER(rate, pmt, pv, [fv], [type]) = NPER(10%, 0, 50, 100),其中 type 参数可省略。

算后的利率被称为复利收益率或实际年利率。投资决策时最终应依据实际年利率进行决策。

2.2 风险(Risk)

对于大多数投资者而言,个人或企业当前投入资金是因为希望在未来会赚取更多的资金,即报酬。报酬可以用绝对数或相对数来表示。绝对数即赚取的资金额,报酬率即报酬额与投资额的比率。假定李某有100万元,若其购买3年期国债可获得年利率为6%的回报,若其购买A公司的3年期的企业债券可获得年利率为8%的回报。为何同样是3年期的债券,A公司却要多支付2%的利率呢?因为一般而言,国债的偿付是以一国的财政作为保障的,其违约的可能性要比公司债小得多。李某购买A公司的债券要比购买国债多承担风险,两类债券投资报酬的差额即是A公司对李某承担更多风险的补偿。

2.2.1 风险及风险的度量

1. 风险的概念

人们一般从性质上把风险分为静态风险和动态风险两种。静态风险是指事件一旦发生只能产生损失而无获利可能的风险,其结果是损坏性的。动态风险是指未来结果与期望的偏离,其具有两面性,既有未来实际结果大于期望(经济上获利)的可能,又有未来实际结果小于期望(经济上受损)的可能。很多人习惯性地认为风险仅是指未来会产生损失,即认同静态风险,这种观点不适用于财务决策。财务活动的风险属于动态风险。

风险是客观存在的,按风险的程度,可以把企业的财务决策分为三种类型。

(1) 确定性决策

决策者对未来的情况是完全确定的或已知的,这种决策被称为确定性决策。例如,投资者将10万元投资于利息率为8%的短期国库券(前提是该国政治经济比较稳定)。由于国家实力雄厚,到期得到8%的报酬几乎是肯定的,因此,一般认为这种决策为确定性决策。

(2) 风险性决策

决策者对未来的情况不能完全确定,但不确定性出现的可能性——概率的具体分布是已知的或可以估计的,这种情况下的决策称为风险决策。例如,李某投资10万元开一个经营红酒的网店,根据市场调查估计:市场繁荣可能性约为30%,此时其可赢利约10万元;市场萧条的可能性约为20%,此时将会亏损约8万元;市场行情一般的可能性约为50%,此时李某可赢利约5万元。

(3) 不确定性决策

决策者不仅对未来的情况不能完全确定,而且对不确定性可能出现的概率也不清楚,这种情况下的决策称为不确定性决策。不确定性决策不是没有风险,而是风险更大。

从理论上讲,不确定性是无法计量的,但实务中,通常会主观估算一个概率,这样就与风险性决策类似了。本书主要集中对风险性决策的讨论。

投资者之所以愿意冒风险进行投资是希望获得高于社会平均利润的报酬,如果投资高科技项目的期望报酬率与短期国库券一样,那么几乎没有投资者会愿意承担风险。

2. 单个项目的风险的度量

风险的度量过程,实质上是风险价值的计算过程。通过风险的度量能弄清在不同条件下各投资的风险价值率和风险程度,为有效决策提供依据。

(1) 概率分布(p_i)

概率是度量随机事件发生可能性的一个数学概念,某一个事件各种结果发生的可能性即为概率分布。某项投资的可能结果也可用概率来度量。概率可以根据该企业过去的历史数据和资料确定,也可以根据对未来发展的推测来确定,但其概率分布必须符合以下两个要求:①出现每种结果的概率都在 0~1 之间;②所有结果的概率之和应等于 1。

例 2.15 假设某投资者欲在 A、B 两家企业中选择一家进行投资,A、B 两企业的投资报酬率的概率分布如表 2-5 所示。

表 2-5 A、B 两企业投资报酬率的概率分布

市场需求类型	各类需求发生概率 (p_i)	各类需求状况下企业投资报酬率	
		A 企业(R_i)	B 企业(R_i)
旺盛	0.3	100%	40%
一般	0.4	15%	15%
低迷	0.3	-50%	10%
合计	1	—	—

(2) 期望报酬率($\bar{E}$)

各种可能发生的事件结果按其对应的概率进行加权平均得到的值为数学期望。投资中可能获得的收益与其对应的概率相乘后的加权平均报酬则可被称为期望报酬率,其实质是各种可能市场情况下获得的平均报酬率。其计算公式如下:

$$\bar{E} = P_1R_1 + P_2R_2 + \cdots + P_nR_n = \sum_{i=1}^{n} P_iR_i \qquad (2.26)$$

式中，R_i 表示第 i 种可能结果；P_i 表示第 i 种结果的概率；n 表示所有可能结果的数目；$\bar{E}$ 表示各种可能结果的加权平均数，各个结果的权重即为其发生的概率。

A、B 两企业的期望报酬率计算过程如下：

$$\bar{E}_A = 0.3 \times 100\% + 0.4 \times 15\% + 0.3 \times (-50\%) = 21\%$$
$$\bar{E}_B = 0.3 \times 40\% + 0.4 \times 15\% + 0.3 \times 10\% = 21\%$$

从以上的计算中可以得到 A、B 两个公司的期望报酬率是 21%，但并不意味着投资随便投资哪一家公司均可以，得进一步比较这两个公司各种可能结果与期望报酬率之间变动幅度。

(3) 标准差(σ)

若将 A、B 两个公司的报酬率绘成图，得到一个可能事件结果的分布图。如图 2-17 的直方图所示：每个长条的高度表示特定事件结果可能发生的概率，A 公司的报酬率变动范围从 -50% 到 100%，而 B 公司的报酬率变动范围从 10% 至 40%。A 公司报酬率的分布范围要比 B 公司的宽得多，因此，可以看出 A 公司的风险情要比 B 公司大得多。

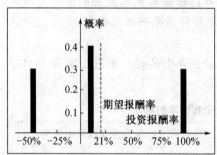 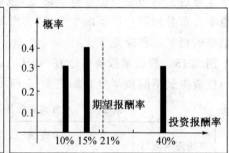

图 2-17 A、B 两公司投资报酬率的概率分布

至今，我们仅假设只存在三种经济状况：旺盛、一般及低迷，但事实上，经济状况可以从极度的繁荣到极度的萧条之间，呈现无数多种的状况和相应的概率。如果把这些事件的概率和发生的结果画成概率分布图，就可以得到如图 2-18 所示的连续概率分布图。概率分布曲线越尖，表示实际发生事件接近于其期望值的可能性越大；概率分布曲线越平坦，表示实际发生事件偏离其期望值的可能性越大。

图 2-17 直观地用图形反映了各种可能结果与期望报酬率之间的离散程度，通常还可用标准差来衡量这一离散程度。标准差越大表示各种可能结果相对于期望报酬的离散程度越大，也即风险越大。标准差的计算公式如下：

$$\sigma = \sqrt{\sum_{i}^{n} P_i \cdot [R_i - \bar{E}]^2} \tag{2.27}$$

式中符号含义同前。

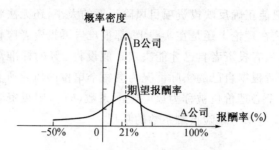

图2-18 A、B两公司投资报酬率的连续概率分布

A、B两企业的标准离差计算过程如下：

$$\sigma_A = \sqrt{0.3\times(100\%-21\%)^2+0.4\times(15\%-21\%)^2+0.3\times(-50\%-21\%)^2}$$
$$\approx 58.3\%$$

$$\sigma_B = \sqrt{0.3\times(40\%-21\%)^2+0.4\times(15\%-21\%)^2+0.3\times(10\%-21\%)^2}$$
$$\approx 15.11\%$$

可见B公司的期望报酬率的标准差（即风险）远远小于A公司。

(4) 标准离差率

标准差反映的是偏离程度的绝对值指标。当两个方案的期望报酬率不同时，单用标准差作为风险评定的依据就很难做出正确的判断。为了能比较期望报酬率不同的投资项目的风险程度，可以采用相对指标，即标准离差率（又称为变异系数或离散系数），其反映了每单位获取的收益所承担的风险程度。标准离差率的计算公式为：

$$\nu = \frac{\sigma}{E}\times 100\% \qquad (2.28)$$

式中：ν—标准离差率；σ—标准差；E—期望报酬。

在上例中，A、B两个公司的标准离差率为：

$$\nu_A = \frac{58.3\%}{21\%}\times 100\% \approx 277.62\%$$

$$\nu_B = \frac{15.11\%}{21\%}\times 100\% \approx 71.95\%$$

根据标准离差率的计算也得到上述相同的结论。

2.2.2 风险报酬与风险投资决策

1. 风险报酬（R_r）

风险报酬是指投资者冒风险进行投资而获得的报酬。风险报酬是因人而异的，它取决于投资者对风险的厌恶程度。风险厌恶程度高的投资者对同一风险要求的补偿比风险厌恶程度低的投资者要求的补偿高。

标准离差率只能正确反映投资项目风险程度的大小,还无法将风险与风险报酬结合起来。无论在理论上还是在实践上,都很难告诉投资者应该为多高风险要求多少收益补偿,只有投资者自己才能决定。假设将1%的标准离差率设为一个单位的风险,投资者根据自己的实际情况为会每个单位的风险所获得的补偿设定一定心里价位,这个心理价位被称为风险报酬系数(b)[①],则投资者要求的风险报酬率应等于标准离差率与风险报酬系数的乘积。

$$R_r = bv \tag{2.29}$$

式中:R_r—风险报酬率;b—风险报酬系数;v—标准离差率

上述公式只是用来计算投资者希望得到的风险报酬率,并未反映投资者可能得到的风险报酬率。投资者可能得到的风险报酬率应根据期望报酬率来进行计算。投资者的期望报酬率包括投资者要求的时间价值、风险报酬及通货膨胀贴水三个部分。即:

期望报酬率 = 时间价值率 + 通货膨胀贴水 + 风险报酬率

其中,时间价值率与通货膨胀贴水之和被称为无风险报酬率,因此上述公式又可写为:

期望报酬率 = 无风险报酬率 + 风险报酬率

则投资者可能得到的风险报酬率的计算公式为:

$$R_r = \bar{E} - R_f \tag{2.30}$$

式中:R_r—风险报酬率;$\bar{E}$—期望报酬率;R_f—无风险报酬率[②]

2. 风险投资决策

一般情况下,投资者决定投资一个风险项目的必要条件应是其可得到的风险报酬率大于或等于其要求的风险报酬率。此即为单个风险投资项目的决策原则。

若投资者有多个风险投资项目可供选择,从单个角度来看是每个风险项目均是可取的,但只能在这些项目中选取一个进行投资,又该如决策呢?下面以两个项目的比较为例来说明:

如果两个项目期望报酬率相同、标准差不同,理性投资者会选择标准差较小,即风险较小的那个。类似地,如果两项目具有相同风险,但期望报酬率不同,理性投资者会选择期望报酬率较高的项目。因为投资者都希望冒尽可能小的风险,而获得尽可能高的报酬。如果两个项目中,一项期望报酬率较高同时标准差较小,另一项期望报酬率较低同时标准差较高,则投资者当然会选择期望报酬率较高同时标准差较小的项目。

[①] 风险报酬系数的确定可以参照以往的同类项目的历史资料或企业组织有关专家确定,比较敢于冒风险的公司往往把风险报酬系数的值定得低一些;反之,比较稳健的公司常常把风险报酬系数的值定得高一些。

[②] 一般将投资于国库券的报酬率视为无风险报酬率。

如果两个项目中,一项期望报酬率较高同时标准差也较高,另一项期望报酬率较低同时标准差也低,则投资者只能根据自己的风险偏好来进行决策了。比较敢于冒风险的投资者往往选择前者,比较稳健或保守的公司常常会选择后者。

2.2.3 投资组合的风险与报酬

1. 系统性风险和非系统性风险

风险按其是否具有分散性还可以分为系统性风险和非系统性风险。

系统性风险是指那些对一定范围内所有企业产生影响的因素[①]引起的风险。这类风险涉及一定范围内的所有投资对象,即使通过多角化投资也不能被分散掉,因此又被称为"不可分散风险"或"市场风险"。当然,这种风险对不同公司的影响程度会有所不同。比如,一个人投资于股票,不论买哪一种股票,他都将承担市场风险,当经济衰退时,所有股票的价格都会有所下跌,但不同公司股票下跌的幅度可能有所不同。

非系统性风险是指个别企业的特有事件造成的风险。这类事件是随机发生的,非系统风险只影响一个或少数几个企业,而不会对整个市场产生太大的影响,可以通过多角化投资来分散(即发生于某一家公司的不利事件可以被其他公司的有利事件所抵消),因此又被称为"可分散风险""公司特有风险"或"可分散风险"。

系统风险与非系统风险的划分并非是绝对的,其前提条件是在一定范围内。当范围内扩大后,原本在某一定范围内的系统性风险有可能会转化为非系统性风险;反之,非系统性风险有可能会转化为系统性风险。

西方有一句格言:不要把所有的鸡蛋放在一个篮子里(Don't put all of your eggs into one basket)。此格言应用到投资中可以理解为:投资者进行投资时,一般不应把资金全部投资于某一个项目,应综合考虑各种投资方案的风险与收益的关系,寻求将风险分散的可能途径,这个可能途径就是投资组合。下面将以证券投资为例来阐述投资组合的风险分散及其风险的计算。

2. 证券投资组合的报酬

证券投资组合(Portfolio)是指同时投资于多种证券的方式。证券组合的报酬是指组合中单项证券报酬的加权平均值,权重为整个组合中投入各项证券的资金占投资总额的比重。其计算公式为:

$$E_p = w_1 E_1 + w_2 E_2 + \cdots + w_n E_n = \sum_{i=1}^{n} w_i E_i \text{[②]} \tag{2.31}$$

式中,E_p 表示投资组合的报酬率;E_i 表示单支证券的报酬率;证券组合中有

---

① 如:宏观经济的变动、战争、经济衰退、通货膨胀、税制改革或国家经济政策等。
② 无论是投资组合的实际报酬率还期望报酬率均可以用此公式进行计算。

n 项证券,w_i 表示第 i 支证券所占的比重。

例 2.16 假设 2014 年 4 月,某投资者投资四支股票的报酬率,如表 2-6 所示。

表 2-6 单支股票的报酬率

股票代码及名称	报酬率	股票代码及名称	报酬率
601106 中国一重	24%	002415 海康威视	12%
600858 上海机电	18%	000598 兴蓉投资	6%

对每支股票投入 10 万,组成一个价值为 40 万元的证券组合,那么该证券组合报酬率为:

$$E_p = w_1 E_1 + w_2 E_2 + \cdots + w_n E_n = \sum_{i=1}^{n} w_i E_i$$
$$= 24\% \times 25\% + 18\% \times 25\% + 12\% \times 25\% + 6\% \times 25\% = 15\%$$

3. 证券投资组合的风险分散原理

证券投资组合的目的是为了分散风险,并不是说进行证券投资组合可以分散所有的风险。

一方面,由于投资组合的系统性风险是对组合内的所有企业均产生影响的,只是产生影响的程度不一定相等。因此只能通过分散化投资消减一部分系统性风险,而不可能将其全部分散掉。

另一方面,投资组合中各投资项目之间的相关性也对风险分散的效应产生影响。现举例说明如下。

假设 M 股票与 N 股票构成一个证券组合,每种股票在证券组合中各占50%,它们的报酬率和风险情况见表 2-7。

表 2-7 M 股票与 N 股票组合的报酬情况

时间 t	M 股票期望报酬率	N 股票期望报酬率	M、N 组合的期望报酬率
2010 年	40%	−10%	15%
2011 年	−10%	40%	15%
2012 年	35%	−5%	15%
2013 年	−5%	35%	15%
2014 年	15%	15%	15%
平均报酬率 $\bar{E}$	15%	15%	15%
标准离差 σ	22.6%	22.6%	0

根据表 2-7 的资料可知,如果分别持有 M、N 两种股票,其标准离差均为 22.6%,均有一定的风险,但如果将它们组成一个各占 50% 的组合,则标准离差为 0,也即风险为零。

M 股票和 N 股票之所以能结合起来组成一个无风险的证券组合,是因为它们报酬率的变化正好相反。当 M 股票的报酬率下降时,N 股票的报酬正好上升;反之亦然。此时,M 股票和 N 股票的报酬完全负相关(相关系数 $r=-1$)。

若两支股票的报酬完全正相关时,情况又如何呢?

假设 M 股票与 W 股票构成一个证券组合,每种股票在证券组合中各占 50%,它们的报酬率和风险情况见表 2-8。

表 2-8 M 股票与 W 股票组合的报酬情况

时间 t	M 股票期望报酬率	W 股票期望报酬率	M、W 组合的期望报酬率
2010 年	40%	40%	40%
2011 年	−10%	−10%	−10%
2012 年	35%	35%	35%
2013 年	−5%	−5%	−5%
2014 年	15%	15%	15%
平均报酬率 $\bar{E}$	15%	15%	15%
标准离差 σ	22.6%	22.6%	22.6%

根据表 2-8 的资料可知,M 与 W 股票之间存在完全正相关关系(相关系数 $r=+1$)。如果分别持有 M、W 两种股票,其标准离差均为 22.6%,均有一定的风险,如果将它们组成一个各占 50% 的组合,其标准离差也为 22.6%,与分别持有 M、W 两种股票的风险相同。可见这样的证券投资组合未分散任何风险。

表 2-7、2-8 的资料说明,当 M 与 W 的股票报酬完全负相关($r=-1$)时,所有的风险都能被分散掉;而当 M 与 W 的股票报酬完全正相关($r=+1$)时,则风险无法分散。可见,投资组合想要尽可能分散风险,最好是找期望报酬呈负相关的股票。但想要找期望报酬呈负相关的股票很困难,因为当经济繁荣时,多数股票都走势良好,而当经济低迷时,多数股票都表现不佳。

事实上,多数股票的报酬都呈正相关关系,但并非完全正相关。平均而言,随机选择两只股票,其报酬的相关系数数大约为 0.6,且对于多数股票来说,其报酬的两两相关系数约在 0.5~0.7 之间。在此情况下,股票投资组合能降低风险,但不能完全消除风险。表 2-9 中 M 股票与 X 股票组合的资料将说明这一点。

表 2-9 M 股票与 X 股票组合的报酬情况

时间 t	M 股票期望报酬率	X 股票期望报酬率	M、X 组合的期望报酬率
2010 年	40%	28%	34%
2011 年	-10%	20%	5%
2012 年	35%	41%	38%
2013 年	-5%	-17%	-11%
2014 年	15%	3%	9%
平均报酬率 $\bar{E}$	15%	15%	15%
标准离差 σ	22.6%	22.6%	20.6%

根据表 2-9 的资料可知,M 与 W 股票之间存在正相关关系,但不完全正相关。如果分别持有 M、W 两种股票,其标准离差均为 22.6%,均有一定的风险,如果将它们组成一个各占 50% 的组合,其标准离差为 20.6%,风险比分别持有 M、X 股票的风险降低了 2%。可见这样的证券投资组合分散了一定程度的风险。

如果投资组合的股票池不止两种股票,而是更多种股股票,则风险又如何呢?

实证分析证明:如果股票种类较多,能分散掉大部分非系统性风险;组合中不同行业的证券个数达到约 40 个时,绝大多数非系统风险均已被消除掉①;如果继续增加证券数目,对分散风险已经没有多大的实际意义,只能增加管理成本。

图 2-19 显示的是通过随机选取纽约证券交易所(NYSE)股票不断扩大投资组合规模而对投资组合风险产生的影响。图中标注了不同规模投资组合的标准差,从单支股票、两支股票组合,直到一个包含 2 000 余支普通股的组合。该曲线说明投资组合的风险程度通常会随着投资组合规模的增加而降低,并渐渐趋向于某个临界值,即图 2-19 所示的水平虚线。

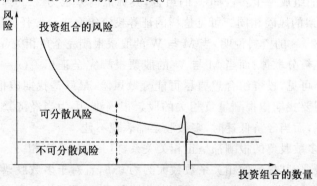

图 2-19 投资组合与风险关系图

---

① 注意:不要指望通过证券多样化达到消除全部风险的目的,因为系统性风险是不能通过风险的分散来完全消除的。

4. 证券投资组合的风险衡量

在有效的资本市场中,投资人是理智的,会选择充分的投资组合以分散非系统性风险,因此承担此风险没有回报(换句话说,市场不会给那些不必要的风险以回报)。因此在确定一项投资组合的风险报酬时,只要考虑系统性风险的那部分。

系统性风险的程度通常用 β 系数来衡量。与市场水平同步波动的股票可以视为平均风险股票,此类股票的 β 系数为 1。若某支股票的 β 系数为 1,这意味着如果市场平均报酬率上升 20%,则通常此类股票的报酬率也将上升 20%;如果市场平均报酬率下降 20%,则通常此类股票的报酬率也将下降 20%。若某支股票的 β 系数为 0.5,则该股票的波动性仅为市场波动水平的一半;若 β 系数为 2,则该股票的波动性将为市场波动水平的 2 倍。投资组合的 β 系数则为投资组合内的单支股票 β 系数的加权平均,权数为各种股票在证券组合中所占的比重。其计算公式为:

$$\beta_p = \sum_{i=1}^{n} w_i \beta_i \quad \text{①} \tag{2.32}$$

式中:β_p 表示证券组合的 β 系数;w_i 表示证券组合中第 i 种股票所占的比重;β_i 表示证券组合中第 i 种股票的 β 系数;n 表示证券组合中包含的股票数量。

5. 证券投资组合的风险报酬

投资者进行证券组合投资与进行单项投资一样,都要求对所承担的风险进行补偿,股票的风险越大,要求的报酬越高。但与单项投资不同,证券组合投资要求补偿的风险只是系统性风险,而不要求对可分散风险进行补偿。如果可分散风险的补偿存在,善于科学地进行投资组合的投资者将会购买这部分股票,并抬高其价格,其最后的报酬率只反映市场风险。因此,证券组合的风险报酬率是投资者因承担不可分散风险而要求的、超过时间价值的那部分额外报酬率。可用下列公式计算:

$$R_p = \beta_p (R_M - R_F) \tag{2.33}$$

式中:R_p 表示证券组合的风险报酬率;β_p 表示证券组合的 β 系数;R_M 表示证券市场上所有股票组成的证券组合的平均报酬率;R_F 表示无风险报酬率,一般用政府公债的利息率来衡量。

例 2.17 科普兰公司持有由 A、B、C 三种股票构成的证券组合,它们的 β 系数分别为 2.0、1.0 和 0.5,它们在证券组合中所占的比重分别是 60%、30% 和 10%,股票市场的平均报酬率为 14%,无风险报酬率为 10%,试确定这种证券组合的风险报酬率。

$$\beta_p = 60\% \times 2 + 30\% \times 1 + 10\% \times 0.5 = 1.55$$

---

① β 系数一般不需要投资者自己计算,而由一些投资服务机构定期计算并公布。

$R_p = 1.55 \times (14\% - 10\%) = 6.2\%$

计算出风险报酬率后,便可根据投资额和风险报酬率计算出风险报酬额。

思考练习题

一、名词解释

1. 货币时间价值
2. 复利
3. 年金
4. 普通年金
5. 先付年金
6. 延期年金
7. 永续年金
8. 可分散风险
9. 系统性风险

二、单项选择题

1. 在资金时间价值的计算中,公式符号 $\sum_{i=1}^{n} \frac{1}{(1+i)^i}$ 被称为(　　)。
   A. 复利终值系数　　　　　　B. 复利现值系数
   C. 年金终值系数　　　　　　D. 年金现值系数

2. 某人拟在5年内每年年初存入银行1 000元,银行存款年利率为8%,则5年后他可以从银行取得的款项是(　　)。
   A. $1\,000 \times (F/P, 8\%, 5)$　　　　B. $1\,000 \times (F/A, 8\%, 5)$
   C. $1\,000 \times (F/A, 8\%, 5)(1+8\%)$　　D. $1\,000 \times (F/P, 8\%, 5)(1-8\%)$

3. 某人退休时有现金10万元,拟选择一项回报比较稳定的投资,希望每个季度能收入2 000元补贴生活。那么,该项投资的实际报酬率应为(　　)。
   A. 2%　　　　B. 8%　　　　C. 8.24%　　　　D. 10.04%

4. 下列各项中,代表先付年金现值系数的是(　　)。
   A. $[(P/A, i, n+1)+1]$　　　B. $[(P/A, i, n+1)-1]$
   C. $[(P/A, i, n-1)-1]$　　　D. $[(P/A, i, n-1)+1]$

5. 某企业年初借得100 000贷款,10年期,年利率为5%,每年末等额偿还。已知年金现值系数$(P/A, 5\%, 10) = 7.721\,7$,则每年应付金额为(　　)元。
   A. 12 950.52　　B. 5 000　　C. 6 000　　D. 28 251

6. 企业发行债券,在名义利率相同的情况下,对其最有利的复利计息期是(　　)。
   A. 1年　　　　B. 半年　　　　C. 1季　　　　D. 1月

7. 已知某证券的β系数等于1.5,则该证券(　　)。
   A. 无风险
   B. 有非常低的风险

C. 是金融市场所有证券平均风险的1.5倍

D. 该证券的风险单位报酬率为1.5%

8. 当两种股票完全负相关时,将这两种股票合理地组合在一起,则(   )。

A. 能适当分散风险　　　　　　B. 不能分散风险

C. 能分散掉一部分市场风险　　D. 能分散掉全部可分散风险

三、多选选择题

1. 下列关于货币的时间价值的说法正确的有(   )。

A. 并不是所有货币都有时间价值,只有把货币作为资本投入生产经营过程才能产生时间价值

B. 时间价值是在生产经营中产生的

C. 一个政治、经济稳定的国家的国债可近似地等于货币的时间价值

D. 时间价值是扣除通货膨胀和风险报酬后的社会平均资金利润率

E. 银行存款利率就是货币的时间价值

2. 假设最初有 m 期没有收付款项,后面 n 期有等额的收付款项 A,利率为 i,则延期年金现值的计算公式为(   )。

A. $P_0 = A \times PVIFA_{(i,n)} \times PVIF_{(i,m)}$

B. $P_0 = A \times PVIFA_{(i,m+n)}$

C. $P_0 = A \times PVIFA_{(i,m+n)} - A \times PVIFA_{(i,m)}$

D. $P_0 = A \times PVIFA_{(i,n)}$

E. $P_0 = A \times PVIFA_{(i,m)}$

3. 下列关于风险度量的说法正确的有(   )。

A. 利用概率分布的概念,可以对风险进行衡量

B. 期望报酬的概率分布越集中,则该投资的风险越小

C. 期望报酬的概率分布越集中,则该投资的风险越大

D. 标准差越小,概率分布越集中,相应的风险也就越小

E. 标准差越小,概率分布越集中,相应的风险也就越大

4. 下列各项中属于可分散风险的有(   )。

A. 国家财政政策的变化　　　　B. 某公司经营失败

C. 某公司工人罢工　　　　　　D. 通货膨胀

E. 宏观经济状况的改变

四、判断题

1. 货币的时间价值是由于时间的推移而造成的,所以,所有的货币都会有时间价值。(   )

2. 年金是指间隔一年、金额相等的一系列现金流入或流出量。(   )

3. 永久租用办公楼一栋,每年初支付租金10万元,一直到无穷,存款利率为

10%,则租金的现值为110万元。( )

4. 某人年初存入银行 1 000 元,假设银行按每年 10% 的复利计息,每年末取出 200 元,则最后一次能够足额(200 元)提款的时间是第 7 年末。( )

5. 在通货膨胀率很低的情况下,公司债券的利率可视同为资金时间价值。( )

6. 国库券是一种几乎没有风险的有价证券,其利率可以代表资金时间价值。( )

7. 延期年金没有终值,只有现值。( )

五、简答题

1. 简述年金的概念种类。
2. 复利与单利有何区别?
3. 按风险程度,可把财务决策分为哪三类?
4. 如何理解风险与报酬的关系?
5. 什么是系统性风险和可分散风险?二者有何区别与联系?
6. 证券组合的作用是什么?如何有效地进行证券组合?

六、计算分析题

1. 为了能保证 5 年后能有一笔资金购买电脑,小红决定现在存入银行 2 000 元,假设银行存款年率为 2%,复利计息,5 年后小红能拿到多少钱?单利计息呢?

2. 资料:中原公司为了提高产品质量,拟购置一台自动化生产设备。假设有两种付款方案可供选择:
  (1) A 方案:现在一次性付款 800 000 元。
  (2) B 方案:分六期付款,从现在起,每年初付款 150 000 元,6 年共计 900 000 元。
  要求:若银行借款利率为 9%,复利计息。请为中原公司做出决策。

3. 张先生从他的祖父那里继承了 30 000 元的遗产,他准备购买一项保险,以保证他在未来的 10 年内可获得一个稳定的收入。一项名为"金卡保险"的险种引起了他的注意,该保险种类要求投保人预先缴纳一定的保费,他们可根据保费的 10% 每年支付投保人作为利益返还,这种支付持续 20 年。假设银行存款利率为 5%,问张先生是否该投保?

4. 小李为赚取学费,每年夏天勤工俭学(从高考结束开始),每年约赚取 2 000 元,而学校每年的学费和生活费约 10 000 元,其余的钱小李只好靠父母亲的资助解决。假定小李读四年大学,那么小李的父母四年支付的学费在银行存款利率为 2% 的条件下,其终值是多少?

5. A 公司向银行贷款,银行提出按 1% 扣除手续费,另保留 10% 留存账户。因此 A 公司于 2001 年 1 月 1 日向银行贷款 100 000 元,扣除 1 000 元手续费,实际金额 99 000 元,而可使用资金只有 89 000 元,假设银行规定贷款利率为 5%,

5年偿还本金,利息每年年末支付,则A公司贷款的实际利率为多少?

6. 小张向朋友借款10 000元,并提出每年按3%的利率支付利息,利息在三年后和本金一起支付,按单利结算,而朋友则提出每年利率2%,每年年末支付,试计算两种方式下小张支付本金和利息的三年后终值。

7. 为迎接2008年奥运会,小张决定加强锻炼,争取为奥运会多做服务工作,因此他决定锻炼身体。小张去了一个健身馆,健身馆的负责人告诉他,如果要成为健身馆的会员,可以在5年时间内免费享受各种锻炼设施,但需一次交纳会费10 000元。此外,小张也可以每年交纳3 000元,享受会员待遇。如果小张想在这5年内在健身馆锻炼,应该采用哪种方式更合适呢(假定银行存款年利率为5%)?

8. 在房产市场火爆的今天,投资房地产成为人们追求的热点。假设小林看到一家中介机构的预测,预测2年后附近一家房产的价格将上涨20%,便从银行取出200 000元,再向银行贷款100 000元,购买了一套房产。银行利率为5%。2年后房产价格并没有上涨,反而下跌了2%,问2年后小林亏损了多少?

七、案例分析题

瑞士田纳西镇巨额账单案例

如果你突然收到一张事先不知道的1 260亿美元的账单,你一定会大吃一惊。而这样的事件却发生在瑞士的田纳西镇的居民身上。纽约布鲁克林法院判决田纳西镇应向美国投资者支付这笔钱。最初,田纳西镇的居民以为这是一件小事,但当他们收到账单时,他们被这张巨额账单惊呆了。律师指出,若高级法院支持这一判决,为偿还债务,所有田纳西镇的居民在其余生中不得不靠吃麦当劳等廉价快餐度日。

田纳西镇的问题源于1966年的一笔存款。斯兰黑不动产公司在内部交换银行(田纳西镇的一个银行)存入一笔6亿美元的存款。存款协议要求银行按每周1%的利率(复利)付息(难怪该银行第二年破产!)。1994年,纽约布鲁克林法院做出判决:从存款日到田纳西镇对该银行进行清算的7年中,这笔存款应按每周1%的复利计总,而在银行清算后的21年中,每年按8.54%的复利计息。

1. 请用所学的知识说明1 260亿美元是如何计算出来的?
2. 如利率为每周1%,按复利计算,6亿美元增加到12亿美元需多长时间?增加到1 000亿美元需多长时间?
3. 本案例对你有何启示?

第 3 章 筹资管理

◎ 学习要点：

本章主要讲授了筹资管理的基本概念，各种具体筹资方式的要求、优缺点及各种资本成本的计算。其中筹资渠道及筹资方式的概念及两者之间的联系，吸收直接投资、发行股票、发行债券、长期借款、商业信用的概念及优缺点，债券发行价格、长期资本成本的计算是本章的学习重点。

◎ 学习难点：

普通股资本成本的计算、债券发行价格的计算。

企业的创立、正常的生产经营、扩张和发展等一系列企业活动均离不开资金的支持与配合，这就需要想方设法、及时足额地筹到相应资金。但资金的获取受到外部环境和内部状况的种种限制，且资金的筹集和使用必须付出代价，因此正确预测资金需要量[①]，以低成本、低风险及有效的方式筹措企业所需资金是筹资管理所需实现的目标。

3.1 筹资概述

筹资是指企业根据生产经营、对外投资及调整资金结构的需要，通过一定的渠道，采取适当的方式，获取所需资金的一种行为。筹集资金是企业资金运动的起点，是决定资金运动规模和生产经营发展程度的重要环节，是财务管理的一项重要内容。

---

① 预测资金需求量应属于筹资管理的内容，但由于财务管理、管理会计两门学课有部分内容重复，因此本书中就未做详细阐述了。

3.1.1 筹资的渠道及方式

1. 筹资渠道

筹资渠道是指筹措资金的来源与通道，体现着资金的来源与供应量。认识和了解各筹资渠道及其特点，有助于企业充分拓宽和正确利用筹资渠道。我国目前的筹资渠道主要有以下几种。

（1）政府财政资金

政府财政资金包括中央政府财政资金及地方政府财政资金，其具有广阔的源泉和稳固的基础。政府财政资金是国有企业最主要的资金渠道，我国现有的国有股份制企业大都是由原有的国有企业改制而成的，其股份总额中的国家股就是国家以各种方式向原国有企业投入的资本。此类资金政策性很强，随着我国经济改革的深入，除了某些关系国计民生的大型重点企业和骨干企业外，政府财政资金在企业自有资金中的比例在逐步减少。

（2）银行信贷资金

我国的银行包括中央银行、商业银行和政策性银行三类。

人民银行是我国的中央银行，国家赋予其制定和执行货币政策，对国民经济进行宏观调控，拥有对其他金融机构乃至金融业进行监督管理权限，地位非常特殊，被俗称为"银行的银行"。中央银行不向企业提供贷款，能向企业提供贷款的银行是商业银行和政策性银行。

商业银行是以营利为主要目标的信用机构，包括国有商业银行、股份制商业银行和合作银行。除了自有资本以外，其资金主要来源于居民储蓄、单位存款。商业银行资金实力雄厚，可以向各类企业提供各种商业性贷款，是各类企业筹资的重要来源。

政策性银行是指由政府发起、出资成立，为贯彻和配合政府特定经济政策和意图而进行融资和信用活动的机构。我国1994年设立了国家开发银行、中国进出口银行、中国农业发展银行三大政策性银行，均直属国务院领导。政策性银行不以营利为目的，为那些商业银行不愿承担的社会急需、社会效益好，但经济效益不高的项目提供资金支持。

（3）非银行金融资金

非银行金融机构是指除银行以外的各种金融机构及金融中介机构。在我国，非银行金融机构主要有保险公司、租赁公司、信托公司、证券公司、企业集团的财务公司以及小额贷款公司等等。它们有的集聚社会资本，融资融物；有的承销证券，提供信托服务。目前，这些机构在中国正在快速地发展。

（4）其他法人资金

法人是在法律上人格化了的、依法具有民事权利能力和民事行为能力并独立享有民事权利、承担民事义务的社会组织。我国法人可分为企业法人、事业单位法人和团体法人等。如银行及非银行金融机构即为企业法人。除了银行及非银行金融机构以外的其他法人组织,在日常的资本运营中有时也可能形成部分暂时闲置的资金,为了让其发挥一定的效益,也需要相互融通。这就为企业提供了一种资金来源。

(5) 民间资金

居民个人节余货币作为"游离"于银行及非银行金融机构之外的个人资金,也可用于对企业进行投资,形成民间资金。随着证券市场的发展,民间资金已成为股份制企业的一条广阔的筹资渠道。

(6) 企业内部资金

企业内部资金主要包括计提的折旧、提取的公积金和非分配利润等。这是企业通过经营自己形成的资本积累,其资金的大小取决于企业的盈利能力及利润分配政策,是企业保持持续增长能力的一种主要资金来源。

(7) 国外及港、澳、台地区资金

我国改革开放后,从国外及我国香港、澳门和台湾地区的金融机构、企业及社会公众那里吸取大量资金到中国大陆地区投资,从而形成外商投资企业的筹资渠道。

企业所能采用的筹资渠道主要取决于企业的性质以及经营业务的内容。一般来说,政府财政资金是我国国有企业筹资的主要来源;银行信贷资金是我国企业债务资金的主要来源;民间资本除了在金融市场购买企业股票和债券为我国大中型企业提供资金外,还成为我国"小微"企业融资的主要源泉。[①]

2. 筹资方式

筹资方式是企业筹集资金所采取的具体形式。筹资渠道体现的是取得资金的客观可能性;筹资方式体现的是通过什么主观行为把筹资的可能性变为现实。企业所能采用的筹资方式取决于企业的组织形式、规模、信誉度、担保能力和经营能力。我国企业筹资方式主要有以下几种。

(1) 吸收直接投资

吸收直接投资又称为投入资本筹资,是企业以协议形式取得政府、法人、自然人等直接投入的资金形成企业实收资本的一种筹资方式。此方式不以股票为媒介,适用于非股份制企业,筹集的资金量可大可小,可供企业长期使用。

(2) 发行股票

发行股票是企业以股票为媒介,通过金融市场向资金所有者直接筹资的一种有效方式,形成企业的股本。此方式适用于股份制企业,发行前期需要较长的时间进行准备,筹集的资金量较大,可供企业长期使用。

---

① 尽管民间借贷尚存有较多的问题,但民间借贷大量存在是不争的事实。

(3) 留存收益

留存收益筹资是指企业将留用利润转化为投资的过程,将企业生产经营所实现的净利润留在企业,而不作为股利分配给股东,其实质为原股东对企业追加投资,形成企业的实收资本或股本,可供企业长期使用。

(4) 发行债券

发行债券是企业以债券为媒介,通过金融市场向资金所有者直接筹资的一种有效方式,形成企业的债务,负有到期按约定偿本付息的义务。此方式适用于信誉好的大企业。发行债券前期也需要较长的时间进行准备,筹集的资金量较大,一般在企业需要长期资金时才会使用。

(5) 借款

借款是企业向银行等金融机构以及其他单位筹集资金的一种方式,形成企业的债务,负有到期按约定偿本付息的义务,主要以向银行这一渠道借款为主[①]。

根据借款期限的不同,借款可分为长期借款与短期借款。长期借款是指企业向银行或其他金融机构借入的期限在一年以上(不含一年)或超过一年的一个营业周期以上的各项借款。长期借款一般用于固定资产的构建、改扩建工程、大修理工程、对外投资以及为了保持长期经营能力等方面的需要。短期借款是企业向银行或其他金融机构等借入的期限在一年以下(含一年)的各种借款。短期借款一般用来弥补企业自有流动资金的不足。

利用借款筹资方式筹集的资金量可大可小,使用时间可长可短,筹资手续比发行股票、债券简单得多,是企业经常采用的一种筹资方式。

(6) 租赁

租赁筹资是指出租人以收取租金为条件,授予承租人在约定的期限内占有和使用财产权利的一种契约性行为。其行为实质是一种借贷属性,形成企业的债务,不过它直接涉及的是物而不是钱。租赁通常按性质可分为经营租赁和融资租赁两大类,其中经营租赁的租期一般较短,融资租赁的租期较长。

(7) 商业信用

商业信用筹资是企业通过赊购商品、预收货款等基于商业信用基础之上利用商品交易行为筹集资金的一种方式。其资金使用期限一般较短,是在生产经营过程中与商品买卖同时进行,是一种自发性筹资,不需进行非常正规的安排,多数情况下是可以免费使用的。

(8) 发行短期融资券

短期融资券是指具有法人资格的企业,依照规定的条件和程序在银行间债券市场发行并约定在一定期限内还本付息无担保的短期本票。在中国,短期融资券

---

① 有些教材中将此种方式又称为"银行借款"方式。

是指企业依照《银行间债券市场非金融企业债务融资工具管理办法》的条件和程序在银行间债券市场发行和交易并约定在一定期限内还本付息的有价证券,是企业筹措短期(1年以内)资金的直接融资方式。

上述方式是比较常见的筹资方式,金融工具的不断创新还为企业筹资提供更多的新型筹资方式。

我国现有的贷款机构

根据提供贷款机构分类银行可分为政策性银行、商业银行和其他金融机构。政策性银行是指由政府发起、出资成立,为贯彻和配合政府特定经济政策和意图而进行融资和信用活动的机构。政策性银行不以营利为目的的,专门为贯彻、配合政府社会经济政策或意图,在特定的业务领域内,直接或间接地从事政策性融资活动,充当政府发展经济、促进社会进步、进行宏观经济管理的工具。1994年中国政府设立了国家开发银行、中国进出口银行、中国农业发展银行三大政策性银行,均直属国务院领导。政策性贷款是目前中国政策性银行的主要资产业务。一方面,它具有指导性、非营利性和优惠性等特殊性,在贷款规模、期限、利率等方面提供优惠;另一方面,它明显有别于可以无偿占用的财政拨款,而是以偿还为条件,与其他银行贷款一样具有相同的金融属性——偿还性。一般来说,政策性银行贷款利率较低、期限较长,有特定的服务对象,其放贷支持的主要是商业性银行在初始阶段不愿意进入或涉及不到的领域。我国的商业银行①是指依照《中华人民共和国商业银行法》和《中华人民共和国公司法》设立的以营利为目的的吸收公众存款、发放贷款、办理结算等业务的企业法人。我国商业银行发展迅速,除了中国工商银行、中国农业银行、中国银行、中国建设银行、交通银行五家老牌的大型商业银行外,又陆续成立了多家全国性股份制商业银行、城市商业银行、农村商业银行、村镇银行。商业银行以安全性、流动性、效益性为经营原则,实行自主经营,自担风险,自负盈亏,自我约束。商业银行以其全部法人财产独立承担民事责任,依法开展业务,不受任何单位和个人的干涉。商业银行是国家金融市场的主体,

---

① 最初使用"商业银行"这个概念,是因为这类银行在发展初期,只承做"商业"短期放贷业务。放款期限一般不超过一年,放款对象一般为商人和进出口贸易商。人们将这种主要吸收短期存款,发放短期商业贷款为基本业务的银行,称为商业银行。

> 资金雄厚。商业银行贷款是企业负债经营时采用的主要筹资方式，其贷款利率通常较同期政策性银行贷款要高。除了政策性银行及商业性银行以外的其他金融机构也可向企业提供贷款，如信托投资公司、保险公司、小额贷款公司等。与商业银行贷款相比，其他金融机构贷款要求的利率较高。

3. 筹资渠道与筹资方式的配合

企业筹资方式与筹资渠道有着密切的关系。一定的筹资方式可以适用于多种筹资渠道，同一种筹资渠道也可以采用不同的筹资方式。一般情况下，它们之间的对应关系见表3-1，企业融资时应注意筹资渠道与筹资方式的合理搭配，以提高筹资效率、降低筹资成本。

表3-1 筹资方式与筹资渠道的对应关系

	吸收直接投资	发行股票	留存收益	发行债券	借款	租赁	商业信用	发行短期融资券
国家财政资金	√	√						
银行信贷资金					√			√
非银行金融机构资金	√	√		√	√	√		
其他法人资金	√	√		√	√	√		
民间资金	√	√			√			
企业内部资金			√					
国外及港澳台地区资金[①]	√	√		√	√	√		

3.1.2 筹资的分类

企业通过各种筹资渠道和筹资方式所筹集的资金，由于属性、期限、来源的不同形成不同的类型。具体分类如下：

1. 按资金使用时间的长短分类

按资金使用时间的长短，将企业筹集的资金分为短期资金和长期资金。

短期资金是指供一年或一个营业周期以内使用的资金。短期资金主要投资于现金、应收账款、存货等，一般在短期内可收回。短期资金可通过上述筹资方式中短期借款、发行短期融资券、经营租赁及商业信用方式筹集。

---

① 本书中所涉国外及港澳台地区资金比较笼统，包括金融机构、企业及社会公众的资金，因此其与筹资方式的对应关系应分别对应。如商业信用方式对应的是国外及港澳台地区的企业的资金。

长期资金是指供一年或一个营业周期以上使用的资金。长期资金主要投资于新产品的开发和推广、固定资产的投资和更新，一般需要几年甚至更长时间才能收回。长期资金可通过上述筹资方式中吸收直接投资、发行股票、留存收益、发行债券、长期借款及融资租赁等方式筹集。

2. 按资金性质分类

按资金性质不同，将企业筹集的资金分为股权资金和债务资金及混合性资金。

股权资金又称为自有资金，是企业依法取得并长期拥有、自主调配运用的资金。股权资金由企业成立时各种投资者投入的资金以及企业在生产经营过程中形成的资本公积、盈余公积和未分配利润组成。股权资金可采用吸收直接投资、发行股票及留存收益等方式筹集；筹资渠道可以是国家，也可以是法人或个人，还可以是外商。此时的投资者被称为企业所有者。股权资金的所有权归属企业的所有者。企业所有者依法凭其所有权参与企业的经营管理和利润分配，并对企业的债务承担有限或无限责任。企业对股权资金依法享有经营权。在企业存续期间，企业所有者除了依法转让其所有权外，不得以任何方式抽回其投入的资金，因此被视为企业的"永久性资本"。对筹资者来说，股权资金不需偿还，财务风险[①]较小，但付出的资金成本相对较高；对投资者（企业所有者）来说，因本金得不到偿还，只能通过盈利分红或资产增值后转让才可收回投资，财务风险较大。

债务资金又称为借入资金，是企业依法取得并依约运用、按期偿还的资金。债务资金可采用借款、发行债券、发行商业票据、利用商业信用和租赁等方式取得；筹资渠道可以是银行，也可以是非银行金融机构，还可以是其他法人、个人及外商。此时的投资者被称为债权人。企业的债权人有权按期索取本息，但无权参与企业的经营管理和利润分配，对企业的其他债务不承担责任。企业对持有的债务资本在约定的期限内享有经营权，并承担按期还本付息的义务。对筹资者来说，债务资金到期需要还本付息，当资金紧张时，财务风险较大，但付出的资金成本相对较低；对投资者（债权人）来说，即使企业亏损，只要企业没到资不抵债的程度，其都可收回本息，财务风险较小。

股权资金与债务资金是资金的两种基本形式。相比而言，同一项目，对于投资者来说，股权资金的风险大、收益高，债务资金的风险低、收益低。比较激进的投资者喜欢选择股权资金，比较保守的投资者喜欢选择债务资金。但还有一些介于激进与保守之间的投资者，他们不愿意承担像激进者那样的风险，但又嫌保守者的过于胆小，收益太低。这些投资者寻求风险与收益介于股权资金与债务资金两者之间的一种投资。随着不断的金融创新，混合性资金应运而生。混合性资金

---

① 这里的财务风险是指资金短缺或资金链断裂，致使企业经营困难甚至倒闭的风险。

是指既具有某些股权性资金的特征又具有某些债权性资金的特征的资金形式。企业常见的混合性资金包括优先股、可转换债券和认股权证。

3. 按资金来源的范围分类

按资金来源的范围不同,筹资可分为内部筹资和外部筹资两类。企业一般应在充分利用内部筹资来源之后,再考虑外部筹资问题。

内部筹资是指在企业内部通过留用利润而形成的资金来源。内部筹资是在企业内部自然形成的,因而被称为"自动化的资本来源",一般无须花费筹资费用,筹资金额的多少通常取决于企业可分配利润的规模和利润分配政策。

外部筹资是指企业在内部筹资不能满足需要时,向企业外部筹集资金而形成的资金来源。外部筹资方式包括吸收直接投资、发行股票、发行债券、借款、租赁、发行融资券、商业信用等。企业的外部筹资或多或少均要花费一定的筹资费用。

处于初创期的企业,盈利较少或甚至可能是亏损的,其内部筹资的可能性是有限的。处于成长期的企业,可能已盈利甚至可能盈利较丰,但由于其想快速扩张,需要的资金规模往往远远大于留用利润,内部筹资往往难以满足需要。

3.1.3 筹资的原则

为了经济有效地筹集资金,筹资必须遵循合法性、效益性、及时性等基本原则。

1. 合法性原则

企业的筹资活动影响社会资本及资源的流向和流量,涉及相关主体的经济权益。因此,必须遵守国家有关法律法规,依法履行约定的责任,维护有关各方的合法权益,避免非法筹资行为给企业本身及相关主体造成的损失。

2. 效益性原则

筹集和使用资金必须支付对价,对价也即是资金成本。企业筹集资金的渠道、方式多种多样,通过不同筹资渠道和方式取得的资金成本和风险程度各不相同。因此,在选择资金来源和筹资方式时,应根据资金需要量研究各种资金来源的构成,综合考虑各种筹资渠道的资金成本和风险程度等多方面因素,力争构建最优筹资组合以降低综合资金成本。

3. 及时性原则

企业投资一般都有投放时间上的要求。筹资时间必须与投资时间要求相配合,避免筹资时间过早而造成投资前的资本闲置或筹资滞后而错过投资的有利时间。资金的及时供应取决于外部筹资环境和自身条件。如从证券市场上筹资一般要求较严,发行股票、债券手续繁杂,资金的供应及时性较低;而银行贷款等则相对容易些。又如,企业规模较大,财务及经营状况良好,也是比较容易获取资金的。

3.1.4 筹资决策的影响因素[①]

企业的筹资决策受到各类因素的影响,如经济周期、国家经济政策、有关的法律法规、金融市场[②]及企业的经营现状等。这些因素,一方面为企业筹资提供机会与条件,另一方面对企业筹资进行制约和限制。

1. 经济周期

经济运行通常呈现波浪型周期特征,大致分为经济复苏、经济繁荣、经济衰退和经济萧条四个阶段。在经济开始复苏并迈向繁荣时,经济增长使商品市场需求旺盛,企业盈利增加,为提高生产经营能力,企业纷纷扩大投资,从而增加对资金的需求。这将引起资金供求关系发生变化,市场利率上升,此时利用债务筹资的难度加大,筹资成本逐渐增加,但由于公众收入增加,对企业前景看好,引起股票价格上升,利用发行股票筹资的成本可能下降。当经济开始衰退进入萧条期时,企业对资金的需求下降,资金供求关系变化导致市场利率下降,企业利用债务资金的成本降低,利用股票筹资的难度可能有所加大。经济萧条时,尽管市场利率降低,由于企业缺乏市场机会,盈利减少,银行对企业信贷资金的提供要求则会提高。

2. 国家经济政策

国家经济政策主要有货币政策、财政政策和产业政策。货币政策直接影响资金供给量和市场利率水平。货币政策变松,市场银根松动,社会持币量增加,市场利率下降,对企业的筹资提供有利机会。税收政策是一种重要的财政政策,国家的税收政策规定企业发行债券和银行借款所生的利息支出可以在所得税前的利润中扣除,而股权性质的资金所发生的股利支出只能用企业税后净利润支付。假使国家提高所得税税率,则企业的债务资本的资本成本将会下降,从而影响企业筹资方式的选择。国家还会实施一定的产业政策,鼓励和限制某些产业的发展。对于鼓励的产业,从税收到筹资都会有相应的扶持政策;反之,则会增加税负,提高筹资门槛和成本。

3. 法律法规

为保障国家经济平稳运行,国家会制定一系列规范和制约企业筹资行为的有关法律法规,主要有《公司法》《合伙企业法》《个人独资企业法》《证券法》《银行法》《所得税法》等。这些法律法规主要规范了不同类型企业的筹资渠道、不同组织类型企业的筹资方式、企业筹集资金的条件三方面的内容。法律法规并非一成不变,企业必须随时关注其变化,遵守相关法律法规进行筹资,以免造成非法集资而

[①] 葛文雷.财务管理(第二版).上海:东华大学出版社,2003:99.

[②] 有关金融市场的阐述参见本书前述的相关内容,此处不再赘述。

受到相应的惩处。

4. 企业的经营现状

企业的经营现状一般从盈利能力、运营能力、资产的质量、发展潜力四方面进行分析,这些能力直接影响企业的收益和风险,进而影响企业的筹资能力。如果企业的资产质量良好、盈利能力强、偿债能力好,则该企业就比较容易筹到所需资金,且筹资成本也会较低。

上述影响因素对企业的筹资决策的影响不是孤立的,经济周期、国家经济政策、法律法规将最终作用于企业,企业需要综合考虑诸因素以做出正确的决策。

3.2 长期筹资方式

企业购建固定资产、取得无形资产及对外长期投资等通常需要经过较长时间才能收回本金,若是采取短期筹资方式筹得这些投资项目的资金,往往未等到这些长期投资产生效益即需要偿还,这无异于釜底抽薪,会给企业带来极大的财务风险。因此,企业要长期生存与发展,需要经常持有一定规模的长期资本。长期筹资方式主要有吸收直接投资、发行股票、留存收益、发行债券及融资租赁等方式,本节将对这些方式的具体操作逐一进行介绍。

3.2.1 吸收直接投资方式

1. 吸收直接投资的主体

吸收直接投资方式又称为投入资本方式,是非股份制企业(包括个人独资企业、个人合伙企业、国有独资公司和有限责任公司)以协议等形式吸收国家、其他企业、个人和外商等直接投入的资本,形成企业长期股权资本的一种基本筹资方式。

2. 吸收直接投资的种类

按吸收直接投资的投资者及投资者的出资形式,吸收直接投资可有不同的分类。

(1) 按投资者分类

筹集国家直接投资,主要是国家财政拨款,形成企业的国有资本;筹集除金融机构外的其他法人的直接投资,形成企业的法人资本;筹集本企业内部职工和城乡居民的直接投资,形成企业的个人资本;筹集外国投资者和我国港澳台地区投资者的直接投资,形成企业的外商资本。

(2) 按投资者的出资形式分类

投资者可以以现金或非现金形式对企业进行投资。非现金形式还可分为两类形式:一是筹集实物资产,如房屋、建筑物、设备和材料、产品等流动资产;二是筹集无形资产,如知识产权、土地使用权等可以用货币估价并可以依法转让的非货币财产[①]。2015年新修订的《公司法》规定:全体股东的货币出资金额不得低于有限责任公司注册资本的30%。筹资者一般乐于筹资现金,因为此种资金使用起来比较灵活方便。

筹集非现金资产的估值

企业筹集的非现金投资应按评估确定或合同、协议约定的金额计价。

(1) 对于材料、燃料、产成品等,可采用现行市价法或重置成本法进行估值。

(2) 对于在产品、自制半成品,可先按完工程度折算为相当于产成品的约当量,再按产成品的估价方法进行估值。

(3) 对于应收款项,应针对具体情况,采用合理的估值方法:能够立即收回的,以账面价值为评估价值;能立即贴现的应收票据,以贴现值为评估价值;不能立即收回的应收账款,应合理估计其坏账损失,并以其账面价值扣除坏账损失后的金额为评估价值;能立即变现的带息票据和计息债券,以其面额加上持有期间的利息为评估值。

(4) 对于筹集的机器设备,一般采用重置成本法和现行市价法进行估值;对有独立生产能力的机器设备,可采用收益现值法评估。

(5) 对于筹集的房屋建筑物,其价值的高低由多方面因素决定,主要受原投资额、地理位置、质量、新旧程度等因素的影响,可采用现行市价法并结合收益现值法进行估值。

(6) 对于筹集的无形资产要根据不同情况区别对待。①能够单独计算自创成本或外购成本的无形资产,如专利权、专有技术等,可以采用重置成本法估值;②在现时市场上有交易参照物的无形资产,如专利权、租赁权、土地使用权等可采用现地市价法进行估值;③无法确定研制成本或购买成本,又不能在市场上找到交易参照物,但能为企业持续带来收益的无形资产,如特许经营权、商标权、商誉等,可采用收益现值法估值。

---

① 但是,法律、行政法规规定不得作为出资的财产的除外。

3. 吸收直接投资的优缺点

吸收直接投资方式是我国非股份制企业普遍采用的一种筹资方式,它既有优点,也有不足。

吸收直接投资方式筹资的优点主要有:(1)有利于提高企业对外负债能力。此方式筹集的资金属于企业的股权资本,与债务资本相比,它能提高企业的资信和借款能力。(2)有利于降低财务风险。此方式筹集的资金可供企业长期使用且无需偿还本金,与债务资本相比,其财务风险较低。(3)有利于尽快形成企业生产经营能力。此方式不仅可以筹取到现金,还可直接获得所需的先进设备和技术,与仅能筹集到现金的方式相比,它能尽快地形成生产能力。

吸收直接投资方式筹资的缺点主要有:(1)资本成本较高。此方式筹集的资金,由于不需偿还本金,对于投资者来说财务风险较大,且获取的分红是税后净利,因此与债务资本相比,其资本成本较高。(2)原有股东的控制权可能被分散。采用此方式筹集资金,除非原有股东按原有股权结构增加投资,否则吸收新的投资者的资金进入企业,企业原有的股权结构比例将会发生变化,原有股东的控制权有可能被分散。

3.2.2 发行股票方式

股票是股份有限公司为筹措股权资本而发行的有价证券,是公司签发的证明持股人拥有公司股份的凭证。发行股票[①]是股份有限公司筹集股权资本的基本方式。

1. 股票的种类

股票的种类很多,可按不同的标准进行分类。

(1)按股东的权利与义务不同分类

按股东的权利和义务的不同,股票可以分为普通股和优先股。普通股与优先股是相对而言的。普通股是公司发行无特别权利和义务的、股利不固定的,也是最基本的、标准型的股票。优先股是公司发行的优先于普通股股东分取股利和公司剩余财产的股票。

普通股股东有权参加股东大会,依法对公司重大事项进行表决,参与公司的经营管理;普通股股利分配在优先股之后,并依公司盈利情况而定;公司解散清算时,普通股股东对公司剩余财产的请求权位于优先股股东之后;公司增发新股时,普通股股东具有优先认购权。

优先股股利一般是固定的,并且在普通股分配股利前支付;在公司破产清算

---

① 股份有限公司发行股票必须遵循《中华人民共和国公司法》《中华人民共和国证券法》等法规的相关规定。

时,优先股股东对公司的剩余财产的分配权在普通股股东之前。与发行普通股相比,发行优先股可以吸引部分保守者的投资。但优先股并非是处处优先。优先股股东除涉及自身利益的重大决策外,一般无权参加股东大会行使表决权,参与公司的经营管理;公司增发新股时,优先股股东没有优先认购权。

(2) 按股票票面有无记名分类

按股票票面有无记名可将股票分为记名股票和无记名股票。记名股票是股票票面上记载股东的姓名或名称的股票,股东姓名或名称要记入公司的股东手册。无记名股票是股票票面上不记载股东的姓名或名称,股东姓名或名称不要记入公司的股东手册的股票,其持有人即为股份的所有者。记名股票的转让有严格的法律程序,需要办理过户手续;无记名股票的转让和继承自由、方便,无需办理过户手续,但若遗失可能会给所有者带来损失。

我国《公司法》规定,公司向发起人、国家授权投资的机构、法人发行的股票,应为记名股票;向社会公众发行的股票可以是记名股票,也可以是无记名股票。

(3) 按投资主体不同分类

按投资主体的不同,股票可以分为国家股、法人股、个人股和外资股。

国家股是有权代表国家投资的部门或机构以国有资产向公司投入而形成的股份。国家股由国务院授权的部门或机构持有,并向公司委派股权代表。

法人股是指企业法人依法以其可支配的资产向公司投入而形成的股份,或具有法人资格的事业单位和社会团体以国家允许用于经营的资产向公司投入而形成的股份。

个人股为社会个人或本公司职工以个人合法财产投入公司而形成的股份。

外资股是指外国和我国港澳台地区投资者购买的我国上市公司股票。

(4) 按发行对象和上市地区不同分类

按发行对象和上市地区的不同,股票可以分为 A 股、B 股、H 股、N 股和 L 股等。A 股是在中国境内上市,以人民币标明票面金额并以人民币认购和交易的股票。B 股是在中国境内上市,以人民币标明票面金额但以外币认购和交易的股票。H 股、N 股、L 股等指分别在香港、纽约及伦敦上市,以人民币标明票面金额但以当地货币认购和交易的股票。

2. 股票发行的方式[①]

股票的发行是指股份有限公司销售股票。根据是否委托证券承销机构代理

[①] 股票的发行根据不同的标准,还可有其他多种分类,如:(1) 按股份发行的时间或阶段可分为设立发行与新股发行;(2) 按股份发行是否通过中介机构可以分为直接发行与间接发行;(3) 按股份发行是否增加公司资本可分为增资发行与非增资发行;(4) 按新股发行的目的可分为通常发行与特别发行;(5) 按股份发行价格可分为平价发行、折价发行与溢价发行;(6) 除上述分类外,还有其他各种分类。例如,国内发行和国外发行、议价发行和招标发行、有纸化发行和无纸化发行、初次发行和二次发行、网上发行和网下发行。

销售来分,股票的发行方式有自销和承销两种方式;根据是否向特定对象销售来分,股票发行方式又可分为公开发行和非公开发行。

(1) 自销与承销

自销方式是指股份有限公司直接将股票出售给认购股东。承销方式是指股份有限公司将股票销售业务委托给证券承销机构代理。自销方式可由发行公司直接控制发行过程,实现发行意图,并可节约发行成本,但发行风险完全由发行公司承担,主要被知名度高、实力强的公司向其现有股东推销股票时采用。

承销方式包括包销和代销,其期限均最长不得超过 90 日。

包销是由发行公司与证券经营机构签订承销协议,全权委托证券承销机构代理股票的发售业务。此种情况下,一般由证券承销机构买进股份有限公司公开发行的全部股票,然后转销给其他投资者。在规定的募股期限内,或实际招募股份数达不到预定发行股份数,剩余部分由该证券承销机构全部承购下来。发行公司选择包销的方法,可以免于承担发行风险,促进股票顺利出售;不足之处在于要将股票以略低的价格出售给承销机构。

代销是由证券经营机构代理股票发售业务。证券代销中发行人与承销商之间建立的是一种委托代理关系。代销过程中,未售出证券的所有权属于发行人,承销商仅是受委托办理证券销售事务;承销商作为发行人的推销者,不垫资金,对不能售出的证券不负任何责任,证券发行的风险基本上是由发行人自己承担;由于承销商不承担主要风险,相对包销而言,所得收入(手续费)也少。

(2) 公开发行与非公开发行

股份有限公司向不特定对象或特定对象销售股票累计超过 200 人的称为公开发行(又称公募);反之为非公开发行(又称私募)。

公开发行股票,必须符合法律、行政法规规定的条件,并依法报经国务院证券监督管理机构或者国务院授权的部门核准;未经依法核准,任何单位和个人不得公开发行股票。公开发行股票的股份公司为公众公司,其中,在证券交易所上市交易的,称为上市公司;符合公开发行条件,但未在证券交易所上市交易的股份公司为非上市公众公司。

非公开发行股票的发行对象是特定的,即其发售的对象主要是拥有资金、技术、人才等方面优势的机构投资者及其他专业投资者,他们具有较强的自我保护能力,能够做出独立判断和投资决策。非公开发行的发售方式也是有限制的,即一般不能公开地向不特定的一般投资者进行劝募,从而限制了即使出现违规行为时其对公众利益造成影响的程度和范围。

非公开发行股票与公开发行股票相比,其有一定的监管豁免,可以在不造成证券法的功能、目标受损的前提下,使发行人大大节省了筹资成本与时间,也使监管部门减少了审核负担,从而可以把监管的精力更多地集中在公开发行股票的监管、查处违法活动及保护中小投资者上,这在经济上无疑是有效率的。由于可以获得审核豁免,从而大大降低筹资成本,因而对于许多企业来说,非公开发行具有很大吸引力。例如,一些"创业企业"尽管拥有某种新技术,但由于其高风险性,使得普通投资者往往不愿对这样的企业进行投资。这种企业的价值也往往被低估。如果它们通过公开发行股票进行融资,其成功的可能性将不高,复杂、耗时、费用高昂的审核、批准程序更是一道难以逾越的门槛。而非公开发行则可以为它们提供一条有效的直接融资捷径。

上市公司既可采用公开方式,也可采用非公开方式发行股票,其公开发行股票,应委托证券承销机构承销;非公开发行股票,可以自销也可以承销。发行人申请公开发行股票、可转换为股票的公司债券,依法采取承销方式的,或者公开发行法律、行政法规规定实行保荐制度的其他证券的,应当聘请具有保荐资格的机构担任保荐人。

3. 股票上市

(1) 股票上市的定义

股票上市是指股份有限公司公开发行的股票,符合规定条件,经过申请批准后在证券交易所作为挂牌交易的法律行为。经批准在证券交易所上市交易的股票,称为上市股票;股票上市的股份有限公司称为上市公司。

股份有限公司申请股票上市,基本目的是增强本公司股票的吸引力,形成稳定的资本来源,从而能在更大范围内筹措大量资本。

证券一级市场及二级市场

证券一级市场又称证券发行市场、初级金融市场或原始金融市场。在一级市场上,需求者可以通过发行股票、债券取得资金。在发行过程中,发行者一般不直接同持币购买者进行交易,需要有中间机构办理,即证券经纪人。所以一级市场又是证券经纪人市场。股票一级市场指股票的初级市场也即发行市场,在这个市场上投资者可以认购公司发行的股票。通过一级市场,发行人筹措到了公司所需资金,而投资人则购买了公司的股票成为公司的股东,实现了储蓄转化为资本的过程。证券发行市场是发行人向投资者出售证券的市场。证券发行市场通常无固定场所,是一个无形的市场。证券一级市场的作用主要表现为:(1)为资金需求者提供筹措资金的渠道;(2)为资金供应者提供投资的机会,实现储蓄向投资转化;(3)形成资金流动的收益导向机制,促进资源配置的不断优化。

> 证券二级市场是已发行的有价证券进行买卖交易的场所。证券二级市场为在一级市场上购买证券的投资者提供一条退出通道。以股票为例：因为股票除非所投资的企业解散或减资才有可能撤出资本，如果不能将手中股票转让给其他人，则股东会觉得风险很高，而不愿意购买公司的股票；反之，如果股东随时可以卖掉手中的股票，从下一个购买者（而非股票发行公司）中撤回投资，会觉得风险相对低一些，在公司发行股票时购买的意愿会高一些。
>
> 二级市场与初级市场关系密切，既相互依存，又相互制约。初级市场所提供的证券及其发行的种类、数量与方式决定着二级市场上流通证券的规模、结构与速度，而二级市场作为证券买卖的场所，对初级市场起着积极的推动作用。组织完善、经营有方、服务良好的二级市场将初级市场上所发行的证券快速有效地分配与转让，使其流通到其他更需要、更适当的投资者手中，并为证券的变现提供现实的可能。此外，二级市场上的证券供求状况与价格水平等都将有力地影响着初级市场上证券的发行。因此，没有二级市场，证券发行不可能顺利进行，初级市场也难以为继，扩大发行则更不可能。

(2) 股票上市的条件

股票上市的条件也称股票上市的标准，是指对申请上市公司所作的规定或要求。各国都对在其境内股票上市设置了一系列的条件。《中华人民共和国证券法》(2014年修订)规定，股份有限公司申请股票上市，应当符合下列条件：

①股票经国务院证券监督管理机构核准已公开发行；

②公司股本总额不少于人民币三千万元；

③公开发行的股份达到公司股份总数的百分之二十五以上；公司股本总额超过人民币四亿元的，公开发行股份的比例为百分之十以上；

④公司最近三年无重大违法行为，财务会计报告无虚假记载。

证券交易所可以规定高于前款规定的上市条件，并报国务院证券监督管理机构批准。国家鼓励符合产业政策并符合上市条件的公司股票上市交易。股票上市交易申请经证券交易所审核同意后，签订上市协议的公司应当在规定的期限内公告股票上市的有关文件，并将该文件置备于指定场所供公众查阅。

上市公司有下列情形之一的，由证券交易所决定暂停其股票上市交易：

①公司股本总额、股权分布等发生变化不再具备上市条件；

②公司不按照规定公开其财务状况，或者对财务会计报告作虚假记载，可能误导投资者；

③公司有重大违法行为；
④公司最近三年连续亏损；
⑤证券交易所上市规则规定的其他情形。

股票上市对上市公司而言，主要有如下意义：①提高公司所发行股票的流动性和变现性，便于投资者认购、交易；②促进公司股权的社会化，避免股权过于集中；③提高公司的知名度；④有助于确定公司增发新股的发行价格；⑤便于确定公司的价值，有利于促进公司实现股东财富最大化目标。因此，不少公司都积极创造条件，争取股票上市。

但也有人认为，股票上市对公司不利，所以有些公司即使已符合上市条件，也宁愿放弃上市机会。他们认为：①各种信息公开的要求可能会泄露公司的商业秘密；②股市的波动可能歪曲公司的实际情况，损害公司的声誉；③可能分散公司的控制权。

股票上市有利有弊，因此股份有限公司在准备上市之前，必须对公司状况、上市方式和上市时机进行认真分析以做出正确决策。

知 识 窗 3 - 4

证券发行制度：注册制与核准制

证券发行注册制实行公开管理原则，实质上是一种发行公司的财务公开制度。它要求发行人提供关于证券发行本身以及和证券发行有关的所有信息。发行人不仅要完全公开有关信息，不得有重大遗漏，并且要对所提供信息的真实性、完整性和可靠性承担法律责任。证券监管机构不对证券发行行为及证券本身做出价值判断，对公开资料的审查只涉及刑事，不涉及任何发行实质条件。发行人只要按规定将有关资料完全公开，监管机构就不得以发行人的财务状况未达到一定标准而拒绝其发行。证券发行相关材料报证券监管机构后，一般会有一个生效等待期，在这段时间内，由证券监管机构对相关文件进行形式审查。注册生效等待期满后，如果证券监管机构未对申报书提出任何异议，证券发行注册生效，发行人即可发行证券。但如果证券监管机构认为报送的文件存在缺陷，会指明文件缺陷，并要求补正或正式拒绝，或阻止发行生效。澳大利亚、巴西、加拿大、德国、法国、意大利、荷兰、菲律宾、新加坡、英国和美国等国家，在证券发行上均采取注册制。

> 核准制是指发行人申请发行证券,不仅要求公开与发行证券有关的信息,符合公司法和证券法所规定的条件,而且要求发行人将发行申请报请证券监管机构决定的审核制度。证券发行核准制实行实质管理原则,即证券发行人不仅要以真实状况的充分公开为条件,而且必须符合证券监管机构指定的若干适合于发行的实质条件。只有符合条件的发行人经证券监管机构的批准方可在证券市场上发行证券。实行核准制的目的在于证券监管机构能尽法律赋予的职能,使发行的证券符合公众利益和证券市场稳定发展的需要。
>
> 我国全国人大常委会2015年12月27日下午表决通过《关于授权国务院在实施股票发行注册制改革中调整适用〈中华人民共和国证券法〉有关规定的决定》,2016年3月1日起正式实施,该决定的实施期限为两年。

4. 发行普通股筹资及其优缺点

普通股是股份有限公司最基本的股票形式,采取发行普通股进行融资是股份有限公司筹集股权资金的最常见方法。对于筹资者而言,与其他筹资方式相比,普通股筹集资金具有如下优点:

(1) 发行普通股筹措资本具有永久性。因为采取此方式筹集的资金无到期日,不需归还,这对保证公司对资本的最低需要、维持公司长期稳定发展极为有利。

(2) 发行普通股筹资的财务风险小。一方面,发行普通股筹资没有固定的股利负担,普通股股利的支付与否和支付多少,视公司有无盈利和经营需要而定,经营波动给公司带来的财务负担相对较小。另一方面,由于其是企业永久性资金,无到期日,当企业资金紧张时,不会面临像债务资金那样到期还本的刚性压力。

(3) 发行普通股筹资有利于提高企业的再融资能力。发行普通股筹集的资本是公司最基本的资金来源,它反映了公司的实力。与采取债务资金筹资相比,其再融资时的股权资金基础扩大,可为利用更多的债务提供强有力的支持。

但是,运用普通股筹集资金也有一些缺点:

(1) 普通股的资本成本较高。首先,从投资者的角度讲,投资普通股风险较高,相应地要求有较高的投资报酬率。其次,对于筹资公司来讲,普通股股利从税后利润中支付,不像债券利息那样作为费用从税前支付,因而不具有抵税作用。此外,普通股的发行费用一般也高于其他证券。

(2) 以普通股筹资可能会增加新股东,这将分散公司的控制权。此外,新股东分享公司未发行新股前积累的盈余,会降低普通股的每股净收益,从而可能引发股价的下跌。

5. 发行优先股筹资的优缺点

优先股是相对普通股而言的,其优先首先是指在企业清算时对偿付债务后所余净资产要求权的优先,即它的索赔权优先于普通股票;其次,是指获取股利的权利优先,即它的股利支付应先于普通股票股利的支付。优先股票的收益是股票面值与其规定股利率之积,它们一般不参与公司剩余利润的分配,就这点而论,优先股票与债券的性质相同;但优先股票无到期日,不需要还本,甚至可以不支付股利[①],就这点而论,优先股票与普通股票的性质相同。因而我们说,优先股票是一种混合性的筹资形式,它既有债券又有普通股票的特点。

优先股的种类

优先股是专为那些要求风险及收益介于普通股及债务之间的投资者设计的。然而,这些投资者的偏好也并非完全一致,为此还不断创新出不同种类的优先股,以更好地满足不同投资者的需求。

(1) 累积优先股和非累积优先股。累积优先股是指在某个营业年度内,如果公司所获的盈利不足以分派规定的股利,日后优先股的股东对往年未给付的股息,有权要求补给。对于非累积的优先股,虽然对于公司当年所获得的利润有优先于普通股获得分派股息的权利,但如该年公司所获得的盈利不足以按规定的股利分配时,非累积优先股的股东不能要求公司在以后年度中予以补发。一般来讲,对投资者来说,累积优先股比非累积优先股具有更大的优越性。

(2) 参与优先股与非参与优先股。当企业利润增大,除享受既定比率的利息外,还可以跟普通股共同参与利润分配的优先股,称为"参与优先股"。除了既定股息外,不再参与利润分配的优先股,称为"非参与优先股"。一般来讲,参与优先股较非参与优先股对投资者更为有利。

(3) 可转换优先股与不可转换优先股。可转换的优先股是指允许优先股持有人在特定条件下把优先股转换成为一定数额的普通股。否则,就是不可转换优先股。可转换优先股是日益流行的一种优先股。

---

① 虽然优先股票规定有固定股利,但实际上,公司对这种股利的支付却带有随意性,并非必须支付不可。不支付优先股股利,并不会像不支付债券利息那样,导致企业面临破产的境地。公司不支付优先股股利,并不是就必然意味公司不履行合同义务或丧失了偿付能力,这可能是由于公司的其他决策原因所致。

> （4）可收回优先股与不可收回优先股。可收回优先股是指允许发行该类股票的公司，按原来的价格再加上若干补偿金将已发生的优先股收回。当该公司认为能够以较低股利的股票来代替已发生的优先股时，就往往行使这种权利。反之，就是不可收回的优先股。

对于筹资者而言，与普通股筹资方式相比，优先股筹集资金除了同样具有财务风险小、可提高再融资能力的优点外，还具有如下优点：

（1）无股利支付的法定义务。由于优先股票股利不是发行公司必须偿付的一项法定债务，如果公司财务状况恶化时，这种股利可以不付，从而减轻了企业的财务负担。

（2）财务上灵活机动。由于优先股票没有规定最终到期日，它实质上是一种永续性借款。对于可赎回优先股，企业可在有利条件下收回优先股票，具有较大的灵活性。

（3）不影响普通股股东的收益和控制权。与普通股票相比，优先股票每股收益是固定的，只要企业净资产收益率高于优先股票成本率，普通股票每股收益就会上升；另外，优先股票无表决权，因此，不影响普通股股东对企业的控制权。

同时，优先股筹集资金还存在如下缺点：

（1）资金成本高。由于优先股票股利不能抵减所得税，因此其成本高于债务成本。这是优先股票筹资的最大不利因素。

（2）股利支付具有固定性。虽然公司可以不按规定支付股利，但这会影响企业形象，进而对普通股票市价产生不利影响，损害到普通股股东的权益。当然，如在企业财务状况恶化时，这是不可避免的；但是，如企业盈利很大，想更多地留用利润来扩大经营时，由于股利支付的固定性，便成为一项财务负担，影响了企业的扩大再生产。

3.2.3　留存收益方式

1. 留存收益的定义

留存收益筹资是指企业将留用利润转化为投资的过程，将企业生产经营所实现的净利润留在企业，而不作为股利分配给股东，其实质为原股东对企业追加投资。

留存收益又称为保留盈余，其是公司在历年经营过程中所创造的，但由于公司经营发展的需要或法定的原因等，没有分配给所有者而留存在公司的盈利，包括企业的盈余公积金和未分配利润两个部分。其中盈余公积金是有特定用途的累积盈余，未分配利润是没有指定用途的累积盈余。盈余公积按其提取方法可分为三种：一是法定盈余公积，按净利润的 10% 提取，但此项公积金已达注册资本的 50% 时可不再提取；二是任意盈余公积（主要是公司制的企业），按股东大会决议提取；三是法定公益金，按净利润的 5%～10% 提取。

2. 留存收益筹资的优缺点

从筹资者角度来看，与采取普通股筹资相似，采取留存收益筹资方式筹集的资金也具有永久性、财务风险小及有利于提高企业的再融资能力的优点。此外，还具有以下的优点：

（1）可迅速获得投资。留存收益是一种内源性的筹资方式，其本已存在于企业，只要股东大会审核通过，即可获得投资，且无需像发行普通股那样支付不菲的筹资费用。

（2）企业的控制权不受影响。增加发行股票，原股东的控制权分散；发行债券或增加负债，债权人可能对企业施加限制性条件。而采用留存收益筹资则不会存在此类问题。

当然，留存收益筹资方式也存在一定的缺陷：

（1）资本成本较高。留存收益属于股权资本。从表面上看，公司留用利润并不花费资本成本；实际上股东愿意将其留用于公司而不作为股利取出投资于别处，总是要求获得与普通股等价的报酬。因此，留存收益的资本成本也较高，只比发行普通股少了筹资费用而已。

（2）期间限制。企业必须经过一定时期的积累才可能拥有一定数量的留存收益，从而使企业难以在短期内获得扩大再生产所需利润资金。

（3）筹资数额有限制。留存收益的最大数额是企业到期的净利润和以前年度未分配利润之和，不像外部筹资一次性可以筹集大量资金。如果企业发生亏损，那么当年就没有利润留存。

由于留存收益筹资无需支付任何成本，也不需与投资者签订某种协议，又不会受到证券市场的影响和其他限制，从而越来越受到企业管理者们的偏爱。不过，需要注意的是：如果留存收益过高，现金股利过少，则可能影响企业的形象，并给今后进一步的筹资增加困难。

3.2.4 发行债券筹资

债券是国家或地区政府、金融机构、企业等机构直接向投资者发行，并且承诺按特定利率支付利息并按约定条件偿还本金的一种有价证券。

1. 债券的种类

（1）按发行主体分类

债券按发行主体可分为政府债券、金融债券及公司（企业）债券三类。

政府债券是政府为筹集资金而发行的债券，主要包括国债、地方政府债券等。

国债又称"国库券",因其信誉好、利率优、风险小而又被称为"金边债券"。除了政府部门直接发行的债券外,有些国家把政府担保的债券也划归为政府债券体系,称为政府保证债券。这种债券由一些与政府有直接关系的公司或金融机构发行,并由政府提供担保。

金融债券是由银行和非银行金融机构发行的债券。在我国,目前金融债券主要由国家开发银行、进出口银行等政策性银行发行。金融机构一般有雄厚的资金实力,信用度较高,因此金融债券往往有良好的信誉。

在国外,没有企业债和公司债的划分,统称为公司债。在我国,企业债券是按照《企业债券管理条例》规定发行与交易,由国家发展与改革委员会监督管理的债券。在实际中,其发债主体为中央政府部门所属机构、国有独资企业或国有控股企业,因此,它在很大程度上体现了政府信用。公司债券管理机构为中国证券监督管理委员会,发债主体为按照《中华人民共和国公司法》设立的公司法人,在实践中,其发行主体为上市公司,其信用保障是发债公司的资产质量、经营状况、盈利水平和持续盈利能力等。公司债券在证券登记结算公司统一登记托管,可申请在证券交易所上市交易,其信用风险一般高于企业债券。

(2) 按有无抵押担保分类

债券按有无抵押担保可分为抵押债券和信用债券。抵押债券是以企业财产作为担保的债券,按抵押品的不同又可以分为一般抵押债券、不动产抵押债券、动产抵押债券和证券信托抵押债券。以不动产如房屋等作为担保品,称为不动产抵押债券;以动产如适销商品等作为提供品的,称为动产抵押债券;以有价证券如股票及其他债券作为担保品的,称为证券信托债券。一旦债券发行人违约,信托人就可将担保品变卖处置,以保证债权人的优先求偿权。

信用债券是不以任何公司财产作为担保,完全凭信用发行的债券。政府债券属于此类债券。这种债券由于其发行人的绝对信用而具有坚实的可靠性。除此之外,一些公司也可发行这种债券,即信用公司债。与抵押债券相比,信用债券的持有人承担的风险较大,因而往往要求有较高的利率。为了保护投资人的利益,发行这种债券的公司往往受到种种限制,只有那些信誉卓著的大公司才有资格发行。除此以外在债券契约中都要加入保护性条款,如不能将资产抵押其他债权人,不能兼并其他企业,未经债权人同意不能出售资产,不能发行其他长期债券等。

(3) 按债券持有人的特定权益分类

债券按债券持有人的特定权益分类,可分为收益债券、可转换债券及附认股权证债券。

收益债券是指规定无论利息的支付或是本金的偿还均只能自债券发行公司的所得或利润中拨出的公司债券。公司若无盈余则累积至有盈余年度开始发放,这种债券大多于公司改组或重整时才发生，一般不公开发行。利息支付取决于公司利润的大小，利息并不固定，如无利润则不付息。这种债券与优先股类似，所不同的是优先股无到期日，而它需到期归还本金。

可转换债券是指在特定时期内可以按某一固定的比例转换成普通股的债券，它具有债务与权益双重属性，属于一种混合性筹资方式。由于可转换债券赋予债券持有人将来成为公司股东的权利，因此其利率通常低于不可转换债券。若将来转换成功，在转换前发行企业达到了低成本筹资的目的，转换后又可节省股票的发行成本。根据《公司法》的规定，发行可转换债券应由国务院证券管理部门批准，发行公司应同时具备发行公司债券和发行股票的条件。可转换债券的利率一般要比普通企业债券的利率低。

附认股权证债券指发行的债券允许债券持有人依法享有在一定期间内按约定价格（执行价格）认购公司股票的权利，是债券加上认股权证的产品组合。对于发行人来说，发行附认股权证的公司债券可以起到一次发行、二次融资的作用，可以有效降低融资成本（2008年有几支票面利率甚至到了0.8%，同期一年期存款利率为4.14%）。但相对于普通可转债，附认股权证债券发行人一直都有偿还本息的义务；且无赎回和强制转股条款，从而在发行人股票价格高涨或者市场利率大幅降低时，发行人需要承担一定的机会成本。

（4）按利息是否变动分类

债券按利率是否变动可分为固定利率债券和浮动利率债券。

固定利率债券是将利率印在票面上并按其向债券持有人支付利息的债券。该利率不随市场利率的变化而调整，因而固定利率债券可以较好地抵制通货紧缩风险。

浮动利率债券的利率在发行债券之初不固定，而是随市场利率变动而调整。因为浮动利率债券的利率同当前市场利率挂钩，而当前市场利率又考虑到通货膨胀率的影响，所以浮动利率债券可以较好地抵制通货膨胀风险。其利率通常根据市场基准利率加上一定的利差来确定。浮动利率债券往往是中长期债券。

（5）按债券是否记名分类

债券按票面有无记名可分为记名债券和无记名债券。这种分类类似于记名股票与无记名股票的划分。

在公司债券上记载持券人姓名或名称的为记名公司债券；反之为无记名公司债券。记名债券的转让由债券持有人以背书等方式进行，并由发行公司将受让人的姓名或名称载于公司债券存根簿。无记名债券持有人将债券交付给受让人后即发挥转让效力。

(6) 按债券是否参加公司盈余分配分类

按是否参加公司盈余分配,分为参与债券和不参与债券。

参与债券又称为参加债券或分红债券,是指在债券发行时规定,债权人除可得到利息收入以外,当公司盈余超过应付利息时,还可以参加公司红利分配的债权。一般这种债券与其他债券相比利率较低,但在分红时可望获得更多的收益。

非参与债券是指其持有人没有参与利润分配的权利。大多数债券为非参与债券。

(7) 按债券能否上市分类

债券按能否上市交易可分为上市债券和非上市债券。

上市债券是经过有关机构审批,可以在证券交易所买卖的债券;反之为非上市债券。

根据深、沪证券交易所关于上市企业债券的规定,企业债券发行的主体可以是股份公司,也可以是有限责任公司。申请上市的企业债券必须具备规定的条件,并提出申请,遵循一定的程序。

上市债券信用度高,价值高,且变现速度快,故而容易吸引投资者,但上市条件严格,并要承担上市费用。

2. 债券发行的价格

债券发行价格是指债券原始投资者购入债券时应支付的市场价格。公司(企业)发行债券需经过申请、审批和发行一系列过程。通常在发行债券之前即已确定债券的票面价值、利息率。可是等到实际发行债券时,市场情况可能发生变化。例如,事前确定的债券票面价值为 1 000 元,利息率为 6%,可发行时市场同期的利率为 8%,则如果还以 1 000 元的价格发行债券,势必造成无人问津的现象。企业若想成功售出债券,则只有调低发行价格,直至债券实际利息率大于或等于 8% 才行。因此公司(企业)在发行债券之前必须依据有关因素,运用一定的方式,确定债券的发行价格。

债券发行价格取决于债券面值、票面利率、市场利率及债券期限四个因素。

(1) 债券面值

债券面值即债券票面上标出的金额。企业可根据不同认购者的需要,使债券面值多样化,既有大额面值,也有小额面值。债券的票面金额是债券到期时偿还债务的金额。面额印在债券上,固定不变,到期必须足额偿还。

(2) 票面利率

债券票面利率是指发行债券时规定应付的并直接印刷在债券票面上的利率,表示每年应付的利息额与债券面额之比。由于实际发行价格可能不等于票面面值,因此,债券票面利率并不是债券的实际利率而是名义利率。

(3) 市场利率

市场利率是指由资金市场上供求关系决定的利率,是市场资金借贷成本的真实反映。能够及时反映短期市场利率的指标有银行间同业拆借利率、国债回购利率等。新发行的债券利率一般也是按照当时的市场基准利率来设计的。由于受融资形式多样、一国经济发展不平衡、市场分割等因素影响,市场利率也会有多种表现。例如在中国,经济较发达的沿海地区和经济发展较为落后的中西部地区,其市场利率水平也有相当的差距。

(4) 债券期限

债券的期限即在债券发行时就确定的债券还本的年限,债券的发行人到期必须偿还本金,债券持有人到期收回本金的权利得到法律的保护。债券的期限越长,债权人的风险越大,要求的利息报酬越高;反之则相反。

根据货币时间价值原理,债券发行价格由两部分构成:一部分是债券面值以市场利率作为折现率折算的现值,另一部分是各期利息(通常表现为年金形式)以市场利率作为折现率折算的现值,如公式 3.1 所示。

$$债券发行价格 = \frac{F}{(1+R_M)^n} + \sum_{t=1}^{n} \frac{I}{(1+R_M)^t} \quad (3.1)$$

式中,F 表示债券面值;I 表示债券年利息;R_M 表示债券发售时的市场利率;n 表示债券期限;t 表示债券付息期数。

例 3.1 某公司发行面额为 1 000 元、票面利率为 10%、期限为 10 年的债券,每年末付息一次。请计算市场利率分别为 8%、10% 及 12% 时的发行价格。

(1) 如果市场利率为 8% 时:

$$债券发行价格 = \frac{1\,000}{(1+8\%)^{10}} + \sum_{t=1}^{10} \frac{1\,000 \times 10\%}{(1+8\%)^t} \approx 1\,134 \text{ 元}$$

(2) 如果市场利率为 10% 时:

$$债券发行价格 = \frac{1\,000}{(1+10\%)^{10}} + \sum_{t=1}^{10} \frac{1\,000 \times 10\%}{(1+10\%)^t} = 1\,000 \text{ 元}$$

(3) 如果市场利率为 12% 时:

$$债券发行价格 = \frac{1\,000}{(1+12\%)^{10}} + \sum_{t=1}^{10} \frac{1\,000 \times 10\%}{(1+12\%)^t} \approx 887 \text{ 元}$$

从例 3.1 的计算中可发现,在债券面值、票面利率、期限一定的情况,发行价格因市场利率不同而有所不同,分别表现为溢价发行、平价(等价)发行及折价发行。

溢价发行是指按高于债券面额的价格发行债券。一般情况下,企业想成功发行债券,只需以等于或略高于市场利率的回报给投资者就行了。当债券票面利率高于市场利率时,企业若仍以面值发行,其投资回报远远高于市场平均水平,当然会吸引众多的投资者来购买。一方面,企业为避免增加发行成本;另一方面,债券供应量小于需求量,溢价发行则为必然结果。

等价发行是指以债券的票面金额作为发行价格。此时,债券票面利率等于市场利率。

折价发行是指按低于债券面额的价格发行债券。当债券票面利率低于市场利率时,企业仍以面值发行,投资者只能得到低于市场利率的回报,则就不能吸引投资者,债券供应量大于需求量,故一般要折价发行。

3. 债券的信用评级

债券信用评级是对企业或经济主体发行的有价债券按期还本付息的可靠程度进行评估,并标示其信用程度的等级。

(1) 债券信用评级的原因

债券信用评级主要有两个方面的原因:

① 方便投资者决策

投资者购买债券是要承担一定风险的。如果发行者到期不能偿还本息,投资者就会蒙受损失,这种风险称为信用风险。债券的信用风险因发行后偿还能力不同而有所差异,对广大投资者尤其是中小投资者来说,事先了解债券的信用等级是非常重要的。由于受时间、知识和信息的限制,无法对众多债券进行分析和选择,因此需要专业机构对准备发行的债券还本付息的可靠程度,进行客观、公正和权威的评定,也就是进行债券信用评级。

② 减少信誉高的发行人的筹资成本

一般来说,资信等级越高的债券,越容易得到投资者的信任,能够以较低的利率出售;而资信等级低的债券,风险较大,只能以较高的利率发行。

(2) 债券信用等级

目前国际上公认的最具权威性的信用评级机构有三家,分别是美国标准普尔公司、穆迪投资服务公司和惠誉国际。标准普尔擅长企业评级,穆迪擅长主权国家评级,惠誉擅长金融机构与资产证券化评级。上述公司负责评级的债券很广泛,包括地方政府债券、公司债券、外国债券等,由于它们占有详尽的资料,采用先进科学的分析技术,又有丰富的实践经验和大量专门人才,因此它们所做出的信用评级具有很高的权威性。

表 3-2　标准普尔公司长期债券信用等级评级标准①

级别	评定含义
AAA	最高评级。偿还债务能力极强
AA	偿还债务能力很强，与最高评级差别很小
A	偿还债务能力较强，但相对于较高评级的债务/发债人，其偿债能力较易受外在环境及经济状况变动的不利因素的影响
BBB	目前有足够偿债能力，但若在恶劣的经济条件或外在环境下其偿债能力可能较脆弱
BB	相对于其他投机级评级，违约的可能性最低。但持续的重大不稳定情况或恶劣的商业、金融、经济条件可能令发债人没有足够能力偿还债务
B	违约可能性较"BB"级高，发债人目前仍有能力偿还债务，但恶劣的商业、金融或经济情况可能削弱发债人偿还债务的能力和意愿
CCC	目前有可能违约，发债人须倚赖良好的商业、金融或经济条件才有能力偿还债务。如果商业、金融、经济条件恶化，发债人可能会违约
CC	目前违约的可能性较高。而由于其财务状况，目前正在受监察。在受监察期内，监管机构有权审定某一债务较其他债务有优先受偿权
SD/D	当债务到期而发债人未能按期偿还债务时，纵使宽限期未满，标准普尔亦会给予"D"评级，除非标准普尔相信债款可于宽限期内还清。此外，如正在申请破产或已做出类似行动以致债务的偿付受阻时，标准普尔亦会给予"D"评级。当发债人有选择地对某些或某类债务违约时，标准普尔会给予"SD"评级（选择性违约）

　　标准普尔公司信用等级标准从高到低可划分为：AAA 级、AA 级、A 级、BBB 级、BB 级、B 级、CCC 级、CC 级和 SD/D 级。穆迪投资服务公司信用等级标准从高到低可划分为：Aaa 级、Aa 级、A 级、Baa 级、Ba 级、B 级 Caa 级、Ca 级、C 级和 D 级。两家机构信用等级划分大同小异。为了更为具体地识别债券的质量，标准普尔用"＋""－"号区别同级债券质量的高低。穆迪公司在表示债券级别的英文字母后加注 1、2、3，分别代表同级债券质量的优、中、差。

　　A 级债券，是最高级别的债券，其特点是：①本金和收益的安全性最大；②它们受经济形势影响的程度较小；③它们的收益水平较低，筹资成本也低。对于 A 级债券来说，利率的变化比经济状况的变化更为重要。因此，一般人们把 A 级债券称为信誉良好的"金边债券"，对特别注重利息收入的投资者或保值者是较好的

---

① 信用评级公司所做出的信用评级不具有向投资者推荐这些债券的含义，只是供投资者决策时参考，因此，它们对投资者负有道义上的义务，但并不承担任何法律上的责任。

选择。

B级债券,对那些熟练的证券投资者来说特别有吸引力,因为这些投资者不情愿只购买收益较低的A级债券,而甘愿冒一定风险购买收益较高的B级债券。B级债券的特点是:①债券的安全性、稳定性以及利息收益会受到经济中不稳定因素的影响;②经济形势的变化对这类债券的价值影响很大;③投资者冒一定风险,但收益水平较高,筹资成本与费用也较高。因此,对B级债券的投资,投资者必须具有选择与管理证券的良好能力。对愿意承担一定风险,又想取得较高收益的投资者,投资B级债券是较好的选择。

C级和D级是投机性或赌博性的债券。从正常投资角度来看,没有多大的经济意义,但对于敢于承担风险,试图从差价变动中取得巨大收益的投资者,C级和D级债券也是一种可供选择的投资对象。

4. 发行普通债券筹资的优缺点

普通债券是指按照既定利率,到期获取本息,不参与发行公司任何管理事项,不参与利润分配,不含混合性融资性质的债券,是公司债券的基本形式。

对筹资者来说,发行普通债券筹资的优点包括:

(1) 资本成本比股权资本低。与筹集股权资金的方式相比,债券的利息允许在所得税前支付,公司可享受税收上的利益,故公司实际负担的债券成本一般低于股权资本成本。

(2) 可利用财务杠杆增加股东收益。无论发行债券的企业盈利多少,债券持有者一般只收取固定的利息,若公司用资后收益丰厚,增加的收益大于支付的债息额,则会增加股东财富和公司价值。

(3) 保障原有股东的控制权。债券持有者一般无权参与发行公司的管理决策,因此发行债券一般不会分散原有股东的控制权。

对筹资者来说,发行普通债券筹资的缺点为:

(1) 财务风险较高。债券通常有固定的到期日,需要定期还本付息,财务上始终有压力。在公司不景气时,还本付息将成为公司严重的财务负担,有可能导致公司破产。

(2) 限制条件多。发行债券的限制条件较长期借款、融资租赁的限制条件多且严格,从而限制了公司对债券融资的使用,甚至会影响公司以后的筹资能力。

(3) 筹资规模受制约。公司利用债券筹资一般受一定额度的限制。我国《公司法》规定,发行公司流通在外的债券累计总额不得超过公司净产值的40%。

5. 发行可转换债券筹资的优缺点

可转换债券在发行时就明确约定,债券持有人可按照发行时约定的价格将债券转换成公司的普通股票。如果债券持有人不想转换,则可以继续持有债券,直到偿还期满时收取本金和利息,或者在流通市场出售变现。如果持有人看好发债公司股票增值潜力,在宽限期之后可以行使转换权,按照预定转换价格将债券转换成为股票,发债公司不得拒绝。由于可转换债券兼有债券和股票双重特点,对筹资者和投资者都具有吸引力。

对筹资者来说,其优点主要表现为:

(1) 有利于降低资本成本。由于可转换债券具备普通债券所不具备的升值潜力,其利率通常低于普通债券,因此在转换前,可转换债券的资本成本低于普通债券;转换为股票后,又可节省股票的发行成本,从而降低股票的资本成本。

(2) 有利于稳定股价。如果在股价低迷时发行可转换债券,可以避免因为直接发行新股而进一步降低公司股价;因为转换期较长,即使在将来转换为股票,对公司股票的影响也较温和。

对筹资者来说,可转换债券筹资的主要不足在于:

(1) 股价低迷风险。如果发行可转换债券的目的是筹集权益资本,而股价并未如期上升,可转换债券持有人不愿意转股,则发行公司将承受按约定还本付息的资金压力。

(2) 股价大幅上涨风险。如果转换时股票价格大幅度上扬,公司只能以较低的固定转换价格换出股票,这会降低公司的股权投资额。

3.2.5 长期借款方式

借款方式是指企业根据借款合同向银行、非银行金融机构以及其他单位借入需按约定到期还本付息的资金的一种筹资方式,也是各类企业通常采用的一种债务性筹资方式。借款方式以向金融机构借款为主,其中向银行借入各类借款最为典型。因此,本节内容以银行借款为例,介绍长期借款方式的基本内容。

1. 抵押贷款与信用贷款

借款按有无抵押品作担保,可分为抵押贷款和信用贷款。

抵押贷款是银行的一种放款形式,指借款者以一定的抵押品作为物品保证向银行取得的贷款。它的抵押品必须是能够变现的资产,可以是不动产、机器设备等实物资产,也可是股票、债券、货物提单及其他各种证明物品所有权的单据。贷款到期,借款者必须如数归还,否则银行有权处理抵押品,作为一种补偿。

信用贷款是指借款者不以抵押品作担保的贷款,即仅凭自己的信誉就能取得贷款。银行在对企业的财务报表、现金预算等资料分析的基础之上,决定是否向企业贷款。由于信用贷款风险较高,一般只有信誉好、规模大的公司才可能得到信用借款。

抵押贷款与信用贷款相比较而言,一方面,抵押贷款的风险要比信用贷款的风险低;另一方面,由于信用贷款的风险高,其通常比抵押贷款的利息要高,且会附加一定的限制条件。

2. 银行借款的程序

企业申请贷款必须具备以下条件：①具有法人资格；②生产经营方向和业务范围符合国家政策，而且贷款用途符合银行贷款办法的规定；③借款企业具有一定的物资和财产保证，或担保单位具有相应的经济实力；④具有还贷能力；⑤在银行开立账户办理结算。

（1）企业提出借款申请

企业向银行借入资金必须向银行提出申请，填写包括借款金额、借款用途、偿还能力及还款方式等主要内容的《借款申请书》，并提供银行要求相关资料。

（2）银行审查借款申请

银行接到企业的申请后，按照有关政策和借款条件，对借款企业进行审查，以决定是否批准企业申请的借款金额和用款计划。银行审查的主要内容是：企业的财务状况及信用状况；企业盈利的稳定性、发展前景；借款投资项目的可行性、安全性和合法性；企业的抵押品和担保情况。

（3）签订借款合同

经银行审核同意之后，借贷双方应签订借款合同。借款合同是规定借款单位和银行双方的权利、义务和经济责任的法律文件。

借款合同的内容

借款合同包括基本条款、保证条款、违约条款和其他附属条款四方面内容。

1. 基本条款。这是合同的基本内容，主要规定双方的权利和义务，具体包括借款金额、借款方式、发放时间、还款期限、还款方式、利率及利息支付方式等。

2. 保证条款。这是为了保证款项能够顺利偿还而设立的一系列条款，包括借款的用途、有关的物资保证、财产抵押、担保人及其责任等。

3. 违约条款。这是指在双方存在违约行为时如何处理的条款，主要包括对企业逾期不还或挪用贷款等如何处理及银行未按时发放贷款如何处理等内容。

4. 其他附属条款。这是与贷款双方有关的其他条款。由于长期借款的期限长，债权人承受的风险大，因此，除借款合同的基本条款之外，银行等债权人通常还在借款合同中附加各种保护性条款，以确保企业能按时足额偿还贷款。

> 保护性条款一般有以下三类：一般性保护条款、例行性保护条款和特殊性保护条款。
>
> 一般性保护条款应用于大多数借款合同中，主要包括：企业须持有一定的现金及其他流动资产，以保持其资产的合理流动性及支付能力；限制企业支付现金股利；限制企业资本支出的规模；限制企业借入其他长期资金等。
>
> 例行性保护条款，多数借款合同都有这类条款，一般包括：企业定期向银行报送财务报表；不能出售太多的资产；债务到期要及时偿付；禁止应收账款的转让等。
>
> 特殊性保护条款只在特殊情况下才生效，如要求企业主要领导人购买人身保险，规定借款的用途不得改变，限制企业高级职员的薪金和奖金总额等。

(4) 企业取得借款

借款合同生效后，贷款银行要按合同规定按期发放贷款，以便于企业支用借款。

(5) 企业还本付息

企业在接到还本付息通知单后，要及时筹备资金，按期还本付息。如果企业不能按期归还借款，应在借款到期之前，向银行申请贷款展期，但是否展期，由贷款银行根据具体情况决定。贷款到期经银行催收，如果借款企业不予偿还，银行可按合同规定，从借款企业的存款户中扣收贷款本息及加收的利息。

3. 企业对贷款机构的选择

随着金融信贷业的发展，可向企业提供贷款的银行和非银行金融机构逐渐增多，企业有可能在各类贷款机构之间做出选择，以争取最大利益。选择银行时，重要的是要选用适宜的借款种类、借款成本和借款条件，此外还应考虑下列有关因素：

(1) 贷款机构对贷款风险的政策

通常，贷款机构对其贷款风险有着不同的政策，有的倾向于保守，只愿承担较小的贷款风险；有的富于开拓，敢于承担较大的贷款风险。

(2) 贷款机构对企业的态度。不同机构对企业的态度各不一样。有的机构肯于积极为企业提供建议，帮助企业分析潜在的财力问题，有着良好的服务，乐于为具有发展潜力的企业发放大量贷款，在企业遭到困难时帮助其渡过难关；也有的机构很少提供咨询服务，在企业遭到困难时一味地为清偿贷款而对企业施加压力。

(3) 贷款机构的稳定性。稳定的贷款机构可以保证企业的借款不致中途发生变故。贷款机构的稳定性取决于它的资本规模、存款水平波动程度和存款结构。

4. 长期借款筹资的优缺点

长期借款筹资的优点主要有：

（1）筹集资金速度快

企业通常与贷款机构直接沟通，贷款机构做出相关审查后即可获得资金，无需像发行股票、债券那样动辄花半年以上的时间。

（2）借款成本较低

借款筹集的资金属债务，其利息可在所得税前列支，与股权方式筹资相比，其可少交利息相应部分的所得税，减少了企业实际负担的成本。由于其筹集手续比发行债券简单，筹资费用少，因此资本成本也比债券方式低。

（3）借款筹资弹性较大

在借款时，企业与银行直接商定贷款的时间、数额和利率等；在用款期间，企业如因财务状况发生某些变化，也可与贷款机构再协商、变更借款数量及还款期限等。因此，对筹资者来说，此种方式具有较大的灵活性。

（4）可以发挥财务杠杆的作用

无论借款的企业盈利多少，债权人一般只收取固定的利息，若公司用资后收益丰厚，增加的收益大于支付的债息额，则会增加股东财富和公司价值。

长期借款筹资的缺点主要有：

（1）财务风险较高

借款企业负有法定义务于到期时还本付息，若企业不能归还，其借款抵押物将会被债权人变现以抵偿借款本息，若还不够，债权人还可申请法院判决，实施财产保全。因此，借款企业存在资金链断裂，破产清算的风险。

（2）限制性条款比较多

借款合同中有一般性限制条款、例行性限制条款及特殊性限制条款。这些条款可能会影响到企业以后的筹资和投资活动。

3.2.6 融资租赁筹资方式

1. 融资租赁的特点

融资租赁又称资本租赁、财务租赁，是由租赁公司按承租企业的要求融资购买设备，并在契约或合同规定的较长期限内提供给承租企业使用的信用性业务。融资租赁实质是依附于传统租赁上的金融交易，是一种特殊的金融工具。它产生于"二战"之后的美国。"二战"以后，美国工业化生产出现过剩，生产厂商为了推销自己生产的设备，开始为用户提供金融服务，即以分期付款、寄售、赊销等方式销售自己的设备。由于所有权和使用权同时转移，资金回收的风险比较大，于是有人开始借用传统租赁的做法,将销售的物件所有权保留在销售方,购买人只享有使用权,直到出租人融通的资金全部以租金的方式收回后,才将所有权以象征性的价格转移给购买人。这种方式被称为"融资租赁"。1952年美国成立了世界第一家融资租赁公司——美国租赁公司(现更名为美国国际租赁公司),开创了现代租赁的先河。中国的现代融资租赁业起步较晚,开始于20世纪80年代,当时作为引进外资的一条重要渠道,较好地解决了资金不足和引进先进技术、设备、管理的迫切需求之间的矛盾。

融资租赁的特征一般归纳为五个方面:

(1)租赁物由承租人决定,出租人出资购买并租赁给承租人使用,并且在租赁期间内只能租给一个企业使用。

(2)承租人负责检查验收制造商所提供的租赁物,对该租赁物的质量与技术条件出租人不向承租人做出担保。

(3)出租人保留租赁物的所有权,承租人在租赁期间支付租金而享有使用权,并负责租赁期间租赁物的管理、维修和保养。

(4)租赁合同一经签订,在租赁期间任何一方均无权单方面撤销合同。只有租赁物毁坏或被证明为已丧失使用价值的情况下方能中止执行合同,无故毁约则要支付相当重的罚金。

(5)租赁期较长,大多为设备使用年限的一半以上;租期结束后,承租人一般对租赁物有续租、留购和退还三种选择,若要留购,购买价格可由租赁双方协商确定。

2. 融资租赁的方式

融资租赁按其业务的不同特点,可细分为以下三种具体方式:

(1)直接融资租赁

直接融资租赁由出租人使用在资金市场上筹措的资金,向制造厂商支付货款,购进设备后直接出租给用户(承租人)。这种租赁的租约一般包括两个合同:①出租人与承租人签订一项租赁合同;②出租人按照承租人的订货要求,与厂商签订一项买卖合同。直接融资租赁方式没有时间间隔,出租人没有设备库存,资金流动加快,有较高的投资效益。

(2)杠杆融资租赁

杠杆租赁是融资租赁的一种特殊方式。使用这种租赁方式时,出租人自筹购置租赁设备成本的20%~40%的资金,其余的资金由银行或财团等以贷款提供;出租人需将设备的所有权、租赁合同和收取租金的权利抵押给银行或财团,以此作为其取得贷款的担保,出租人拥有设备的法定所有权;每期租金由承租人交给提供贷款的银行或财团,由其按商定比例扣除偿付贷款及利息的部分,其余部分交出租人处理。

从承租人的角度来看,仍是按合同的规定,在租期内获得资产的使用权,按期支付租金。从出租人角度看,出租人只垫支购买资产所需现金的一部分,租赁收益一般大于借款成本支出,出租人可获得财务杠杆利益[①]。

(3) 售后租回融资租赁

售后租回交易也是一种特殊形式的融资租赁,是指卖主(即承租人)将一项自制或外购的资产出售后,又将该项资产从买主(即出租人)租回,习惯称之为"回租"。在售后租回方式下,卖主同时是承租人,买主同时是出租人。通过售后租回交易,资产的原所有者(即承租人)在保留对资产的占有权、使用权和控制权的前提下,将固定资产转化为货币资本,在出售时可取得全部价款的现金,而租金则是分期支付的,从而获得了所需的资金;而资产的新所有者(即出租人)通过售后租回交易,找了一个风险小、回报有保障的投资机会。

3. 融资租赁的租金计算

融资租赁的数额和支付方式对承租企业的未来财务状况具有直接的影响,是融资租赁决策的重要依据。

(1) 融资租赁租金的决定因素

融资租赁的租金主要取决于以下几个因素:①设备原价及预计残值,包括设备买价、运输费、安装调试费、保险费等,以及该设备租赁期满后,出售可得的市价。②利息,指租赁公司为承租企业购置设备垫付资金所应支付的利息。③租赁手续费,指租赁公司承办租赁设备所发生的业务费用和必要的利润。④租赁期限,租赁期限的长短既影响租金总额,又影响每月租金的数额。⑤租赁支付方式,包括按支付间隔期的长短,分为年付、半年付、季付和月付等方式;按在期初和期末支付,分为先付租金和后付租金;按每次支付额,分为等额支付和不等额支付。实务中,承租企业与租赁公司商定的租金支付方式,大多为后付等额年金。

(2) 融资租赁租金的测算方法

国际上流行的融资租赁租金的计算方法主要有平均分摊法、等额年金法、附加率法、浮动利率法。在我国融资租赁实务中,大多采用平均分摊法和等额年金法。

① 平均分摊法

平均分摊法就是先以商定的利息率和手续费率计算租赁期间的利息和手续费,然后连同设备成本按支付次数进行平均。具体公式如下:

$$A = \frac{(C-S)+I+F}{N} \qquad (3.2)$$

式中,A 表示每次支付的租金;C 表示租赁设备购置成本;S 表示设备的预计

[①] 也正因为出租人可获得杠杆收益,因此在正常条件下,杠杆租赁的出租人一般愿意将上述利益以低租金的方式转让给承租人一部分,从而使杠杆租赁的租金低于一般融资租赁的租金。

净残值；I 表示租赁期间的利息；F 表示租赁期间的手续费；N 表示租期。

例 3.2 大华公司采用融资租赁方式于 2010 年 1 月 1 日从一租赁公司租入一设备，设备价款为 200 000 元，租期为 5 年，到期后，假设无残值，设备归承租方所有。双方商定的年利率为 8%，租赁手续费为设备价格的 2%。租金每年末支付一次，求每次支付租金数额。

$$每次支付的租金 = \frac{(200\,000 - 0) + 200\,000 \times (1+8\%)^5 + 200\,000 \times 2\%}{5}$$
$$= 59\,560 \text{ 元}$$

② 等额年金法

等额年金法就是利用年金现值的计算原理计算每期支付租金的方法。在此方法下，通常以资本成本率作为折现率，具体公式如下：

$$A = \frac{PVA_n}{PVIFA_{(i,n)}} \tag{3.3}$$

式中，A 表示每次支付的租金；PVA_n 表示等额租金现值，即年金现值；$PVIFA_{(i,n)}$ 表示等额租金现值系数即年金现值系数；n 表示支付租金期数；i 表示资本成本率。

例 3.3 某企业于 2010 年 1 月 1 日从租赁公司租入一套设备，价值 50 万元，租期 5 年，租赁期满时预计残值为 8 万元，归租赁公司所有。年利率为 10%，租金每年年末支付一次，要求计算每次支付的租金额。

$$A = \frac{50 - 8 \times PVIF_{(10\%,5)}}{PVIFA_{(10\%,5)}} = \frac{50 - 8 \times 0.621}{3.791} \approx 11.88(\text{万元})$$

4. 融资租赁的优缺点

根据前瞻产业研究院发布的《2015—2020 年中国融资租赁行业市场前瞻与投资战略规划分析报告》分析：我国金融租赁业近年来都保持了良好的发展势头，预测认为 2017 年中国将超越美国，成为世界第一金融租赁大国。融资租赁行业在整个经济发展中的作用将愈加明显，其主要有下以下优点：

(1) 在资金缺乏情况下，能迅速获得所需资产。融资租赁集"融资"与"融物"于一身，融资租赁使企业在资金短缺的情况下引进设备成为可能。由于其融资与融物相结合的特点，出现问题时租赁公司可以回收、处理租赁物，因而在办理融资时对企业资信和担保的要求不高，所以非常适合中小企业融资。

(2) 财务风险小，财务优势明显。融资租赁与购买的一次性支出相比，能够避免一次性支付的负担，而且租金支出是未来的、分期的，企业无需一次筹集大量资金偿还。还款时，租金可以通过项目本身产生的收益来支付，是一种基于未来的"借鸡生蛋、卖蛋还钱"的筹资方式。

(3) 融资租赁筹资的限制条件较少。企业运用股票、债券、长期借款等筹资方式，都受到相当多的资格条件的限制，如足够的抵押品、银行贷款的信用标准、发行债券的政府管制等。相比之下,租赁筹资的限制条件很少;此外,融资租赁属于表外融资,不体现在企业财务报表的负债项目中,不影响企业的资信状况,也不受企业资信状况的影响。

(4) 租赁能延长资金融通的期限。通常为设备而贷款的借款期限比该资产的物理寿命要短得多,而租赁的融资期限却可接近其全部使用寿命期限;并且其金额根据设备价款金额而定,无融资额度的限制。

(5) 免遭设备陈旧过时的风险。随着科学技术的不断进步,设备陈旧过时的风险很高,而多数租赁协议规定此种风险由出租人承担,承租企业可免受这种风险。

融资租赁也有不足之处,主要表现为资本成本高。其租金通常比举借银行借款或发行债券所负担的利息高得多,租金总额通常要高于设备价值的30%。尽管与借款方式比,融资租赁能够避免到期一次性集中偿还的财务压力,但高额的固定租金也给各期的经营带来了分期的负担。

3.3 短期筹资方式

短期筹资是指筹集在一年以内或超过一年的一个营业周期内到期的资金,通常指短期负债筹资,形成企业的流动负债。短期筹资主要通过短期借款、发行短期融资券、商业信用、经营租赁等方式筹集所需资金。[①]

与长期筹资方式相比,短期筹资方式总体来说具有以下特点:

(1) 筹资速度快

对于投资者来说,为保证其资金的安全性,往往要对筹资者进行全面的财务调查和周密的财务分析,因而筹资者筹集长期资金所需时间一般较长。相比长期资金来说,采用短期筹资方式筹集的流动负债由于在较短时间内可归还,不可确定性较小,投资者承担的风险较小,不需要对筹资方进行全面、复杂的财务调查,因而费时较短。所以,短期筹资速度较快。

(2) 筹资具有灵活性

在筹集长期资金时,投资者出于资金安全方面的考虑,通常向筹资方提出一系列的限制性条款,企业经营受到一定程度的约束。短期筹资的相关限制和约束相对较少,从而在资金的使用和配置上显得更加灵活、富有弹性。

(3) 资金成本较低

资金成本包括筹资费用及用资费用两部分,投资者索取的资金回报是资金的

---

① 短期借款是企业向银行或其他金融机构等借入的期限在1年以下(含1年)的各种借款,其中仍是以向银行借入资金最为典型,其贷款程序、合同条款、贷款条件与长期借款相当类似。因此本文将着重介绍其他几种短期筹资方式。

用资成本。对投资者来说，由于短期筹资的风险较长期筹资的风险低，因此向筹资方索取的资金回报相对较低，短期筹资的用资成本较低。另一方面，短期筹资手续相对简单，其筹资费用也比长期筹资要少得多。此外，短期筹资的方式中还有筹资方式几乎是无成本筹资。如此一来，短期筹资的资金成本通常较长期筹资的资金成本低。

(4) 筹资风险较大

由于短期筹资筹集的流动负债往往需要在短期内偿还，如果债务人在短期内拿不出足够的资金偿还债务，就会陷入财务危机。

(5) 便于企业资金结构的灵活组合

企业的流动资产数量随供产销的变化而高低起伏不定，具有波动性，因此，企业不可避免地会出现暂时的资金不足或溢余。短期负债借入容易，归还也较随意，可以作为企业的一种调度资金的手段，形成企业资金结构的灵活组合。

3.3.1 发行短期融资券

短期融资券是指具有法人资格的企业，依照规定的条件和程序在银行间债券市场发行并约定在一定期限内还本付息的无担保短期本票，是企业筹措短期(1年以内)资金的直接融资方式。

1. 短期融资券的起源

短期融资券起源于商业票据。商业票据是一种古老的商业信用工具，最初是随商品和劳务交易和签发的一种远期付款凭证。一般情况下，卖方持有票据，直至到期日再向买方收取现金；持有商业票据的公司如在约定的付款期之前需要现金，可以向商业银行或贴现公司贴现。贴现时，商业银行或贴现公司按票面金额扣取自贴现日到票据到期日的利息后，将票面余额付给持票公司，待贴现的票据到期后，再持票向付款方索取票面款项。于是，有的投资人便参照此方式，从持票人手中买下商业票据，待票据到期后向付款方收回资金，或于未到期前将票据再次卖出，由新的购买人到期收取款项。20世纪20年代，美国一些大公司发现了商业票据这一特点，便脱离商品交易过程来签发商业票据以筹措短期资金，商业票据上不必列明收款人，只需列明付款人，演变为一种在货币市场上融资的票据。为了与传统商业票据相区别，人们通常把这种专门用于融资的票据称为短期融资券或短期商业债券。

一般来讲，只有实力雄厚、资信程度很高的符合规定条件的大企业才有资格发行短期融资券。由于发行短期融资券向金融市场筹措资金比向银行借款方便，利率也低，且不受银行信贷干预，因此自20世纪60年代以后，此方式得到广泛运用。

2. 短期融资券在我国的运用

我国也于1989年，通过人民银行[①]下发《关于发行短期融资券有关问题的通知》(银发〔1989〕45号)，肯定了各地为弥补短期流动资金贷款的不足而发行短期融资券的做法。短期融资券的出现改善了当时企业流动资金贷款不足、直接融资与间接融资的比重严重不平衡的局面，但由于制度的设计不够合理未能完全适用于当时市场，并且制度未能贯彻落实，使运行结果与初衷违背，在1993—1994年间社会上出现了乱集资、乱提高利率、乱拆借的三乱现象，最终导致短期融资券退市。2005年5月24日，央行发布了《短期融资券管理办法》《短期融资券承销规程》及《短期融资券信息披露规程》，允许符合条件的企业在银行间债券市场发行短期融资券。新制度更为市场化，对企业而言，拓宽了融资渠道、改善了融资环境、降低了融资成本，规范了信息披露。此后，短期融资券市场稳步发展。2011年短期融资券融资占债券市场融资总量的比重约为10.27%[②]。

我国短期融资券的发行程序包括：(1) 公司做出发行短期融资券的决策；(2) 办理发行短期融资券的信用评级；(3) 向有关审批机构提出发行申请；(4) 审批机关对企业提出的申请进行审查和批准；(5) 正式发行短期融资券，取得资金。

我国短期融资券的发行方为非金融企业或者金融行业，其必须具备下列条件：(1) 是在中华人民共和国境内依法设立的企业法人；(2) 具有稳定的偿债资金来源，最近一个会计年度盈利；(3) 流动性良好，具有较强的到期偿债能力；(4) 发行融资券募集的资金用于该企业生产经营；(5) 近三年没有违法和重大违规行为；(6) 近三年发行的融资券没有延迟支付本息的情形；(7) 具有健全的内部管理体系和募集资金的使用偿付管理制度；(8) 中国人民银行规定的其他条件。

我国短期融资券发行和交易的对象是银行间债券市场的机构投资者，不向社会公众发行和交易；由符合条件的金融机构承销，企业不得自行销售融资券；在债权债务登记日的下一个工作日，即可以在全国银行间债券市场的机构投资人之间流通转让。我国对企业发行融资券实行余额管理，待偿还融资券余额不超过企业净资产的40%。

3. 短期融资券的优缺点

(1) 短期融资券筹资的优点

对筹资者来说，运用短期融资券进行筹资的成本较低。短期融资券收益率与同期贷款基准利率存在正相关关系，高信用等级券种长期低于同期贷款基准利率[③]，与市场上的国库券、可转让存单的利息水平接近，并且没有补偿性余额等规定。此外，由于短期融资券的发行条件比较严格，能发行短期融资券的企业一定

[①] 中国人民银行总行与各省、自治区、直辖市分行是我国企业发行短期融资券的审批、管理理机关。
[②] 杨农.中国企业债券融资：创新方案与实用手册[M].北京:经济科学出版社,2012:22.
[③] 杨农.中国企业债券融资：创新方案与实用手册[M].北京:经济科学出版社,2012:25.

是资质较好的企业,因此,发行短期融资券还能提高企业的信誉。

(2) 短期融资券筹资的缺点

按现行规定,人民银行对企业发行融资券实行余额管理,监管部门只需控制融资券待偿余额不超过企业净资产的40%即可。这就使部分企业有可能绕过中长期企业债的限制,通过滚动发行短期融资券进行长期融资,从而导致"短债长用"的投资风险。短期融资券的弹性较小,一般不能提前偿还,即使企业的资金宽裕也要到期才能偿还。发行条件严格好比一把"双刃剑",小企业较难利用这一方式进行融资。

3.3.2 商业信用

商业信用是指在商品交易中由于延期付款或预收贷款所形成的企业间的借贷关系。商业信用是一种促销方式,也是一种融资方式。早在简单的商品生产条件下,就已出现了赊销赊购现象,到了商品经济发达的现代社会,商业信用更是得到了广泛运用,可以说只要有商业活动,就存在商业信用。一般企业总有一批既有供需关系又有相互信用基础的客户,对大多数企业而言,应付账款和预收账款是自然的、持续的信贷形式。

1. 商业信用的形式

商业信用的主要形式包括赊购商品、预收账款及应付费用三种形式。

赊购商品是指购买者在到货一段时间后才付款,形成企业的应付账款。赊购商品使卖者成为债权人,买者成为债务人。对于买方来讲,一方面赊购能够缓解其资金周转的压力,即使企业没有资金投入,也可利用他人的钱来赚钱,自己不投资或少投资,从而减少银行贷款,降低利息成本;另一方面赊购能够给买方发现产品质量问题的时间,在付款问题上占据主动地位。对卖方来讲就显得有些迫不得已。任何一家卖方当然都希望现金交易,即一手交钱,一手交货,既无风险,又可尽快回笼资金。然而,面对竞争日趋激烈的市场,企业又不得不接受。卖方提供赊销时,通常对付款时间做出具体规定,有时为了加速资金回笼,还会提供现金折扣。在赊销中对付款时间及现金折扣作的具体规定即为商业信用条件。商业信用条件常包括以下两种:①有信用期,但无现金折扣。如"$N/30$"表示30天内按发票金额全数支付。②有信用期和现金折扣,如"$2/10, N/30$"表示10天内付款享受现金折扣2%,若买方放弃折扣,30天内必须付清款项。

供应商在信用条件中规定有现金折扣,目的主要在于加速资金回收。企业在决定是否享受现金折扣时,应仔细考虑。通常,放弃现金折扣的成本是高昂的。

(1) 放弃现金折扣的信用成本。倘若买方企业购买货物后在卖方规定的折扣期内付款,可以获得免费信用,这种情况下企业没有因为取得延期付款信用而付出代价。例如,某应付账款规定付款信用条件为"$2/10, N/30$",是指买方在10

天内付款,可获得2%的付款折扣,若在10天至30天内付款,则无折扣;允许买方付款期限最长为30天。

(2) 放弃现金折扣的信用决策。企业放弃应付账款现金折扣的原因,可能是企业资金暂时的缺乏,也可能是基于将应付的账款用于临时性短期投资,以获得更高的投资收益。如果企业将应付账款额用于短期投资,所获得的投资报酬率高于放弃折扣的信用成本率,则应当放弃现金折扣。

预收货款,是指销货单位按照合同和协议规定,在发出货物之前向购货单位预先收取部分或全部货款的信用行为。此种方式往往适用于销售紧俏或生产周期长、造价较高的商品,以解决商品供不应求或缓和本企业资金占用过多的矛盾。预收货款等于是销售方向购货方预借了一笔款项,以后以商品归还,对销售方是非常有利的。对购货方来说,则可能存在销售方不能履行或不能完全履行合同约定义务的风险。

应付费用是企业在生产过程中发生的应付而尚未付的款项,如应付职工薪酬、应缴税费、应付利润或应付股利等。例如应付职工薪酬,企业通常以半月或一月为单位支付工资,在应付工资已计提但未付的这段时间,相当于职工给企业的一个信用。应缴税费、应付利润或应付股利也有类似的性质。应付费用随着企业规模的扩大而增加,企业使用这些自然形成的资金无需付出任何代价。但这种资金为企业所占用的时间是商业信用三种形式中较短的,尤其是应付职工薪酬及应付税费,基本在一个月以内,企业必须加强对支付期的控制,以免因拖欠带来损失。

2. 商业信用筹资的优缺点

(1) 商业信用筹资的优点

商业信用的提供方一般不会对筹资方的经营状况和企业风险作严格的考量,企业无需办理像银行借款或商业汇票那样复杂的手续便可取得,这特别有利于企业应对生产经营急需。企业有较大的机动权,能够根据需要,选择决定商业信用的金额大小和期限长短。商业信用筹资方式比银行借款等其他方式灵活得多,如果在期限内不能付款或交货时,一般还可以通过与客户协商,请求延长时限,而银行借款或商业汇票等就不可能做到这一点。更为突出的是商业信用筹资不需要第三方担保,也不会要求筹资企业用资产进行担保,大、中、小企业以及个体工商户都能够轻易取得。这样,在万一出现逾期付款或交货的情况时,可以避免像银行借款那样面临麻烦的纠纷和抵押资产被处置的风险,企业的生产经营能力在相当长的一段时间内不会损失,从而有利于企业寻求摆脱困境的路径。如果没有现金折扣或使用带息票据,商业信用还不需支付筹资成本。

正因为有上述好处,不少流动资金短缺,企业负债率又比较高的企业倾向于选择商业信用筹资。

(2) 商业信用筹资的缺点

但辩证来看,商业信用筹资也存在一定的弊端,主要在于期限较短。采用商业信用筹集资金,期限一般都很短;如果企业取得现金折扣,则时间会更短,如果放弃现金折扣,则要付出较高的资金成本。

企业在利用此方式必须要谨慎使用商业信用,千万不要超出企业的债务承受能力,否则一旦到期若信用无法兑现,会严重影响企业自身的信誉,以后再利用此方式融资就很难了。

3.3.3 经营租赁

1. 经营租赁的定义

经营租赁又称为业务租赁,是为了满足经营使用上的临时或季节性需要而发生的资产租赁,出租人不仅要向承租人提供设备的使用权,还要向承租人提供设备的保养、保险、维修和其他专门性技术服务。通常将除融资租赁以外的租赁均归为经营租赁。经营租赁通常适用于一些需要专门技术进行维修保养、技术更新较快的设备。经营租赁的承租人在经过一定的预告期后,可以中途解除租赁合同。每一次交易的租赁期限大大短于租赁物件的正常使用寿命。对出租人来说,他并不从一次出租中收回全部成本和利润,而是将租赁物件反复租赁给不同的承租人而获得收益,因而,在这个意义上说,有人称之为"非全额清偿租赁",将融资租赁称为"全额清偿租赁"。

2. 经营租赁的优缺点

(1) 经营租赁的优点

经营租赁与融资租赁一样,能迅速形成生产能力。租赁的设备是出租人已有的设备,企业能尽快形成生产能力。随着科学技术的不断进步,若企业自己购买设备,设备陈旧过时的风险很高;而经营租赁期限较短,到期把设备归还出租人,这种风险完全由出租人承担。利用租赁筹资并不增加企业负债,不会改变企业的资本结构,不会直接影响承租企业的借款能力。经营租金费用可在税前扣除,具有抵免所得税的效用,使承租企业能享受税收上的优惠,相对降低融资成本。

(2) 经营租赁的缺点

通过经营租赁筹集资金,虽有前述的一些优点,但也有其明显的不足,具体表现为:经营租金总额占设备价值的比例一般要高于同期银行贷款的利率;经营租赁仅取得租赁资产的使用权,如果资产发生增值(如土地、房产等),承租人无法享受这种增值,由于租赁资产所有权一般归出租人所有,因此承租企业未经出租人同意,往往不得擅自对租赁资产加以改良,以满足企业生产经营的需要。

现实生活中,还有一些"小微企业"体制上虽是企业法人,但一般多为家庭或家族模式,管理不规范,财务账表不能如实反映企业经营情况,且缺乏有效的资产为贷款担保,导致贷款难。这些"小微企业"往往转向民间融资,如向亲朋好友借贷或向民间高利贷者借贷。民间融资有"地下经济"的特征,但几乎在各个国家不同程度地存在。这种借款的筹资成本高低不等,企业向亲朋好友借贷,有时可能不需支付利息;向高利贷得借贷,利息有可能高得惊人,仅能作为"过桥资金"使用,否则将会给企业带来极大的风险。

3.4 资本成本

3.4.1 资本成本的概念

1. 资本成本定义及其种类

资本成本是指公司为筹集和使用资本而付出的代价,是企业选择资金来源、拟订筹资方案的重要依据。资本成本与货币的时间价值既有联系,又有区别:货币时间价值是资本成本的基础,除此之外资本成本还包括给投资者的风险补偿。

资本成本按其用途可分为个别资本成本、综合资本成本及边际资本成本三种形式。

个别资本成本是指某种筹资方式的资本成本,如长期借款成本、普通股资本成本、债券资本成本等等。一般在比较各种筹资方式时使用个别资本成本率作为依据。

综合资本成本是多种筹资方式的个别资本成本的加权平均。在实际中,企业不可能只采用一种筹资方式,而是在不同的筹资环境下充分利用各种筹资手段。因此在全面衡量一个企业的资本成本水平,确定合理的资本结构时通常采用综合资本成本为评价依据。

边际资本成本是指新筹集资本的成本。企业一般无法以某一个固定的资本成本来筹集无限的资本,当其筹集的资本超过一定限度时,原来的资本成本就会增加。在企业追加融资时,原有的资本成本是决策无关成本,而应以边际资本成本作为决策依据。

2. 影响资本成本高低的因素

在市场经济环境中,多方面因素的综合作用决定着企业资本成本的高低,其中主要有:总体经济环境、证券市场条件、企业内部的经营和融资状况、项目融资规模。

(1) 总体经济环境

总体经济环境决定了整个经济中资本的供给和需求,以及预期通货膨胀的水平。总体经济环境变化的影响,反映在无风险报酬率上。显然,如果整个社会经济中的资金需求和供给发生变动,或者通货膨胀水平发生变化,投资者也会相应改变其所要求的收益率。也就是说,如果货币需求增加,而供给没有相应增加,投资人便会提高其投资收益率,企业的资本成本就会上升;反之,则会降低其要求的投资收益率,使资本成本下降。如果预期通货膨胀水平上升,货币购买力下降,投资者也会提出更高的收益率来补偿预期的投资损失,导致企业资本成本上升。

(2) 证券市场条件

证券市场条件包括证券的市场流动难易程度和价格波动程度。如果某种证券的市场流动性不好,投资者想买进或卖出证券相对困难,变现风险加大,要求的收益率就会提高;或者虽然存在对某证券的需求,但其价格波动较大,投资的风险大,要求的收益率也会提高。

(3) 企业内部的经营和融资条件

企业内部的经营和融资条件主要指经营风险和财务风险的大小。经营风险是企业投资决策的结果,表现在资产收益率的变动上;财务风险是企业筹资决策的结果,表现在普通股收益率的变动上。如果企业的经营风险和财务风险大,投资者便会有较高的收益率要求。

(4) 融资规模

融资规模是影响企业资本成本的另一个因素。企业的融资规模大,资本成本较高。比如,企业发行的证券金额很大,资金筹集费和资金占用费都会上升,而且证券发行规模的增大还会降低其发行价格,由此也会增加企业的资本成本。

3.4.2 长期个别资本成本的计算

1. 个别资本成本计算的一般原理

个别资本成本从绝对量的构成来看包括筹资费用及用资费用两部分。筹资费用,指企业在筹集资本过程中为取得资金而发生的各项费用,如银行借款的手续费,发行股票、债券等证券的印刷费、评估费、公证费、宣传费及承销费等。用资费用,指在使用所筹资本的过程中向出资者支付的有关报酬,如银行借款和债券的利息、股票的股利等。

资本成本既可以用绝对数表示,也可以用相对数表示,为了便于分析比较,一般用相对数来表示其大小。在不考虑资金时间价值的情况下,其基本的公式如下[①]:

$$K=\frac{D}{Q-F}\times 100\% \tag{3.4}$$

式中,K 表示资本成本率;D 表示筹集的资本的用资费用;Q 表示筹资总额;F 表示筹集的资本的筹资费用。

计算个别资本成本时,由于筹资费用通常在筹资时一次性全部支付,在获得

---

① 所谓基本公式,即个别资本成本计算的一般原理。下文的每种个别资本成本的计算大多是在这一基本公式的基础上推演的。

资本后的用资过程中不再发生,因此可视为对筹资额的一项扣除。$Q-F$ 可视为筹资净额或有效筹资额,用 $K=\dfrac{D}{Q-F}$ 而不用 $K=\dfrac{D}{Q}$,表明资本成本率与利息率在含义上和数量上有差别。因为借款利息率只含用资费用,不考虑筹资费用,是利息额与借款筹资额的比率。

若考虑资金时间价值的情况下,应根据公式 3.5 进行测算,公式中的折现率即为资本成本率:

$$P_0 = \sum_{t=1}^{n} \frac{I}{(1+r)^t} + \frac{P_n}{(1+r)^n} \text{①} \tag{3.5}$$

式中,P_0 表示筹资净额(即筹资总额扣除筹资费用);I 表示筹集的资本的年用资费用[②];P_n 表示筹资总额到期价值;r 表示筹集的资本折现率;t 表示付息(利息或股息)期数;n 表示筹资期限。

2. 长期个别资本成本的计算

(1) 长期借款资本成本

长期借款的资本成本包括借款利息和借款手续费。一方面,长期借款的筹资费用主要是借款手续费。长期借款的借款手续费相对于发行股票、发行债券来说要少得多,当其数额很小时,甚至可忽略不计。另一方面,由于长期借款的利息可以在所得税前扣除,产生所得税抵扣效应,其实际用资费用应为支付给投资者的借款利息扣除其相应可抵减的所得税。因此在不考虑资金时间价值的情况下,在公式 3.4 个别资本基本公式的基础上,长期借款资本成本率可推导为以下形式:

$$K_L = \frac{I_L(1-T)}{L(1-f_L)} \times 100\% \tag{3.6}$$

式中,K_L 表示长期借款资本成本率;I_L 表示长期借款年利息;T 表示公司所得税率;L 表示长期借款筹资总额;f_L 表示借款筹资费率。

当筹资费用很小忽略不计时,$\dfrac{I_L}{L}$ 即表现为长期借款利息率,以 i_L 表示,则公式 3.6 可以简化为:

$$K_L = i_L(1-T) \tag{3.7}$$

例 3.4 某公司向银行借入长期借款 500 万元,借款年利息率为 10%,期限为 2 年,每年年末付息一次,到期一次还本,假定所得税率为 25%,借款手续费忽略不计,则该笔长期借款的资本成本是多少?

$$K_L = i_L(1-T) = 10\% \times (1-25\%) = 7.5\%$$

在借款合同附加补偿性余额条款的情况下,企业可动用的借款筹资额应扣除

---

① 考虑资金时间价值的情况下资本成本的计算将在债券的资本成本中举例说明。
② 若计息次数为季,则为季度用资费用,以此类推。

补偿性余额,这时借款的实际利率和资本成本率将会上升。

例 3.5 A 公司向银行借款长期借款 1 000 万元,年利率为 8%,期限为 3 年,每年结息一次,到期一次还本,且银行要求将借款的 20% 作为补偿性余额。假定,A 公司所得税税率为 25%,借款手续费为 0.1%,则该笔长期借款的资本成本是多少?

$$K_L = \frac{1\,000 \times 8\%(1-25\%)}{1\,000 \times (1-20\%) - 1\,000 \times 0.1\%} \approx 7.51\%$$

有时借款可能会约定按季计息一次或半年计息一次,也即是一年内计息次数超过一次,这样借款的实际利率也会高于名义利率,从而资本成本率上升。此种长期借款的资本成本率的测算公式为:

$$K_L = \left[\left(1+\frac{R_L}{M}\right)^M - 1\right](1-T) \tag{3.8}$$

例 3.6 A 公司向银行借长期借款 1 000 万元,年利率为 8%,期限为 3 年,每季结息一次,到期一次还本。假定,A 公司所得税税率为 25%,借款手续费忽略不计,则该笔长期借款的资本成本是多少?

$$K_L = \left[\left(1+\frac{8\%}{4}\right)^4 - 1\right] \times (1-25\%) \approx 6.15\%$$

(2) 长期债券资本成本

长期债券用资费用是债券的利息;筹资费用包括申请发行债券的手续费、债券的注册费、印刷费、上市费及推销费等。债券的用资费用同长期借款的一样,其利息具有税收抵减效应,但筹资费用要比长期借款高得多,不可能忽略不计了。因此,在不考虑资金时间价值的情况下,在公式 3.4 个别资本基本公式的基础上,长期债券资本成本率可推导为以下形式:

$$K_B = \frac{I_B(1-T)}{B(1-f_B)} \times 100\% \tag{3.9}$$

式中,K_B 表示长期债券资本成本率;I_B 表示长期债券年利息[①];T 表示公司所得税税率;B 表示长期债券筹资总额[②];f_B 表示长期债券筹资费率。

例 3.7 A 公司拟等价发行面值 10 000 元的债券一批,筹资总额计 5 000 万元、期限 5 年、票面利率 8% 的债券,每年结息一次,发行费用为发行价格的 5%。假定公司所得税税率为 25%,则该批债券的资本成本是多少?

$$K_B = \frac{5\,000 \times 8\%(1-25\%)}{5\,000(1-5\%)} \times 100\% \approx 6.32\%$$

在考虑货币时间价值时,公司债券的税前资本成本率也就是债券持有人投资

---

① 年利息是指按债券面值及债券票面利率计算的利息,若一年内计息次数多于一次,还应进一步折算。

② 长期债券筹资额是指按实际发行价格筹集的筹资额。

的必要报酬率,再乘以(1-T)折算为税后的资本成本率。

例 3.8 A公司拟等价发行面值 1 000 元的债券一批,筹资总额 1 000 万元。发行费用为发行价格的 10%,筹资净额计 900 万元、期限 22 年、票面利率 7% 的债券,每年结息一次,假定公司所得税税率为 25%,则该批债券的资本成本是多少?

测算过程如下:

$$P_0 = \sum_{t=1}^{n} \frac{B \times 7\%}{(1+r)^t} + \frac{B}{(1+r)^{22}}$$

即:

$$900 = \sum_{t=1}^{22} \frac{1\,000 \times 7\%}{(1+r)^t} + \frac{1\,000}{(1+r)^{22}}$$

利用插值法求解,$r = 7.98\%$

式中,P_0 表示实际发行价格扣除筹资费用后的净额;B 表示债券面值。

由于债券利息可税前扣除,此种筹资方式具有所得税抵减效应,因此,债券的税后资本成本率应为:

$$K_B = 7.98\% \times (1 - 25\%) = 5.985\%$$

(3) 优先股资本成本

优先股的用资费用是优先股股利,大多数优先股采取定期支付固定股利的方式;筹资费用包括申请发行优先股的手续费、注册费、印刷费、上市费及推销费等。由于优先股股利无到期日,股利是从公司的税后利润中支付,不像债券、长期借款等债务资本,其利息不具有税收抵减效应;同时筹资费用与发行债券一样,要比长期借款高得多,不能忽略不计。因此,在不考虑资金时间价值的情况下,在公式 3.4 个别资本基本公式的基础上,优先股资本成本率可推导为以下形式:

$$K_P = \frac{I_P}{P(1 - f_P)} \times 100\% \tag{3.10}$$

式中,K_P 表示优先股资本成本率;I_P 表示优先股股利(年);P 表示优先股筹资额;f_P 表示优先股筹资费率。

例 3.9 A公司拟发行面值为 100 元的优先股一批,每股发行价格 106 元,发行费用为发行价格的 5%,预计每股年股息率为 10%,则该批优先股的资本成本是多少?

$$K_P = \frac{100 \times 10\%}{106 \times (1 - 5\%)} \times 100\% = \frac{10}{100.7} \times 100\% = 9.93\%$$

在考虑货币时间价值时,优先股股利可视为一项永续年金,其资本成本率可根据公式 3.10 求出,其中的折现率即为优先股资本成本率。

$$P(1 - f_P) = \sum_{t=1}^{n} \frac{I_P}{(1 + K_P)^t} \tag{3.11}$$

式中，P 表示优先股筹资额；f_P 表示优先股筹资费率；I_P 表示优先股股利；K_P 表示优先股资本成本率。

当 $n \to \infty$ 时，优先股资本成本率为：

$$K_P = \frac{I_P}{P_0} = \frac{I_P}{P(1-f_P)} \times 100\%$$

式中，K_P 表示优先股资本成本率；I_P 表示优先股股利（年）；P_0 表示优先股净筹资额；P 表示优先股筹资额；f_P 表示优先股筹资费率。

(4) 普通股及留存收益资本成本

普通股股利不固定，所以普通股股利一般是一个变量，其资本成本较难确定。按照资本成本率实质上是投资的必要报酬率的思路，常见的普通股资本成本计算方法有：股利折现模型、资本资产定价模型和税前债务成本风险溢价模型。

①股利折现模型

股利折现模型的基本表达式是：

$$P_c(1-f_c) = \sum_{t=1}^{\infty} \frac{D_t}{(1+K_c)^t} \tag{3.12}$$

式中，K_c 表示普通股资金成本率，即普通股股东投资的必要报酬率；D_t 表示普通股第 t 年的股利；P_c 表示发行普通股的融资额；f_c 表示普通股筹资费用率。

由于其受公司税后利润及股利分配政策等因素的影响，这个模型会因股利政策的不同而不同。

如果公司采取固定的股利政策，则资本成本率的计算与优先股资本成本的计算相似：

$$K_c = \frac{D}{P_c(1-f_c)} \times 100\% \tag{3.13}$$

式中，K_c 表示普通股资金成本率；D 表示普通股每年的股利；P_c 表示发行普通股的融资额；f_c 表示普通股筹资费用率。

如果公司采取固定增长的股利政策，股利固定增长率为 g，则资本成本率的计算模型如下：

$$K_c = \left(\frac{D_1}{P_c(1-f_c)}\right) \times 100\% + g \tag{3.14}$$

式中，K_c 表示普通股资金成本率；D_1 表示普通股未来第 1 期总股利；P_c 表示普通股筹资总额；f_c 表示普通股筹资费用率；g 表示普通股股利每年的增长率。

例 3.10 A 公司准备增发普通股一批，每股的发行价格为 10 元，每股发行费用为 1 元，预定第一年分派现金股利为 0.9 元/股，以后每年股利增长 3%。该批普通股的资本成本是多少？

$$K_c = \frac{1.2}{10-1} \times 100\% + 3\% = 13\%$$

②资本资产定价模型

资本资产定价模型假设普通股股东的相关风险只是市场风险,那么,股东所期望的风险报酬就取决于股票的β系数和市场风险报酬。公式如下:

$$K_C = R_F + \beta(R_M - R_F) \quad (3.15)$$

式中,K_C表示普通股资金成本率;R_F表示无风险利率(通常以政府债券利率代替);R_M表示市场股票平均收益率;β表示某公司股票收益相对于市场上所有股票收益的变动幅度。

例 3.11 已知某股票的β值为2,市场报酬率为10%,无风险报酬率为6%,该公司的普通股资本成本率是多少?

$$K_C = 6\% + 2 \times (10\% - 6\%) = 14\%$$

③税前债务成本风险溢价模型

由于债券资本成本率较容易计算,依据"风险越大,要求的报酬率越高"的原理,税前债务成本风险溢价模型假设股票的报酬率应该在债券的报酬率之上再加一定的风险溢价。具体公式如下所示:

$$K_C = K_B + R_{P_C} \quad (3.16)$$

式中,K_C表示普通股资金成本率;K_B表示债券税前资本成本;R_{P_C}表示普通股股东比债权人承担更大风险所要求的风险溢价,经验值一般在3%~5%之间。

例 3.12 A公司已发行债券的投资报酬率为8%。现准备发行一批普通股,经分析该股票投资的风险报酬率比其债券的风险报酬率高4.5%。该公司的普通股资本成本率是多少?

$$K_C = 8\% + 4.5\% = 12.5\%$$

利用上述三种计算普通股资本成本的方法计算其结果经常不一致,而实际上也不存在一个公认的确定普通股真实成本的方法。一种常见的做法是将每种方法计算出来的普通股成本进行算术平均。也有决策者对某种方法所采用的数据更有信心而注重其中的一种方法。

公司的留存收益来源于净利润,归属于股东权益。从表面上看,留存收益不花费资本成本。实际上,股东愿意将其留用于公司,其必要报酬率与普通股相同,要求与普通股有等价的报酬。因此,留存收益也有资本成本,其估计与普通相类似,但无需考虑筹资费用。

3.4.3 综合资本成本的计算

1. 综合资本成本率的概念及其测算公式

综合资本成本率是指一个公司全部长期资本的成本率,通常是以各种长期资本的比例为权重(又称资本结构),对个别资本成本率进行加权平均测算的,故亦称加权平均资本成本率。因此,综合资本成本率是由个别资本成本率和资本结构这两个因素所决定的。

根据综合资本成本率的决定因素,在已测算个别资本成本率,取得各种长期资本比例后,可按下列公式测算综合资本成本率:

$$K_w = \sum_{j=1}^{n} K_j W_j \tag{3.17}$$

式中:K_w 表示综合资本成本率;K_j 表示第 j 种资本成本率;W_j 表示第 j 种资本所占的比例,其中 $\sum_{j=1}^{n} W_j = 1$。

2. 资本结构及其确定基础

资本结构是指企业各种资本的价值构成及其比例关系,是企业一定时期筹资组合的结果。广义的资本结构是指企业全部资本的构成及其比例关系;狭义的资本结构是指企业各种长期资本的构成及其比例关系,尤其是指长期债务资本与(长期)股权资本之间的构成及其比例关系。这里主要应用的是狭义的概念。

测算综合资本成本率时,资本结构或各种资本在全部资本中所占的比例取决于各种资本价值的确定。各种资本价值的计量基础主要有三种选择:账面价值、市场价值和目标价值。

(1) 按账面价值确定资本比例

账面价值即企业资产负债表上显示的各类资本的会计价值。以资本的账面价值计算各种资本的权重比较容易,但其存在资本的账面价值可能不符合市场价值的缺陷。如果资本的市场价值已经脱离账面价值许多,采用账面价值作基础确定资本比例就有失现实客观性,从而不利于综合资本成本率的测算和筹资管理的决策。此种方法侧重于过去的资本结构。

(2) 按市场价值确定资本比例

按市场价值确定资本比例是根据资本的市场价值为基础确定其资本比例,尤其指债券和股票这两类资本。按市场价值确定资本比例反映了公司现实的资本结构;但由于市场价值不断变动,负债和权益的比例也将随之变动。此种方法侧重于现在的资本结构。

(3) 按目标价值确定资本比例

按目标价值确定资本比例是指证券和股票等以公司预计的未来目标市场价值确定资本比例。这种权重可选用平均市场价值,回避证券市场价格变动频繁的问题,适用于公司评价未来的资本结构。

在公司筹资实务中,三种方法各有优缺点,但仍有不少公司宁可采用账面价值确定资本比例,因其易于使用。此外,无论是哪一种方法都有一个共同的特点:在个别资本成本率一定的情况下,资本结构企业决定了综合资本成本的高低。

例 3.13 A 公司的全部长期资本总额为 10 000 万元,其中长期借款 2 000 万元,占 20%,长期债券 3 000 万元,占 30%,普通股 4 000 万元,占 40%,保留盈余 1 000 万元,占 10%。假设其个别资本成本率分别是 6%、7%、9%、8%。该公司综合资本成本率是多少?

$$K_w = 6\% \times 20\% + 7\% \times 30\% + 9\% \times 40\% + 8\% \times 10\% = 7.7\%$$

3. 边际资本成本的计算

通常情况下,企业无法以某一个固定的资本成本来筹集无限的资本。当其筹集的资本超过一定的限度时,原来的资本成本就会增加。在公司追加融资时,必须知道融资额在什么数额上便会引起资本成本怎样的变化,这就需要用到边际资本成本来进行决策。

边际资本成本通常用边际资本成本率衡量,是企业新增 1 元资本所需负担的综合资本成本。

例 3.14 A 公司当前长期资本 4 000 万元,其中长期借款 600 万元,公司长期债券 1 000 万元,优先股 800 万元,普通股 1 600 万元。由于扩大经营规模的需要,准备追加融资。经过研究分析,A 公司认为筹集新资本后仍应保持目前的资本结构。随着融资额的增长,各种资本成本的变化,具体数据如表 3-3 所示。

表 3-3 A 公司基本资本数据

资本种类	资本结构	新融资额	资本成本率
长期借款	15%	60 万元以下	4%
		60 万~150 万元	5%
		150 万元以上	7%
长期债券	15%	100 万元以下	8%
		100 万元~200 万元	10%
		200 万元以上	11%
优先股	20%	50 万元以下	10%
		50 万元以上	13%
普通股	40%	60 万元以下	14%
		60 万元~200 万元	15%
		200 万元以上	16%

(1) 计算融资总额突破点

表3-4 A公司融资总额突破点

资本种类	资本结构	资本成本率	新融资额	融资总额突破点
长期借款	15%	4%	60万元以下	60万元/15%=400万元 150万元/15%=1 000万元
		5%	60万~150万元	
		7%	150万元以上	
长期债券	25%	8%	100万元以下	100万元/25%=400万元 200万元/25%=800万元
		10%	100万元~200万元	
		11%	200万元以上	
优先股	20%	10%	50万元以下	50万元/20%=250万元
		13%	50万元以上	
普通股	40%	14%	60万元以下	60万元/40%=150万元 200万元/40%=500万元
		15%	60万元~200万元	
		16%	200万元以上	

(2) 计算边际资本成本率

根据上一步计算出的融资总额突破点,可以得到七组融资总额范围,它们分别为:0~150万元、150万元~250万元、250万元~400万元、400万元~500万元、500万元~800万元、800万元~1 000万元及1 000万元以上。以上列七组融资范围分别计算其加权平均资本成本,即可得到各种融资范围内的边际资本成本率,计算结果如表3-5所示。

表3-5 A公司边际资本成本率

融资总额范围（万元）	资本种类	资本结构	融资额上限（万元）	资本成本率	边际资本成本率
0~150万元	长期借款	15%	22.5	4%	4%×15%=0.6%
	长期债券	25%	37.5	8%	8%×25%=2%
	优先股	20%	30	10%	10%×20%=2%
	普通股	40%	60	14%	14%×40%=5.6%
			加权平权资本成本		10.2%

续表 3 – 5

融资总额范围（万元）	资本种类	资本结构	融资额上限（万元）	资本成本率	边际资本成本率
150万元~250万元	长期借款	15%	37.5	4%	4%×15%=0.6%
	长期债券	25%	62.5	8%	8%×25%=2%
	优先股	20%	50	10%	10%×20%=2%
	普通股	40%	100	15%	15%×40%=6%
	加权平权资本成本				10.6%
250万元~400万元	长期借款	15%	60	4%	4%×15%=0.6%
	长期债券	25%	100	8%	8%×25%=2%
	优先股	20%	80	13%	13%×20%=2.6%
	普通股	40%	160	15%	15%×40%=6%
	加权平权资本成本				11.2%
400万元~500万元	长期借款	15%	75	5%	5%×15%=0.75%
	长期债券	25%	125	10%	10%×25%=2.5%
	优先股	20%	100	13%	13%×20%=2.6%
	普通股	40%	200	15%	15%×40%=6%
	加权平权资本成本				11.85%
500万元~800万元	长期借款	15%	120	5%	5%×15%=0.75%
	长期债券	25%	200	10%	10%×25%=2.5%
	优先股	20%	160	13%	13%×20%=2.6%
	普通股	40%	320	16%	16%×40%=6.4%
	加权平权资本成本				12.25%
800万元~1 000万元	长期借款	15%	150	5%	5%×15%=0.75%
	长期债券	25%	250	11%	11%×25%=2.75%
	优先股	20%	200	13%	13%×20%=2.6%
	普通股	40%	400	16%	16%×40%=6.4%
	加权平权资本成本				12.5%

续表 3-5

融资总额范围 （万元）	资本种类	资本结构	融资额上限 （万元）	资本成本率	边际资本成本率
1 000 万元以上	长期借款	15%	150	7%	7%×15%=1.05%
	长期债券	25%	250	11%	11%×25%=2.75%
	优先股	20%	200	13%	13%×20%=2.6%
	普通股	40%	400	16%	16%×40%=6.4%
	加权平权资本成本				12.8%

3.5 财务杠杆与最佳资本结构

由于债务利息可以在所得税前列支，企业利用债务融资可以产生所得税抵减效应；债务利息在合同期内通常是固定的[①]，其还有可能给股权资本带来财务杠杆效应。

3.5.1 财务杠杆效应

财务杠杆效应是指在企业运用筹资方式（如银行借款、发行债券、优先股）时所产生的普通股每股收益变动率大于息税前利润变动率的现象，简称财务杠杆。这是因为利息费用、优先股股利等财务费用是固定不变的，因此当息税前利润增加时，每股普通股负担的固定财务费用将相对减少，从而给投资者带来额外的好处。

财务杠杆通常用财务杠杆系数来衡量，即普通股每股利润的变动率相当于息税前利润变动率的倍数。其计算公式为：

$$DFL = \frac{\Delta EPS/EPS}{\Delta EBIT/EBIT} \tag{3.18}$$

式中，DFL 表示财务杠杆系数；EPS 表示普通股每股收益额；$EBIT$ 表示息税前利润额

在没有优先股的情况下，由于：

$$EPS = \frac{(EBIT-I)(1-T)}{N} \qquad \Delta EPS = \frac{\Delta EBIT(1-I)(1-T)}{N}$$

所以：

$$DFL = \frac{EBIT}{EBIT-I} \tag{3.19}$$

[①] 除非签订的是"浮动"利率。

式中，I 表示债务利息；T 表示所得税税率；N 表示发行在外的普通股股数；其他符号同前。

例 3.15 神通公司年销售额为 1 000 万元，变动成本率为 60%，息税前利润为 250 万元，全部资本为 500 万元，负债比率为 40%，负债平均利率为 10%。

$$DFL = \frac{250}{250 - 500 \times 40\% \times 10\%} = 1.09$$

上例中财务杠杆系数 1.09 的含义是：当息税前利润增长 1% 时，普通股每股收益将增长 1.09%；反之，息税前利润减少 1% 时，普通股每股收益将减少 1.09%。前一种表现为财务杠杆利益；后一种表现为财务风险。财务杠杆系数越大，企业的财务杠杆利益和财务风险越高。

对于同时存在债务融资，且发行优先股的企业来说，由于普通股每股收益为：

$$EPS = \frac{(EBIT - I)(1 - T) - P}{N}$$

所以财务杠杠系数应为：

$$DFL = \frac{EBIT}{EBIT - I - \dfrac{P}{(1-T)}} \tag{3.20}$$

式中，P 表示优先股股利；其他符号同前。

负债是现代企业经营不可缺少的资金来源，是构成企业资产的基本组成部分，企业或多或少会有一定的负债。但负债是一把"双刃剑"：若企业负债过多，会增大财务风险，可能导致企业破产倒闭；相反，若负债过少，则不能有效取得负债可能给企业带来的好处。运用负债经营，实现财务杠杆效应的前提是：(1) 企业的息税前利润率必须高于负债资本成本率；(2) 即使在最坏的情况下，企业也有足够的现金还本付息。①

3.5.2 最佳资本结构

最佳资本结构是指在适度财务风险条件下，能使企业综合资本成本最低且企业价值最大的资本结构。现实中，资本结构中都是既有债权资本，又有股权资本。这样则必然会存在一个股权融资与债权融资的选择比例问题。合理、科学地确定债务资本的比例问题即成为最佳资本结构决策问题。下面介绍两种主要的确定最优资本结构的方法。

1. 比较资本成本法

比较资本成本法是通过比较不同的资本结构的加权平均资本成本，选择其中加权平均资本成本最低的资本结构的方法。企业资本结构决策，分为初次利用债

---

① 财务杠杆还可与经营杠杆组合形成联合杠杆，发挥更大的杠杆效应。

务筹资和追加筹资两种情况。前者称为初始资本结构决策,后者称为追加资本结构决策。

(1) 初始资本结构决策

例3.16 三辅公司欲筹资6亿元,有A、B两种方案可供选择,两方案的筹资组合及个别资本成本如下表:

表3-6 三辅公司初始筹资方案

筹资方式	A方案		B方案	
	筹资金额(万元)	个别成本(%)	筹资金额(万元)	个别成本(%)
长期借款	10 000	6	30 000	10
长期债券	20 000	8	20 000	8
普通股	30 000	10	10 000	15
合计	60 000	—	60 000	—

综合资本成本$_{A方案}$ = 6% × 1/6 + 8% × 2/6 + 10% × 3/6 = 8.67%

综合资本成本$_{B方案}$ = 10% × 3/6 + 8% × 2/6 + 15% × 1/6 = 10.17%

由于A方案的综合资本成本较低,所以应该选择A方案。A方案所对应的资本结构即为公司初始筹资时最佳的资本结构。

(2) 追加资本结构决策

例3.17 三辅公司计划在上述选择A方案的基础上,再追加筹资1亿元,有两个方案A_1、A_2可供选择。各方案的追加金额及个别边际成本如下:

表3-7 三辅公司追加筹资方案

追加筹资方式	A_1方案		A_2方案	
	筹资金额(万元)	个别成本(%)	筹资金额(万元)	个别成本(%)
长期借款	2 000	12	8 000	15
长期债券	3 000	13	—	—
普通股	5 000	16	2 000	12.5
合计	10 000	—	10 000	—

由于追加筹资后,企业需要将新旧资金结合起来进行运营,原有的最佳资本结构也将不复存在,需要将新旧筹资结合起来考虑,重新确定一个最佳的资本结构。

追加后综合资本成本$_{A_1方案}$ = 6% × 1/7 + 12% × 2/70 + 8% × 2/7 +
13% × 5/70 + 16% × 3/7 + 16% × 5/70
= 11.97%

此时,原有普通股 3 000 万股的资金成本,选用追加筹资时新普通股的资金成本 16%,而不是选用原有资金成本 10%。因为,普通股具有同股、同权、同利的特点,旧普通股和新普通股应该按照新的股利率来分配股利。从筹资方来说,投资人获得的新股利率即是筹资方支付的新资金成本率。

追加后综合资本成本$_{A_2方案}$=6%×1/7+15%×8/70+8%×2/7+
12.5%×2/70+10%×3/7
=9.51%

由于 A_2 方案的整体综合边际资金成本较低,所以应该选择 A_2 方案。A_2 方案所对应的资本结构即为公司追加筹资后,新旧资金相加最佳的资本结构。

比较资本成本法将资本成本的高低,作为选择最佳资本结构的唯一标准,简单实用,因而常常被采用。

2. 无差别点分析法

无差别点是两种或两种以上筹资方案下普通股每股收益相等时的息税前利润点,又称息税前利润平衡点或每股收益无差别点。无差别点分析法是指利用息税前利润平衡点来进行资本结构决策。

例 3.18 鼎鑫公司原有资本 10 000 万元,其中,债务资本 3 000 万元,每年负担利息 270 万元,权益资本(普通股 140 万股,每股面值 50 元)7 000 万元。该公司所得税率 25%。由于扩大业务,需追加筹资 2 000 万元,有 A、B 两个方案可供选择:

A 方案:全部发行普通股,增发 40 万股,每股面值 50 元;
B 方案:全部筹措长期债务,债务年利率 9%,利息 180 万元。

$(\overline{EBIT}-270)\times(1-25\%)/(140+40)=(\overline{EBIT}-270-180)\times(1-25\%)/140$

$\overline{EBIT}=1\ 080$ 万元

当息税前利润为 1 080 万元时,A、B 方案的普通股每股收益为 4.5 元;当息税前利润为 450 万元时,A 方案的普通股每股收益为 0.75 元,B 方案的普通股每股收益为 0 元。由此可以做图如下:

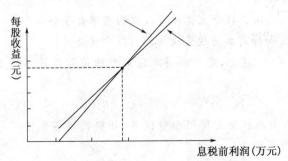

图 3-1 鼎鑫公司每股收益无差别点分析示意图

通过图 3-1 可看出，当预期息税前利润为 1 080 万元时，权益筹资和债务筹资方式均可；当预期息税前利润大于 1 080 万元时，选择 B 方案，发行债务筹资；当预期息税前利润小于 108 万元时，选择 A 方案，发行普通股筹资。

无差别点法以普通股每股收益最高为决策标准，容易理解，计算也不算复杂，当出现两个以上方案进行比较时，则应用起来就不是很方便了。

此外，无差别点法与比较资本成本法均未考虑财务风险因素，仍不够完善。

思考练习题

一、名词解释

1. 筹资渠道　　　　　　　2. 筹资方式
3. 股权性筹资　　　　　　4. 债务性筹资
5. 普通股　　　　　　　　6. 优先股
7. 抵押贷款　　　　　　　8. 可转换债券
9. 资本成本　　　　　　　10. 融资租赁
11. 商业信用筹资　　　　　12. 短期融资券
13. 综合资本成本　　　　　14. 无差别点法

二、单项选择题

1. 政府财政资金通常只有（　　）才能利用。
   A. 民营企业　　　　　　　B. 国有独资企业或国有控股企业
   C. 非营利组织　　　　　　D. 外资企业
2. 吸收直接投资是企业筹集（　　）的一种重要方式。
   A. 内部资本　　B. 短期资本　　C. 债务资本　　D. 股权资本
3. 根据《公司法》的规定，不具备债券发行资格和条件的公司是（　　）。
   A. 股份有限公司
   B. 国有独资公司
   C. 两个以上的国有投资主体投资设立的有限责任公司
   D. 国有企业和外商共同投资设立的有限责任公司
4. 根据《公司法》规定，发行公司流通在外的债券累计总额不超进公司净资产的（　　）。
   A. 30%　　　　B. 40%　　　　C. 50%　　　　D. 60%
5. 由出租人向承租企业提供租赁设备，并提供设备维修保养和人员培训等服务，这种租赁形式称为（　　）。
   A. 杠杆租赁　　B. 直接租赁　　C. 经营租赁　　D. 融资租赁

6. 在个别资本成本的计算中,不必考虑筹资费用影响因素的是( )。
   A. 长期借款成本　　　　　　　B. 债券成本
   C. 留用利润成本　　　　　　　D. 普通股成本
7. 一般来说,企业采用下列筹资方式筹集资金,资本成本最低的是( )。
   A. 长期借款　　B. 普通股　　C. 优先股　　D. 债券
8. 如果企业的股东不想分散其对企业的控制权,则企业会尽量避免采用的增资方式是( )。
   A. 发行债券　　B. 发行股票　　C. 向银行借款　　D. 短期融资券
9. 如果预计企业的资本报酬率低于借款的利率,则应( )。
   A. 提高负债比例　　　　　　　B. 降低负债比例
   C. 提高股利支付率　　　　　　D. 降低股利支付率

三、多项选择题

1. 在我国,非银行金融机构主要有( )。
   A. 保险公司　　　　　　　　　B. 企业集团的财务公司
   C. 证券公司　　　　　　　　　D. 证券交易所
   E. 信托公司
2. 按国际惯例,银行对借款企业通常都约定一些限制性条款,其中包括( )。
   A. 一般性限制条款　　　　　　B. 附加性限制条款
   C. 例行性限制条款　　　　　　D. 特殊性限制条款
   E. 强制性限制条款
3. 企业借款应具备的具体条件为( )。
   A. 企业经营的合法性
   B. 企业经营的独立性
   C. 企业在银行开立基本账户或一般账户
   D. 企业有还本付息的能力
   E. 企业具有一定数量的自有资金
4. 我国企业可以通过( )发行股票进行筹资。
   A. 政府财政资本　　　　　　　B. 银行信贷资本
   C. 非银行金融机构资本　　　　D. 其他法人资本
   E. 民间资本
5. 吸收直接投资方式筹集资本,投资者的投资形式包括( )。
   A. 现金　　　B. 存货　　　C. 有价证券　　　D. 固定资产
   E. 无形资产
6. 股票按发行对象和上市地区的不同,可以分为( )。
   A. A股　　　B. B股　　　C. ST股　　　D. N股
   E. PT股

7. 股票按股东权利和义务的不同可分为( )。
A. 始发股 B. 新股 C. 普通股 D. 优先股
E. 法人股

8. 普通股的特点包括( )。
A. 普通股股东享有公司的经营管理权
B. 公司解散清算时,普通股股东享有对公司剩余财产的请求权位于优先股之后
C. 公司解散清算时,普通股股东享有对公司剩余财产的请求权位于优先股之前
D. 普通股股利分配在优先股之后进行,并依公司盈利情况而定
E. 普通股股利可以在税前扣除

9. 按国际惯例,银行借款往往附加一些信用条件,主要有( )。
A. 授信额度 B. 周转授信协议
C. 抵押协议 D. 补偿性余额
E. 担保协议

10. 债券上市给发行公司和投资者带来的好处包括( )。
A. 上市债券因其符合一定的标准,信用度较高,能卖较好的价格
B. 债券上市有利于提高发行公司的知名度
C. 上市债券成交速度快,变现能力强,更易于吸引投资者
D. 债券上市的偿还风险比不上市更高
E. 上市债券交易便利,成交价格比较合理,有利于公平筹资和投资

11. 债券成本一般要低于普通股成本,这主要是因为( )。
A. 对投资者来说债券的风险较小 B. 对筹资者来说债券的风险较小
C. 债券的利息具有抵税效应 D. 债券的利息固定
E. 债券的筹资费用少

四、判断题

1. 当前,国外及我国港、澳、台地区的投资者持有的资本亦可加以吸收,从而形成外商投资企业的筹资渠道。( )

2. 以吸收直接投资方式筹集资金是非企业筹措自有资本的一种基本形式。( )

3. 对于股东而言,优先股比普通股有更优厚的回报,有更大的吸引力。( )

4. 我国的B股股票仅供外国和我国的港、澳、台地区的投资者购买,我国境内的个人、法人投资者目前无法购买。( )

5. 股份公司无论财务状况如何,争取公司股票早日上市交易都是正确的选择。   (   )
6. 股票按发行时间的先后可分为始发股和新股,两者的股东权利和义务不同。   (   )
7. 发行公司债券所筹集的资金可以用于企业各种支出。   (   )
8. 融资租赁租入的固定资产视为企业的自有固定资产管理,因此,这种筹资方式对企业的资本结构会有影响。   (   )
9. 优先股和可转换债券既有债务筹资性,又具有股权筹资性质。   (   )
10. 发行认股权证是上市公司的一种特殊筹资手段,其主要功能是辅助公司的股权性筹资,但不可以直接筹措现金。   (   )
11. 一般而言,只有当一项投资的息税前利润率高于其资本成本率,在经济上才是合理的;否则,该项目将无利可图,甚至会发生亏损。   (   )
12. 根据企业所得税法的规定,可转换债券的利息不允许从税前利润中扣除。   (   )
13. 当资本结构不变时,个别资本成本率越低,则综合资本成本率越低;反之则相反。   (   )

五、简答题

1. 试说明股票上市的优缺点。
2. 试说明优先股的特点。
3. 试说明向银行借款,企业应考虑哪些因素。
4. 试说明我国企业赴海外上市的原因及特点。

六、计算题

1. 三辅公司拟发行 5 年期、利率 6%、面额 1 000 元的债券;预计发行价格为 600 元,发行费用率 1%,公司所得税税率 25%。要求测算该债券的资本成本率。

2. 四通公司拟发行优先股 100 万股,发行总价 1 500 万元,预计年股利率 8%,发行费用 15 万元。要求测算该优先股的资本成本率。

3. 五行公司普通股现行市价为每股 25 元,现准备增发 8 万股新股,预计发行费用率为 5%,第一年每股股利 1 元,以后每年股利增长率为 5%。要求测算该公司本次增发普通股的资本成本率。

4. 甲公司是一家制药公司,2015 年末总资产 8 000 万元,其中负债 3 600 万元,股东权益 4 400 万元。2016 年初,甲公司准备开发一种新的药品,估计需要前期资金 900 万元,后续的资金将从该药品的盈利中获取。咨询公司综合考虑了甲公司的相关情况,并结合当地的实际状况,向甲公司提供了 A、B 两个方案。

A 方案:向商业银行贷款。贷款费用为贷款总金额的 1%,同时,商业银行要求维持 10% 的补偿性余额,2016 年的贷款利率为 7%。

B方案：公开发行股票。鉴于甲公司目前的状况，咨询公司暂定发行价格为每股10元，发行费用约为总金额的2％，同时2016年预计将按每股0.6元发放现金股利。

请分别计算2016年两种筹资方式的成本，并做出自己的选择。

七、案例分析

报业大亨默多克的债务危机

世界头号新闻巨头默多克企业遍布全球，在全世界有100多个新闻事业，控制澳大利亚70％的新闻业、45％的英国报业，又把美国相当一部分电视网络置于他的王国统治之下。西方的商界大亨无不举债立业，像滚雪球一样，债务越滚越大，事业也越滚越大。默多克的债务遍于全世界，美国、英国、瑞士、荷兰、印度和中国香港等，他的报业王国的财务机构里共有146家债主。正因为债务大，债主多，默多克对付起来也实在不容易，一发牵动全身，投资风险特高。若是碰到一个财务管理上的失误，或是一种始料未及的灾难，就可能像多米诺骨牌一样，把整个事业搞垮。1990年，年收入达60亿美元的默多克报业王国仅仅因为1 000万美元的一笔小债务差点"阴沟里翻船"。

美国匹兹堡有家小银行贷款给默多克1 000万美元。默多克原以为这笔短期贷款，到期可以付息转期，延长贷款期限。这家银行却不知从哪里听来的风言风语，认为默多克的支付能力不佳，通知默多克这笔贷款到期必须收回，而且规定必须全额偿付现金。默多克毫不在意，筹集1 000万美元现款轻而易举。他在澳洲资金市场上享有短期融资的特权，期限一周到一个月，金额可以高到上亿美元。他派代表去融资，大出意外，说默多克的特权已冻结了。为什么？对方说日本大银行在澳大利亚资金市场上投入的资金抽了回去，头寸紧了。默多克得知被拒绝融资后很不愉快，东边不亮西边亮，他亲自带了财务顾问飞往美国去贷款。始料不及的是：到了美国，那些跟他打过半辈子交道的银行家，这回像是联手存心跟他过不去，都婉言推辞，一个子儿都不给。而还贷期一天近似一天，商业信誉可开不得玩笑。若是还不了这笔债，那么引起连锁反应，就不是匹兹堡这一家银行闹到法庭，还有145家银行都会像狼群一般，成群结队而来索还贷款。这样一来，默多克的报业王国就得清盘。

默多克有点手足无措，一筹莫展。但他毕竟是个大企业家，经过多少风风雨雨。他强自镇定，反复思考后决定去找花旗银行。花旗银行是默多克报业集团的最大债主，投入资金最多，如果默多克完蛋，花旗银行的损失最高。花旗银行权衡利弊，同意对他的报业王国进行一番财务调查，将资产负债状况作出全面评估，取得结论后采取对策行动。花旗派了一位女副经理（加利福尼亚大学柏克莱分校出身的女专家）带了一组人员前往着手调查。

花旗银行的调查人员每天工作20小时，对默多克的一百多家企业进行逐个评估,最后完成的调查研究报告竟有五六厘米厚,给出的结论是:支持默多克!

原来这位专家调查默多克报业王国的全盘状况后,对默多克的雄才大略,对他发展事业的企业家精神由衷敬佩,决心要帮助他渡过难关。

她向总部提出一个解救方案:由花旗银行牵头,所有贷款银行都必须待在原地不动,谁也不许退出贷款团。为了防止任何一家银行退出,采取收回贷款的行动,引起连锁反应,匹兹堡那家小银行,由花旗出面,对它施加影响和压力,要它到期续贷,不得收回贷款。

已经到了关键时刻,报告提交到花旗总部时距离还贷最后时限只剩下10个小时。默多克带着助手飞到伦敦,花旗银行的女副经理也在伦敦等候纽约总部进一步的指示。真是千钧一发,默多克报业王国的安危命运此时取决于花旗银行的一项裁决了。

女副经理所承受的压力也很大,她所做出的结论关系到一个报业王国的存亡,关系到14亿贷款的安全,也关系到她自身的命运。她所提出的对策,要对花旗银行总部直接承担责任。如果146家银行中任何一家或几家不接受原地不动这项对策的约束,那么花旗银行在财务与信誉上都会蒙受严重损失,而她个人的前程也要受到重大挫折。

她虽然感到风险很大,内心忐忑不安,可她保持镇静,谈笑自若,她的模样使屋子里的所有人都能够放松一些。时间在一小时一小时地过去,最后的10小时已所剩无几,到了读秒的关头了!

花旗银行纽约总部的电话终于在最后时刻来了:同意女副经理的建议,已经与匹兹堡银行谈过了,现在应由默多克自己与对方经理直接接触。

默多克松了一口气,迫不及待地拨通越洋电话到匹兹堡,不料对方经理避而不接电话,空气一下子紧张起来。

默多克再挂电话,电话在银行里转来转去,最终落到贷款部主任那里。默多克听到匹兹堡银行贷款部主任的语气,他发觉这位先生一变先前拒人于千里之外的冷淡口气,忽而和悦客气起来:"你是默多克先生啊,我很高兴听到你的声音呀,我们已决定向你继续贷款……"

一屋子的人都变得轻松,气氛顿时活跃起来。只有默多克搁下电话后像是要瘫了,他招了一下手,说道:我已经精疲力尽了! 侍者递给他一杯香槟,他一饮而尽。

默多克渡过了这一关,但他在支付能力上的弱点已暴露在资金市场上。此后半年,他仍然处在生死攸关的困境之中。由于得到了花旗银行牵头146家银行一起都不退出贷款团的保证,他有了充分时间调整与改善报业集团的支付能力,半年后,他终于摆脱了财务的困境。

亿万富豪和一文不名的穷人,同样都有穷困和危难的时候,但其产生的原因与解困的途径截然不同。渡过难关以后,默多克又恢复最佳状态,进一步开拓他的报业王国的领地。

讨论:

(1) 为什么这次财务危机中默多克有惊无险,他凭借的是什么?

(2) "从这次事件可以看出,默多克支付能力很差"这个观点正确吗?如果正确为什么很多银行还愿意贷款给他?

第 4 章 长期投资管理

◎ 学习要点：

本章主要讲授了长期投资的概念、投资现金流量分析及各种投资决策方法及其比较。其中现金流量分析是进行投资决策分析的基础，各种投资指标的计算和比较是本章的学习重点。

◎ 学习难点：

现金流量的计算；内含报酬率的计算；根据不同的具体情况选择合适的投资决策依据及方法。

4.1 投资管理概述

企业投资是指企业对现在所有持有资金的一种运用，其目的是在未来一定时期内获得与风险相匹配的报酬。

4.1.1 企业投资分类

根据不同的标准，投资有不同的分类。企业投资主要有如下几种分类：

1. 长期投资与短期投资

按投资回收时间的长短，企业投资可分为短期投资与长期投资两类。

短期投资又称流动资产投资，是指能够并且也准备在一年以内收回的投资，主要指对货币资金、应收账款、存货、短期有价证券等的投资。

长期投资则是指一年以上才能收回的投资，主要是指对厂房、机器设备等固定资产、无形资产、长期有价证券的投资。

相对而言，长期投资的周期长、投资额较大、风险较高，对企业的未来发展往往会产生重大影响。

2. 直接投资与间接投资

按投资与企业生产经营的关系，企业投资可分为直接投资和间接投资两类。

直接投资是指投资者将资本投入投资项目并直接参与企业经营，资金所有者和资金使用者是统一的。在非金融性企业中，直接投资所占比重很大。

间接投资是指投资者以其资本购买公司债券、金融债券或公司股票等各种有价证券，以预期获取一定收益的投资，由于其投资形式主要是购买各种各样的有价证券，因此也被称为证券投资。资金所有者和资金使用者是分离的，投资者的目的只是为了取得其资本收益或保值。

3. 对内投资与对外投资

按投资方向，企业投资可分为对内投资和对外投资两类。

对内投资是指资金投向企业内部，形成各项流动资产、固定资产、无形资产和其他资产的投资。如果一个公司对内投资的现金流出量大幅度提高，往往意味着该公司正面临着新的发展机会或新的投资机会，公司股票的成长性一般会很好。如果一个公司对外投资的现金流出量大幅度提高，则说明该公司正常的经营活动没有能充分吸纳其现有的资金，而需要通过投资活动来寻找获利机会。

企业对外投资就是企业在其本身经营的主要业务以外，以现金、实物、无形资产方式，或者以购买股票、债券等有价证券方式向其他单位进行投资，以期在未来获得投资收益的经济行为。

对内投资都是直接投资，对外投资主要是间接投资，也可以是直接投资。由于对外投资主要是证券投资，此部分内容在《证券投资学》里有详细的介绍，并且对内短期投资的相关内容将在营运资金管理（本书第五章）中作详细介绍，因此本章内容主要介绍对内长期投资的管理。

4.1.2 企业投资决策程序

企业投资的成败关键在于能否在激烈竞争的市场环境下，把握有利时机，做出合理投资决策；一旦决策失误，就会严重影响企业的财务状况，甚至会造成破产清算。因此企业应按一定的程序，运用科学的方法进行分析论证，以保证决策正确有效。

投资决策一般按以下程序进行：

（1）确定需要做出决策的目标；

（2）针对决策目标提出若干备选方案；

（3）进行市场调研，为每个备选方案搜集尽可能多的决策相关资料（如政治、经济、法律、社会环境等）；

（4）根据可计量因素的资料，运用科学的理论和方法，对备选方案进行可行性分析比较；

（5）对非计量因素，分析考虑对投资方案的影响；

（6）确定最优方案，写可行性报告，请上级批准；

（7）由公司领导者做出决策，接受或拒绝投资或重新调研。

当投资方案确定后，应制订具体的投资计划并及时足额筹措资金以保证投资项目如期进行。整个实施过程中要做到事前、事中及事后的适时控制。在执行过程中如果发生重大变化，应具体问题具体分析，做出新的评价，以避免损失。投资项目结束后，还需进行事后审计，将投资项目的实际表现与原来的预期相对比，总结经验教训。

4.1.3 投资方案经济效益评价的基础——现金流量

现金流量是指投资项目从筹建、设计、施工、正式投资使用直至报废为止的投资项目的有效持续期内形成的现金流出及现金流入量。在长期投资决策中，不能按权责发生制计算出的年度会计利润，而应以收付实现制计算的年度现金流量作为评价项目经济效益高低的基础，原因有以下三点。

1. 会计利润不利于准确计算资金的时间价值

科学的投资决策必须认真考虑资金的时间价值，这就要求在决策时一定要弄清每笔预期收入和支出款项发生的具体时间，因为不同时期的资金具有不同的价值。传统的财务会计按权责发生制计算企业的收入和成本及利润，无法准确计算资金的时间价值，具体表现为：(1) 购置固定资产或无形资产时付出大量现金不计入成本；(2) 将固定资产、无形资产价值以折旧或折耗的形式逐期计入成本时，却又不需要付出现金；(3) 计算利润时不考虑垫支的流动资金原数量和回收的时间；(4) 销售行为一旦确定，无论其当期是否收到现金就确认为当期的销售收入；(5) 项目寿命终了时，以现金的形式回收的固定资产残值和垫支的流动资金在计算利润时也未反映。

2. 会计利润存在一定的主观随意性

由于国家的会计法规具有概括性、相对稳定性的特点，而企业的生产经营环境却在不断地发生变化，宏观的会计政策不可能具体地规范企业所有的会计处理。在会计实务中，同一会计事项在不同企业也存在规模、数量和环境上的差异，不同规模和类型的企业，对同一会计事项要求揭示信息的程度也是不一样的，因此现行会计制度对同一经济业务允许采用的会计处理方法存在多种选择，如存货估价、费用摊销、折旧及各种减值准备等。这就导致计算出的会计利润有一定的主观随意性，不同的会计可能计算出不同的会计利润。

3. 项目可否持续取决于是否有足够的现金

由于投资对象、投资内容不同，有的投资项目可以计算利润，有的则不容易计算出利润，需要以项目的节约额作为投资所得。而且一个企业即使能算出利润，但由于利润是按权责发生制计算出来的，可能某一年度利润为正且较高，但却不能及时收回资金，远水解不了近渴，没有足够的资金去购买原料或支付生产费用，项目仍然无法持续下去。

综上所述,现金流量可弥补上述会计利润所存在的缺陷,采用现金流量作为投资决策的基础相比而言更为合适。

4.2 现金流量的构成与计算

4.2.1 现金流量的构成

按现金流动的方向,将一定时间内投资项目引起的企业现金收入的增加额定义为现金流入量,投资项目引起增加的现金支出额定义为现金流出量;一定时间内现金流入量与现金流出量的差额为净现金流量(Net Cash Flows, NCF)。[①] 现金流入量大于现金流出量,净现金流量为正值;反之,净现金流量为负值。

按现金流量的发生时间,将投资活动的现金流量分为初始现金流量(Initial Cash Flows)、经营现金流量(Operating Cash Flows)和终结现金流量(Terminal Cash Flows)三类。

1. 初始现金流量

初始现金流量即初始投资额,是指在项目建设期内发生的现金流量。初始现金流量主要包括投资前准备费用、建筑工程费用、设备购置及安装费用、人员培训费用、垫支的营运资金、不可预见费用及原有固定资产的变价净收入。

投资项目建成后,必先购买材料,组织生产形成在产品和产成品,销售商品直至收回资金,必须垫支一定的营运资金才能顺利实现,如此循环往复,到项目寿命终结时方可收回。因此,营运资金表面上看是短期投资,实际上应看作长期投资。

初始现金流量大部分属现金流出量,但有时会存在将一些新项目不需用的旧设备出售的现象(尤其是固定资产更新的项目),则原有固定资产的变价净收入属现金流入量。

$$初始净现金流量 = 初始现金流入量 - 初始现金流出量 \tag{4.1}$$

2. 经营现金流量

经营现金量是指在项目投产后,正常的生产经营活动引起的现金流量。经营现金流量一般以年为单位计算,其包括经营现金流入量、经营现金流出量及经营现金净流量。

经营现金流入量一般是指营业现金收入[②];经营现金流出量是指支付现金的营业成本。营业成本中不需要支付现金的部分称为非付现成本,主要指折旧费,有时还包括无形资产摊销等摊销费用。

[①] 在计算过程中,现金流入用正号表示,现金流出用负号表示。

[②] 为简化计算,通常假定正常经营年度内每期发生的赊销额与回收的应收账款大体相等,即一般情况下营业现金收入等于当年销售收入。

每年的经营现金净流量可以利用公式(4.2)直接计算如下:

每年经营现金净流量＝年经营现金流入量－年经营现金流出量
　　　　　　　　　＝年营业收入－年付现成本－所得税　　　(4.2)

公式(4.2)中的年经营现金流出量还应包括支付的所得税费用。所得税费用必须根据"权责发生制"先计算利润总额,然后才能得出。因此,为简化计算,每年的经营现金净流量也可以在会计利润的基础上间接计算如下:

每年经营现金净流量＝税后净利＋非付现成本[①]　　　(4.3)

3. 终结现金流量

终结现金流量是指投资项目完结时所发生的现金流量。终结现金流量大都属于现金流入量,主要包括固定资产残值净收入、回收垫支的流动资金及停止使用的土地的变价收入等。

在实际工作中,为反映投资项目计算期内各年的现金流入量和现金流出量,以计算投资项目的经济评价指标,一般会编制"现金流量表",格式如表4－1所示。

表4－1　A投资项目现金流量表

时期 项目	0	1	2	3	4	……	n
初始现金流量							
营业现金流量							
终结现金流量							
净现金流量							

此外,在确定投资方案相关的现金流量时,应遵循的基本原则是:只有增量现金流量才是与项目相关的现金流量。增量现金流量是那些由于采纳某个项目引起的现金流入或流出的增加额。

4.2.2　投资项目现金流量的计算

例 4.1　假设中华公司计划购入一台新设备以扩充生产能力。设备购置、安装需投资 110 000 元,当年可建成。该设备预计使用寿命为 5 年,采用直接法计提折旧,估计第 6 年末的残值为 10 000 元。此外,需追加垫支在流动资产上的投资为 20 000 元。预计该设备投产后每年可得现金销售收入 80 000 元,付现成本第 1 年为 30 000 元,以后随着设备的磨损,每年增加维修费 3 000 元。该企业适

[①] 主要包括折旧或无形资产摊销。

用的所得税税率为25%,试计算该投资项目各年的现金流量。

(1) 先计算营运期间的现金流量

设备各年应计提的折旧额=(110 000-10 000)/5=20 000元

表4-2 预计经营现金流量

单位:元

时期 项目	第2年	第3年	第4年	第5年	第6年
销售收入	80 000	80 000	80 000	80 000	80 000
付现成本	30 000	33 000	36 000	39 000	42 000
非付现成本(折旧)	20 000	20 000	20 000	20 000	20 000
利润总额	30 000	27 000	24 000	21 000	18 000
所得税	7 500	6 750	6 000	5 250	4 500
净利润	22 500	20 250	18 000	15 750	13 500
营业现金流量	42 500	40 250	38 000	35 750	33 500

(2) 计算项目运营全过程的现金流量

表4-3 预计项目运营全过程的现金流量

单位:元

时期 项目		第1年	第2年	第3年	第4年	第5年	第6年
初始现金流量	设备投资	-110 000					
	垫支的流动资金	-20 000					
营业现金流量			42 500	40 250	38 000	35 750	33 500
终结现金流量	设备残值						10 000
	回收垫支的流动资金						20 000
净现金流量(NCF)		-130 000	42 500	40 250	38 000	35 750	63 500

4.3 投资决策的主要方法

公司在收集有关资料,特别是现金流量信息后,就可以运用评价投资方案的指标来对各个长期投资方案进行分析、评价,以决定是否采纳有关投资方案。根据分析、评价指标的类别,投资决策分析方法一般可分为非贴现法和贴现法两类。

非贴现法没有考虑货币的时间价值,计算较为简便;贴现法考虑了货币的时间价值,更为科学合理,但计算较为复杂。

4.3.1 非贴现法

非贴现的投资决策方法主要包括投资回收期法及平均报酬率法。

1. 投资回收期法(Payback Period,PP)

回收期是指投资项目收回全部投资所需要的时间。为了避免出现意外情况,企业往往乐于选择能在短期内收回全部投资的方案,即认为:投资回收期越短,方案越有利。

在初始投资一次性支出,且每年的净现金流量相等时,投资回收期可按公式(4.4)计算。

$$投资回收期 = \frac{初始投资额}{每年\,NCF} \tag{4.4}$$

如果每年净现金流量不相等,那么,计算回收期要根据每年年末尚未回收的投资额加以确定。

例 4.2 三辅公司欲进行一项投资,初始投资额 100 万元,项目为期 5 年,每年净现金流量有关资料详见表 4-4,试计算该方案的投资回收期。

表 4-4 三辅公司投资回收期计算表

单位:元

年次	净现金流量	年末尚未回收的投资额
1	200 000	800 000
2	300 000	500 000
3	350 000	150 000
4	400 000	0
5	400 000	

由表中可以看出该项目能于第 3 年至第 4 年间收回初始投资额,具体时间应计算如下:

$3 + 150\,000/400\,000 = 3.375(年)$

投资回收期法的优点是计算简单,但缺点在于它不仅忽视了货币的时间价值,而且还没有考虑回收期满后的现金流量状况。现实中,有战略意义的长期投资通常早期收益较低,中后期收益较高,投资回收期不考虑回收期满后的现金流量状况,如例 4.5 所示,会导致企业选择急功近利的项目。

例 4.3 假设三辅公司两个方案的预计现金流量如表 4-5 所示,试计算投资回收期,并比较优劣。

表 4-5 三辅公司备选方案现金流量表

单位:元

时间 项目	第 0 年	第 1 年	第 2 年	第 3 年	第 4 年	第 5 年
A 方案	-100 000	50 000	60 000	60 000	65 000	70 000
B 方案	-100 000	40 000	50 000	70 000	80 000	90 000

由表 4-5 很容易估算出 A 方案的投资回收期短于 2 年,B 方案的投资回收期长于 2 年,根据投资回收期指标的决策原则,应选取 A 方案。但从 5 年的综合情况来看,显然 B 方案的全部收益大于 A 方案。

2. 平均报酬率法(Annual Average Rate of Return,AARR)

年平均投资报酬率是指某一投资方案的年平均利润与原始投资额的比率,是反映投资项目的获利能力的一个相对数指标。应用这种方法,首先要计算各投资方案的年平均投资报酬率,其计算公式为:

$$年平均投资报酬率 = \frac{年平均现金流量}{平均投资额} \times 100\% \tag{4.5}$$

其中:

$$年平均净收益 = \frac{\sum_{t=1}^{n} 年现金流量}{n}$$

$$年平均投资额 = \frac{\sum_{t=1}^{n} 年度平均投资额}{n}$$

$$年度平均投资额_t = \frac{投资额_t + 投资额_{t-1}}{2}$$

n 为项目使用期;年度平均投资额 t 是指第 t 年的平均投资额。

在采用年平均报酬率这一指标时,应事先确定一个必要年平均报酬率;决策时,只有高于必要平均报酬率的方案才能入选。

年平均投资报酬率法的优点是简单、明了、易于掌握,并能说明各投资方案的收益水平;但缺点是没有考虑资金时间价值,没有反映建设期长短及投资时间不同对项目的不同影响。

4.3.2 贴现法

贴现的投资决策方法考虑了资金的时间价值,将未来的现金流量折现,使得收益与成本在同一个时点进行比较,更为科学。贴现的投资决策方法主要包括折现投资回收期、净现值、内含报酬率、获利指数等方法。

1. 折现投资回收期法(Discounted Payback Period,DPP)

为了克服投资回收期法下忽视货币时间价值的缺陷,人们提出折现回收期法。

例 4.4 仍以例 4.2 中三辅公司投资方案为例,假定折现率为 10%,则折现投资回收期的计算如表 4-6 所示。

表 4-6 三辅公司折现投资回收期计算表

单位:元

年次	净现金流量	折现系数	折现后净现金流量	年末尚未回收的投资额
1	200 000	0.909	181 800	800 000
2	300 000	0.826	247 800	618 200
3	350 000	0.751	262 850	370 400
4	400 000	0.683	273 200	107 550
5	400 000	0.621	0	0

由表 4-6 可以看出,在考虑货币时间价值后,该项目能于第 3 年至第 4 年间收回初始投资额,具体时间应计算如下:

3+107 550/273 200=3.394(年)

2. 净现值法(Net Present Value,NPV)

投资项目投入使用后的净现金流量,按资本成本率或企业要求达到的报酬率折算为现值,减去初始投资以后的余额叫净现值。其计算方法如公式(4.6)所示:

$$NPV = \sum_{t=1}^{n} \frac{NCF_t}{(1+K)^t} - c \tag{4.6}$$

式中:NPV 表示净现值;NCF_t 表示第 t 年的净现金流量;K 表示折现率;n 表示项目预计使用年限;C 表示初始投资额[①]。

净现值还可以表述为项目自投资开始至终结时所有期数的净现金流量的现值之和,如公式(4.7)所示:

$$NPV = \sum_{t=0}^{n} \frac{NCF_t}{(1+K)^t} \tag{4.7}$$

当折现率为资本成本率时,净现值为正意味着项目可以弥补资本成本,并为股东创造价值;当折现率为必要报酬率时,净现值为正意味着投资项目可以获得超过必要报酬率以外的超额收益。在只有一个备选方案的采纳与否决决策中,净现值为正者则采纳,净现值为负者则不采纳;在有多个备选方案的互斥选择决策

---

① 如果投资是多期完成的,则 C 应表示为初始投资额的现值之和。

中,应选用净现值是正值中的最大者。

例 4.5 某公司准备开发一个新项目,需固定资产投资 80 万元,建设期两年,第一年年初投入 50 万元,第二年年初投入 30 万元。两年后建成,第三年年初投产并达到正常生产能力,投产时需垫支流动资金 10 万元。该固定资产可使用 5 年,按直线法计提折旧,期末净残值为 7.8 万元。根据市场调查和预测,投产后第一年的产品销售收入为 76 万元,以后四年每年为 88 万元(假定都于当年收到现金)。第一年的付现成本为 30 万元,以后各年为 58 万元。企业所得税率为 25%,资本成本为 10%,请计算方案的净现值并评价是否可行。

(1) 先计算营运期间的现金流量

设备各年应计提的折旧额 = (80 - 7.8)/5 = 14.44 万元

表 4-7 预计经营现金流量

单位:万元

时期 项目	第 3 年	第 4 年	第 5 年	第 6 年	第 7 年
销售收入	76	88	88	88	88
付现成本	30	58	58	58	58
非付现成本(折旧)	14.44	14.44	14.44	14.44	14.44
利润总额	31.56	15.56	15.56	15.56	15.56
所得税	7.89	3.89	3.89	3.89	3.89
净利润	23.67	11.67	11.67	11.67	11.67
营业现金流量	38.11	26.11	26.11	26.11	26.11

(2) 计算项目运营全过程的现金流量

表 4-8 预计项目运营全过程的现金流量

单位:万元

时期 项目		第1 年初	第2 年初	第3 年初	第4 年初	第5 年初	第6 年初	第7 年初	第8 年初
初始现金流量	设备投资	-50	-30						
	垫支的流动资金			-10					
	营业现金流量				38.11	26.11	26.11	26.11	26.11
终结现金流量	设备残值								7.8
	回收垫支流动资金								10
净现金流量(NCF)		-50	-30	-10	38.11	26.11	26.11	26.11	43.91

（3）计算项目净现值

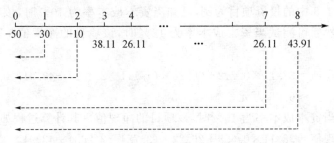

图 4-1

初始投资额现值 $=50+30\times0.909+10\times0.826=85.53$ 万元

净现值 $=38.11\times0.751+26.22\times(4.355-2.487)+43.91\times0.513-85.53$
≈ 14.59 万元

评价：该方案的净现值＞0，方案可行。

净现值法是项目投资评价中常用的方法，其主要优点有：(1)考虑了资金时间价值，增强了投资经济性评价的实用性。(2)系统考虑项目计算期内全部现金流量，体现了流动性与收益性的统一。(3)考虑了投资风险，项目投资风险可以通过提高贴现率加以控制。

净现值法也存在某些缺点，主要有：(1)净现值是一个绝对数，不能从动态的角度直接反映投资项目的实际收益率，进行互斥性投资决策。当投资额不等时，仅用净现值法有时无法确定投资项目的优劣。(2)净现值法的计算需要有较准确的现金净流量的预测，并且要正确选择贴现率，而实际上现金净流量的预测和贴现率的选择都比较困难。

3. 内含报酬率法（Internal Rate of Return，IRR）

内含报酬率是使投资方案净现值为零的贴现率[①]，其实际反映了投资项目的真实报酬或最高能承受的资金成本。使公式(4.8)成立的 i 即为内含报酬率。

$$\sum_{t=0}^{n}\frac{NCF_t}{(1+i)^t}=0 \tag{4.8}$$

式中，t 为时间，一般以年为单位；$t=0$ 代表刚投资的时间；n 为开始投资至项目终结时的年数；NCF_t 为每一年的净现金流量；i 为贴现率。

内含报酬率的计算，通常需要"逐步测试法"。首先估计一个贴现率，用它来计算方案的净现值。如果净现值为正数，说明方案本身的报酬率超过估计贴现率，应提高贴现率后进一步测试；如果净现值为负数，说明方案本身的报酬率低于估计的贴现率，应降低贴现率后进一步测试。经过多次测试，寻找出使净现值接近于零的贴现值，即为方案本身的内含报酬率。如果对测试结果的精确度不满

---

① 也可说是指能够使未来现金流入现值等于未来现金流出现值的贴现率。

意,可以使用"插值法"来改善。

仍以例 4.5 中的投资项目为例,已知当资本成本率为 10% 时,该项目的净现值为正数。然后可测试当资本成本率为 12% 时,该项目的净现值。其计算过程如下：

$$净现值 = 38.11 \times 0.712 + 26.22 \times (4.111 - 2.402) + 43.91 \times 0.452 - 85.53$$
$$\approx 6.26 \text{ 万元}$$

再测试当资本成本率为 15% 时,该项目的净现值。其计算过程如下：

$$净现值 = 38.11 \times 0.658 + 26.22 \times (3.784 - 2.283) + 43.91 \times 0.376 - 85.53$$
$$\approx -4.59 \text{ 万元}$$

显然这项投资的内含报酬率在 12%～15% 之间,如果需要更精确的比率,则进一步使用"插值法"进行计算。

利率	净现值
12%	6.26
i	0
15%	-4.59

$$\frac{-X\%}{-3\%} = \frac{6.26}{10.85} \qquad X = 1.73\%$$

则：

$$i = 12\% + 1.73\% = 13.73\%$$

则该方案的内含报酬率为 13.73%。

内含报酬率法是根据方案本身内含报酬率来评价方案优劣的一种方法。在只有一个备选方案的采纳与否决决策中,内含报酬率大于必要报酬率或资本成本率的方案则采纳,反之则不可采纳；在有多个备选方案的互斥选择决策中,应选用内含报酬率大于必要报酬率或资本成本率的方案中的内含报酬率最大的方案。

实际工作中,很多公司已实现了计算机化,用财务软件或 Excel[①] 能自动生出内含报酬率等指标,计算过程已不像以前那么困难,越来越多的企业开始使用该项指标对投资项目进行评价。

内含报酬率法的优缺点:(1) 考虑了货币的时间价值；(2) 从相对指标上反映了投资项目的收益率。但其也存在一定的缺点:(1) 内含报酬率中包含一个不现实的假设:假定投资每期收回的款项都可以再投资,而且再投资收到的利率与内含报酬率一致；(2) 收益有限,但内含报酬率高的项目不一定是企业的最佳目标；(3) 内含报酬率高的项目风险也高,如果选取了内含报酬率高的项目意味着企业选择了高风险项目；(4) 如果一个投资方案的现金流量是交错型的,即不同年度

---

① 如本书第 2 章所述。

的未来现金流量有正有负时,则一个投资方案可能有几个内含报酬率,这对于实际工作很难选择。

例 4.6 A 项目现金流量如表 4-9 所示:

表 4-9 A 项目现金流量表

时 点	现金流量(万元)
第一年年初	-800
第一年年末	1 800
第二年年末	-1 010

根据内含报酬率定义有:

$$-800+\frac{1\,800}{(1+i)}+\frac{-1\,010}{(1+i)^2}=0$$

解方程可得两个解

$$IRR_1=6.91\%, \qquad IRR_2=18.09\%$$

并可以绘出该投资方案的 NPV 曲线,如图 4-2 所示。

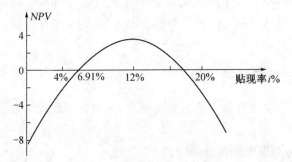

图 4-2 X 项目的净现值曲线

当贴现率在 6.91%～18.09%间时,按内含报酬率法无法判断方案是否可行,因为资金成本率高于第一个内含报酬率,但低于第二个内含报酬率;只有当贴现率高于 18.09 时,按内含报酬率法做出的判断才正确。[①]

4. 获利指数法(Profitability Index,PI)

获利指数又称现值指数,是投资项目未来报酬的总现值与初始投资额的现值之比。获利指数又可以看作 1 元的初始投资期望获得的现值净收益,其计算公式为:

---

① 此例中时间较短,若时间较长,且现金流量正负交错更多次时,就会有更多个内含报酬率。

$$PI = \frac{\sum_{t=1}^{n} \frac{NCF_t}{(1+K)^t}}{C} \tag{4.9}$$

NPV 表示净现值;NCF_t 表示第 t 年的净现金流量;K 表示折现率;n 表示项目预计使用年限;C 表示初始投资额。[①]

仍以例 4.5 中的投资项目为例,已知当资本成本率为 10% 时,初始投资额现值为 85.53 万元,未来报酬的总现值为 99.92 万元。则:

$$PI = \frac{99.92}{85.53} \approx 1.17$$

一般而言,在只有一个备选方案的采纳与否决决策中,如果投资项目的获利指数大于 1,该投资项目就是可以接受的,反之则不可采纳;在有多个备选方案的互斥选择决策中,应选投资项目获利指数大于 1 最多的方案。

获利指数法的优点是:(1) 考虑了资金的时间价值,能真实地反映投资项目的盈利能力;(2) 由于其是用相对数表示的,因此有利于在初始投资额不同的投资方案之间进行对比。

获利指数法的缺点在于其只代表获得收益的能力而不代表实际可能获得的财富。它忽略了互斥项目之间投资规模上的差异,在多个互斥项目的选择中可能会得到错误的答案。

4.3.3 投资决策指标的比较

上述五种投资决策评估方法各有优缺点,不同的评估方法常会使决策者据以做出不同的决策。

1. 贴现指标与非贴现指标的比较

非贴现指标中投资回收期法、平均报酬率法把不同时间点上的现金收入与支出当作无差别的资金进行对比,忽略了资金的时间价值因素,夸大了项目的盈利水平,这是不科学的。即使是修正后的贴现投资回收期法只能反映投资的回收速度,不能反映投资的主要目标——净现值的多少。但是人们首先是从认识非贴现指标开始的,随着资金时间价值原理被逐步认识和应用到财务管理中后,贴现指标才得以产生。

20 世纪 50 年代,几乎没有什么企业采用贴现指标作为投资决策的依据,投资回收期法作为评价投资决策的主要方法。但是随着管理水平的不断提高,从 20 世纪 70 年代开始,贴现现金流量指标已占据主导地位,并形成了以贴现现金流量指标为主、非贴现指标为辅的多种指标并存的评价体系。资料详见表 4-10。

[①] 如果投资是多期完成的,则 C 应表示为初始投资额的现值之和。

表 4-10　投资决策指标作为主要方法使用的公司所占比例

投资决策指标	20 世纪 50 年代①	20 世纪六七十年代②			20 世纪 80 年代③
		1959 年	1964 年	1970 年	
非贴现指标	100%	81%	62%	43%	24%
贴现指标	0%	19%	38%	57%	76%
合计	100%	100%	100%	100%	100%

2. 净现值、内含报酬率及获利指数的比较

净现值、内含报酬率及获利指数各有特点,但三者之间也存在着一定的联系。
①当某方案的净现值＞0 时,则其内含报酬率＞折现率,获利指数＞1;
②当某方案的净现值＝0 时,则其内含报酬率＝折现率,获利指数＝1;
③当某方案的净现值＜0 时,则其内含报酬率＜折现率,获利指数＜1。

在多数情况下,运用净现值、内含报酬率及获利指数法这三种方法得出的结论是相同的,但有时会产生差异。

(1) 净现值与内含报酬率的比较

①投资规模不同

当一个项目的投资规模大于另一个项目时,规模较小的项目的内含报酬率可能较大,但净现值可能较小。例如项目 A 的内含报酬率为 25%,净现值为 100 元,而项目 B 的内含报酬率为 20%,净现值为 200 万元。

②现金流量发生的时间不同

有的项目早期的现金流入量比较大,而有的项目早期的现金流入量比较小。采用净现值法假定现金流入量重新投资会产生相当于折现率的利润率;而内含报酬率法则是假定现金流入量重新投资产生的利润与内含报酬率相同。后者假设过于理想化,一般不容易实现。因此,净现值法的再投资假设比内含报酬率法的再投资假设合理得多。

③多个内含报酬率共存时

如在内含报酬率的缺点分析中所述,如果一个投资方案不同年度的未来现金流量有正有负时,则一个投资方案可能有几个内含报酬率,内含报酬率所做的决策则不是唯一的。而净现值法则只有一个唯一的结论。

---

①　1950 年,迈克尔·戈特(Michael Gort)教授对美国 25 家大型公司的调查结论。资料来源:荆新,王化成,刘俊彦主编:《财务管理学》(第七版),中国人民大学出版社,第 236 页。
②　1970 年,托姆斯·克拉默(Tomes Klammer)对美国 184 家大型生产企业的调查结论。资料来源:荆新,王化成,刘俊彦主编:《财务管理学》(第七版),中国人民大学出版社,第 236 页。
③　1980 年,大卫·J.奥布拉克(David J. Oblack)教授对 58 家大型跨国公司的调查数据。资料来源:荆新,王化成,刘俊彦主编:《财务管理学》(第七版),中国人民大学出版社,第 236 页。

（2）净现值与获利指数的比较

净现值与获利指数使用的是相同的信息，在评价投资项目的优劣时，它们常常是一致的。但由于净现值考虑的是投资收益的绝对值，获利指数考虑的是投资收益的相对值，当初始投资不同时，净现值与获利指数的评价结果可能会不一致。

例 4.7 假设某企业有 A、B 两个投资方案，它们的初始投资不一致，资本成本率为 10%，有关资料如表 4-11 所示。

表 4-11 投资 A、B 方案的现金流量及净现值

单位：万元

年度	现金流量及净现值	
	A 方案	B 方案
0	-116 100	-1 050
1	50 000	500
2	50 000	500
3	50 000	500
净现值（$i=10\%$）	33 900	450
获利指数（PI）	1.29	1.43

由例 4.7 可以看出：以净现值为评价指标，A 方案较优；以获利指数为评价指标，B 方案较优。若该企业有足够的资金投资 A 方案，则应选择 A 方案，毕竟净现值越高，企业的收益越大，获利指数只反映投资回收的程度而已。

究竟哪一种才是最佳的决策方法呢？在没有资本限量的情况下，若某个方法能具有以下三种特性，则该方法即能做出始终正确的投资决策。(1)该方法必须考虑货币的时间价值；(2)该方法必须考虑项目整个寿命期内的现金流量；(3)该方法在选择互斥项目时，必须能选择使公司价值最大化的项目。

综合上述各种评价指标的比较，只有净现值法在没有资本限量的情况下，能具有三种特性，因此，一般认为净现值法是最佳的投资决策方法。

4.3.4 项目投资决策的几种典型类型

1. 差量分析法

固定资产更新是对技术上或经济上不宜继续使用的旧资产，用新的资产更换或用先进的技术对原有设备进行局部改造。随着当今社会科学技术的迅速发展，机器设备的更新换代也日益加快。固定资产更新是现代公司为加强竞争，提高公司生产经营能力而广泛采用的一种方法，更新决策就是对这种投资进行分析并做出决策。

在新旧设备尚可使用年限相同的情况下,可以采用两种方法进行投资决策:(1) 单独计算新设备替代旧设备,继续使用旧设备现金流量,然后分别两种方案的净现值并进行比较;(2) 采用差量分析法计算。[①]

假设有两个投资期相同的互斥方案 A 和 B,使用差量分析法的基本步骤如下:

首先,将两方案的每期的现金流量进行对比,得到每期的 Δ 现金流量(即:现金流量$_A$-现金流量$_B$);

其次,根据各期的 Δ 现金流量,计算出两个方案的 Δ 净现值;

最后,根据 Δ 净现值做出判断:如果 Δ 净现值>0,应选 A 方案;若 Δ 净现值<0,应选 B 方案;

若 Δ 净现值$=0$,则 A、B 方案可任选其中的一个。

例 4.8 东方公司考虑用一台新的更先进的设备来替代旧设备。旧设备原价 50 万元可使用年限为 10 年,现已使用 6 年,期末无残值,采用直线法计提折旧;新设备价值 70 万元,可使用年限为 4 年,期末残值 7 万元,采用年数总和法计提折旧。公司的所得税税率为 25%,资本成本率为 10%。如果公司购置新设备,旧设备则会闲置,因此将会出售旧设备,变现净值为 20 万元;另需新增营运资金 10 万元。据估计,使用旧设备每年可获得现金收入 40 万元,付现成本 20 万元;使用新设备,每年可获现金收入 60 万元,付现成本 18 万元。请对该公司是否更新设备进行决策。

(1) 先计算新、旧设备的折旧额

旧设备各年应计提的折旧额$=(50-0)/10=5$ 万元

新设备:

第一年折旧率$=4/(4+3+2+1)=40\%$

第一年折旧额$=(70-7)\times 40\%=25.2$ 万元

第二年折旧率$=3/(4+3+2+1)=30\%$

第二年折旧额$=(70-7)\times 30\%=18.9$ 万元

第三年折旧率$=2/(4+3+2+1)=20\%$

第三年折旧额$=(70-7)\times 20\%=12.6$ 万元

第四年折旧率$=1/(4+3+2+1)=10\%$

第四年折旧额$=(70-7)\times 10\%=6.3$ 万元

[①] 该方法计算与本章第二节中净现值原理讲解时举例的做法类似,在此不再重复赘述。因此下面仅举例说明差量分析法的应用。

(2) 计算差量经营净现金流量(见表 4-12)

表 4-12 预计各年差量经营现金流量(即:现金流量$_{新设备}$ — 现金流量$_{旧设备}$)

单位:万元

时期 项目	第1年	第2年	第3年	第4年
△销售收入(1)	20	20	20	20
△付现成本(2)	−2	−2	−2	−2
△非付现成本(折旧)(3)	20.2	13.9	7.6	1.3
△利润总额(4)=(1)−(2)−(3)	1.8	8.1	14.4	20.7
△所得税(5)=(4)×25%	0.45	2.025	3.6	5.175
△净利润(6)=(4)−(5)	1.35	6.075	10.8	15.525
△营业现金流量(7)=(6)+(3)	21.55	19.975	18.4	16.825

(3) 运营全过程的差量净现金流量(见表 4-13)

表 4-13 预计经营现金流量(即:现金流量$_{新设备}$ — 现金流量$_{旧设备}$)

单位:万元

时期 项目	第0年	第1年	第2年	第3年	第4年
△初始现金流量	60①				
△经营现金流量		21.55	19.975	18.4	16.825
△终结现金流量					17②
△净现金流量	−60	21.55	19.975	18.4	33.825

一般认为初始现金流量的计算有两种方法。

第一种方法,将旧设备的变现价值、旧设备变现损失减税或者变现收益纳税(简称"旧设备变现净收入")作为旧设备的现金流量处理。这种决策的基本思路是:从局外人的角度出发,将继续使用旧设备和更新新设备视为两个独立的互斥

---

① 此例中的△初始现金流量=初始现金流量$_{新设备}$ — 初始现金流量$_{旧设备}$。新设备支付设备款70万元、垫支营运资金10万元,但出售旧设备净变现20万元,实际新设备替代旧设备方案初始现金流量为60万元。旧设备没有新增投资。

② 此例中的△终结现金流量=终结现金流量$_{新设备}$ — 终结现金流量$_{旧设备}$。新设备替代旧设备,项目结束时回收垫支营运资金10万元,设备残值7万元,实际新设备替代旧设备方案终结现金流量为17万元。继续使用旧设备没有垫支营运资金及设备残值。

方案。如果投资旧设备,旧设备的初始现金流量为旧设备变现净收入;如果投资新设备,新设备的初始现金流量为新设备的实际采购价格。

第二种方法,将旧设备的变现净收入作为新设备投资额的抵减项来处理。这种决策的基本思路是:从实际情况出发,将新设备更换旧设备看成一个特定的方案。旧设备如果不进行更新,则决策当期的初始现金流量为零,因为对旧设备的投资是在前期发生的,属于沉没成本,该成本已经付出且不可收回,与当期决策无关。如果选择更新设备,则新设备的初始现金流量应该扣除旧设备变现净收入。

上述两种分析方法的区别在于初始现金流量不同。但是,一方面,固定资产更新决策是特定的以旧换新项目,只有在更换新设备的情况下旧设备才会产生真实的现金流量;另一方面,方法二中旧设备的初始现金流量为零,使得年均净现值比第一种方法更大,对于决策者来说,应慎重考虑以旧换新,故第二种方法更符合会计的谨慎性原则。[①]

(4) 计算差量净现值(ΔNPV)

$$\Delta 净现值 = 21.55 \times PVIF_{(10\%,1)} + 19.975 \times PVIF_{(10\%,2)} + \\ 18.4 \times PVIF_{(10\%,3)} + 33.825 \times PVIF_{(10\%,4)} - 60 \\ = 21.55 \times 0.909 + \times 19.975 \times 0.826 + \\ 18.4 \times 0.751 + 33.825 \times 0.683 - 60 \\ \approx 13.01 \text{ 万元}$$

因为固定资产更新后,将约增加净现值13.01万元,因此应进行更新。

2. 最小公倍寿命法

在上面的例子中,新旧设备尚可使用的年限相同,可使用差量分析法进行决策;但多数情况下,新设备的使用年限要比旧设备长,则不能采用差量分析法或将不同项目的净现值、内含报酬率或获利指数进行直接比较[②]。此时可以通过最小公倍寿命法来解决这一问题。

最小公倍寿命法又称为项目复制法或共同年限法,是假设两个方案可以进行多次重复投资,一直到两个方案使用寿命的最小公倍数的期间为止,将各自多次投资的净现值进行比较的分析方法。

例4.9 假设仍沿用例4.8的例子,为了计算方便,假设新设备的使用寿命为8年,每年可获得销售收入45万元,采用直线折旧法,期末无残值,其他条件不变。

---

① 唐顺莉.年均净现值法在固定资产更新决策中的运用[J].2015年财会月刊(19期).
② 因为这样不具有可比性。

表 4-14 新、旧设备经营现金流量

单位:万元

时期 项目	旧设备第1年~第4年	新设备第1年~第8年
△销售收入(1)	40	45
△付现成本(2)	20	18
△非付现成本(折旧)(3)	5	8.75
△利润总额(4)=(1)-(2)-(3)	15	18.25
△所得税(5)=(4)×25%	3.75	4.56
△净利润(6)=(4)-(5)	11.25	13.69
△营业现金流量(7)=(6)+(3)	16.25	22.44

表 4-15 新、旧设备预计经营现金流量

单位:万元

时期 项目	旧设备		新设备		
	第0年	第1年~第4年	第0年	第1年~第7年	第8年
△初始现金流量	-20		-60		
△经营现金流量		16.25		22.44	22.44
△终结现金流量		0			10
△净现金流量	-20	16.25			32.44

$$旧设备净现值 = 16.25 \times PVIFA_{(10\%,4)} - 20 = 16.25 \times 3.17 - 20$$
$$\approx 31.5125 \text{ 万元}$$

因为新旧设备使用寿命的最小公倍数为8年,继续使用旧设备的投资方案可以进行2次,相当于4年后按照现在的变现价值重新购置一台同样的旧设备进行第2次投资,获得与当前继续使用旧设备同样的净现值。如图4-3所示。

图 4-3 继续使用旧设备的 NPV

因此在8年内继续使用旧设备的净现值为:

$$NPV = 31.5125 + 31.5125 \times PVIF_{(10\%,4)} \approx 53.04 \text{ 万元}$$

$$新设备净现值 = 22.44 \times PVIFA_{(10\%,7)} + 32.44 \times PVIF_{(10\%,8)} - 60$$
$$= 22.44 \times 4.868 + 32.44 \times 0.467 - 60$$
$$\approx 64.39 万元$$

通过比较可知,在 8 年内,继续使用旧设备的净现值比更新设备的净现值低,因此应更新设备。

最小公倍寿命法的优点容易理解。但由于最小公倍数法的重要前提是:(1) 在较长时间内,方案可以连续地以同种方案进行重复更新,直到多方案的最小公倍数寿命期或无限寿命期;(2) 替代更新方案与原方案现金流量完全相同,延长寿命后的方案现金流量以原方案寿命为周期重复变化。正是由于这两个前提,也导致了该方法的缺点:(1) 计算较麻烦;(2) 一个完全相同的方案在一个较长的时期内反复实施的可能性不大,因此评价结论就不太令人信服。

3. 年均净现值法(ANPV)

年均现值法又称为等额年金法,是把投资项目在寿命期内总的净现值转化为每年的平均净现值,并进行比较分析的方法。单个方案决策时,应选择年均净现值为正的方案;有多个备选方案的互斥项目中,应选年均净现值最高的方案。

在考虑时间价值的情况下,其计算公式如式(4.10)所示。

$$ANPV = \frac{NPV}{PVIFA_{(i,n)}} \tag{4.10}$$

式中,$ANPV$ 表示年均净现值;NPV 表示总的净现值;$PVIFA_{(i,n)}$ 表示建立在资本成本率和项目寿命期基础上的年金现值系数。

根据公式(4.10),计算例 4.1 中两种方案的年均净现值为:

$$ANPV_{旧} = \frac{NPV_{旧}}{PVIFA_{(10\%,4)}} = \frac{31.5125}{3.17} \approx 9.94(万元)$$

$$ANPV_{新} = \frac{NPV_{新}}{PVIFA_{(10\%,8)}} = \frac{64.39}{5.3357} \approx 12.07(万元)$$

通过比较可知,继续使用旧设备的平均每年净现值比更新设备的平均每年净现值低,因此应更新设备。

4. 资本限额投资决策

资本限额是指企业可以用于投资的资金总量有限,不能投资于所有可接受的项目。在现实世界中,这种情况普遍存在。

例 4.10 假设三辅公司有五个彼此独立的可供选择的项目 A、B、C、D、E,公司的初始投资限额 900 万元。详细情况如表 4-16 所示。

表 4-16　三辅公司的五个投资项目

单位：万元

投资项目	初始投资	获利指数	净现值
A	220	1.52	114.4
B	380	1.41	155.8
C	250	1.38	95
D	400	1.29	116
E	200	1.25	50

如果五个项目全部投资共需要资金 1 450 万元，三辅公司只有 900 万元，显然不可能选择全部方案。究竟应如何选择呢？此时，为了使企业获得最大利益，应采取投资总额不超过资本限量，但净现值合计数最大的投资组合方案。可以根据获利指数或净现值对所有可接受的备选方案进行投资组合，加权平均获利指数最大或净现值合计数最大的投资组合为优。

为了选出最优的项目组合，可以列出投资总额小于等于 900 万元的最大组合，如下：

表 4-17　三辅公司的可能投资组合方案

单位：万元

序号	项目组合	初始投资	加权平均获利指数	净现值合计
1	ABC	850	1.405 7	365.2
2	ABE	800	1.355 7	320.2
3	ACD	870	1.361 4	325.4
4	ACE	670	1.032 6	259.4
5	ADE	820	1.311 5	280.4
6	BCE	830	1.334 2	300.8
7	CDE	850	1.29	261

表 4-17 中，投资组合 ABC 尚有 50 万元资金没有用完，企业一般不会闲置这部分资金，最起码会做一些无风险或低风险的保值的投资。因此可以假设这些剩余资金可用于其他获利指数为 1 即净现值为 0 的投资。则投资组合 ABC 的加权平均获利指数及其净现值计算如下：

$$PI_{ABC} = \frac{220}{900} \times 1.52 + \frac{380}{900} \times 1.41 + \frac{250}{900} \times 1.38 + \frac{50}{900} \times 1 \approx 1.405\ 7$$

$$NPV_{ABC} = 114.4 + 155.8 + 95 + 0 \approx 365.2(万元)$$

以此类推,可计算出其他投资组合的加权平均获利指数及其净现值,具体见表4-17。从表4-17中亦可看出投资组合ABC的加权平均获利指数最高,其相应的净现值也是最高的,三辅公司应选择投资A、B、C三个项目。

如果可供选择的项目中存在互斥项目,则可能的组合会少一些,但计算过程仍是一样的。

第一步,计算所有项目的获利指数,并列出每个项目的初始投资额;

第二步,所有 $PI>1$ 的项目进行各种可能的组合;

第三步,计算出各种可能组合的加权平均获利指数;

第四步,接受加权平均获利指数最大的组合。

思考练习题

一、名词解释

1. 对内投资
2. 对外投资
3. 净现值
4. 内含报酬率
5. 获利指数
6. 投资回收期
7. 平均报酬率

二、单项选择题

1. 营业现金流量是指投资项目投入使用后,在其寿命周期内由于生产经营所带来的现金流入和流出的数量,这里属于营业现金流出的项目有(　　)。

A. 缴纳税金　　　　　　　B. 购买固定资产
C. 购买无形资产　　　　　D. 垫支营运资金

2. 下列关于投资回收期的说法中,不正确的是(　　)。

A. 它考虑了货币的时间价值
B. 它需要一个主观上确定的最长的可接受的回收期作为评价的依据
C. 它不能确定项目盈利能力的强弱
D. 它只能作为企业投资决策的一个辅助指标

3. 当一项长期投资的净现值大于零时,下列说法中不正确的是(　　)。

A. 该方案不可投资
B. 该方案的内含报酬率大于其资本成本率
C. 该方案未来报酬的总现值大于初始投资的现值
D. 该方案的获利指数大于1

4. 在投资决策分析中使用的折现现金流量指标有(　　)。

A. 获利指数　　B. 平均报酬率　　C. 内含报酬率　　D. 净现值

5. 在固定资产更新项目的投资决策中,下列各项中不属于初始现金流量范畴的是( )。
   A. 固定资产折旧　　　　　　　　B. 收回垫支的流动资金
   C. 固定资产残值收入　　　　　　D. 旧的固定资产的变价收入
6. 投资决策评价方法中,对于互斥方案来说,最好的评价方法是( )。
   A. 投资回收期法　　　　　　　　B. 净现值法
   C. 内含报酬率法　　　　　　　　D. 获利指数法
7. 下列各项中,不影响项目内含报酬率的是( )。
   A. 投资项目的营业现金流量　　　B. 投资项目的预期使用年限
   C. 投资项目的初始投资额　　　　D. 企业要求的必要报酬率
8. 当折现率与内含报酬率相等时,( )。
   A. 净现值大于零　　　　　　　　B. 净现值等于零
   C. 净现值小于零　　　　　　　　D. 净现值不一定
9. 下列指标中属于静态指标的是( )。
   A. 投资回收期　　B. 净现值　　C. 获利指数　　D. 内含报酬率
10. 下列评价指标中,其数值越小越好的指标是( )。
    A. 投资回收期　　B. 净现值　　C. 获利指数　　D. 内含报酬率

三、多项选择题

1. 下列投资中属于对外投资的有( )。
   A. 股票投资　　　　　　　　　　B. 固定资产投资
   C. 债券投资　　　　　　　　　　D. 应收账款
   E. 其他企业合伙开设公司
2. 利润与现金流量的差异主要表现在( )。
   A. 购置固定资产付出大量现金时不计入成本
   B. 将固定资产的价值以折旧或折耗的形式计入成本时,不需要付出现金
   C. 现金流量一般来说大于利润
   D. 计算利润时不考虑垫支的流动资产的数量和回收的时间
   E. 只要销售行为已经确定,就应计入当期的销售收入
3. 下列费用中属于企业内部长期投资前费用的有( )。
   A. 市场调查费用　　　　　　　　B. 勘察设计费用
   C. 设备安装费用　　　　　　　　D. 建筑工程费用
   E. 土地购入费用
4. 以( )形式投入的资本,应该采用一定的方法重新估值。
   A. 固定资产　　B. 存货　　　C. 应收账款　　D. 无形资产
   E. 现金

5.《中华人民共和国证券法》规定,股份有限公司申请股票上市,应符合的基本条件包括(　　)。

A. 股票已经证监会核准公开发行

B. 公司股本总额不少于人民币3 000万元

C. 开业时间在3年以上,最近3年连续盈利

D. 公开发行的股份达到公司股份总数的25%以上;公司股本总额超过人民币4亿元,公开发行股份的比例为10%以上

E. 公司最近3年无重大违法行为,财务会计报告无虚假记载

6. 与股票相比,债券的特点包括(　　)。

A. 债券的利息可在所得税前扣除

B. 债券的求偿权优先于股票

C. 债券的持有人无权参与企业决策

D. 对于筹资者来说,债券的财务风险小于股票

E. 债券的利息随利润的多寡而变动

7. 债券上市给发行公司和投资者带来的好处包括(　　)。

A. 上市债券因其符合一定的标准,信用度较高,能卖较好的价格

B. 债券上市有利于提高发行公司的知名度

C. 上市债券成交速度快,变现能力强,更容易吸引投资者

D. 债券上市后,偿还本息的能力更强了

E. 债券上市后,债券的资本成本下降了

8. 在单一方案投资决策中,可能与净现值指标评估结论发生矛盾的评价指标的有(　　)。

A. 获利指数　　B. 平均报酬率　　C. 内含报酬率　　D. 投资回收期

E. 折现投资回收期

9. 一般情况下,下列表述中不正确的是(　　)。

A. 净现值大于0,方案可行

B. 现值指数大于0,方案可行

C. 内含报酬率大于0,方案可行

D. 净现值越高的方案,其投资回收期越短

E. 净现值越高的方案,内含报酬率也越高

四、判断题

1. 对内投资都是直接投资,对外投资都是间接投资。(　　)

2. 原有固定资产的变价收入是指固定资产更新时变卖原有固定资产所得的现金收入,不用考虑净残值的影响。(　　)

3. 在互斥选择决策中,净现值法有时会做出错误的决策,内含报酬率法则始终能得出正确的答案。（   ）

4. 进行长期投资决策时,如果某备选方案净现值比较小,那么该方案内含报酬率也相对较低。（   ）

5. 在投资决策中,应纳所得税收入包括项目结束时收回的垫支的流动资金等现金流入。（   ）

6. 在新旧设备使用寿命不同的固定资产更新决策中,直接使用净现值法得出的答案一定是错误的。（   ）

7. 在有资本限额的情况下,一般不使用内含报酬率法进行决策。（   ）

8. 由于获利指数是用相对数来表示的,因此获利指数法优于净现值法。（   ）

五、简答题

1. 简述投资回收期法进行决策的优缺点。
2. 简述长期投资决策中使用现流量的原因。
3. 简述贴现指标与非贴现指标的区别。
4. 简述净现值、内含报酬率及获利指数这三个指标之间的关系。

六、计算分析题

1. 三秦公司决定进行一项投资,建设期为3年。每年年初投资2 000万元,第四年初开始投产,投产时需垫支500万元营运资金,项目寿命期为10年,10年中会使企业每年增加销售收入3 600万元,每年增加付现成本1 200万元,假设该企业所得税率为25%,资本成本为10%,固定资产无残值。

要求:(1) 计算该项目投资回收期、贴现投资回收期。

(2) 计算该项目平均报酬率、贴现平均报酬率。

2. 安旺公司因业务发展需要,准备购入一套设备。现有甲、乙两个方案可供选择,其中甲方案需投资200万元,使用寿命为5年,采用直线法计提折旧,5年后设备无残值。5年中每年销售收入为80万元,每年的付现成本为30万元。乙方案需投资240万元,也采用直线法计提折旧,使用寿命也为5年,5年后有残值收入20万元。5年中每年的销售收入为100万元,付现成本第一年为40万元,以后随着设备不断陈旧,逐年将增加日常修理费2万元,另需垫支营运资金10万元。假设所得税率为25%。

要求:(1) 试计算两个方案的现金流量。

(2) 如果该公司资本成本为10%,试用净现值法对两个方案作出取舍。

(3) 试用内含报酬率对两个方案作出取舍。

3. 鼎新公司原有设备一套,购置成本为150万元,预计使用10年,已使用5年,预计残值为原值的10%,该公司用直线法提取折旧,现该公司拟购买新设备替换原设备,以提高生产率,降低成本。新设备购置成本为200万元,使用年限为5年,同样用直线法提取折旧,预计残值为购置成本的10%,使用新设备后公司每年的销售额可以从1 500万元上升到1 800万元,每年付现成本将从1 000万元上升到1 200万元,公司如购置新设备,旧设备出售可得收入100万元,该企业的所得税税率为25%,资本成本为8%。

要求:通过计算说明该设备是否应更新。

第 5 章　营运资金投资管理

 ◎ 学习要点：
本章主要讲授财务管理的基本概念，要求同学们能够建立起财务管理学习的一个系统性概念框架。其中财务活动、财务关系、财务管理基本内容及财务管理最终目标是本章学习的重点。

 ◎ 学习难点：
如何理解并区分不同财务管理目标的特点。

5.1　营运资金概述

营运资金有广义和狭义之分。广义的营运资金是指生产经营活动中的流动资产，狭义的营运资金指流动资产减去流动负债的差额，又称为净营运资金。通常所说的营运资金多指后者。

流动资产是指可以在一年以内或超过一年的一个营业周期内变现或耗用的资产，其具有占用时间短、周转快、易变现等优点。简言之，其优点为流动性强。但是，犹如一枚硬币有正反两面，流动资产亦有"正反两面"，即流动性与盈利性。流动性强则盈利性弱，反之则相反。例如，保有较多的库存现金，则失去了将资金存在银行的利息收益。一般来说，资产的流动性越强，则盈利性越弱。流动资产过多，会增加企业的财务负担，影响企业的利润；相反，流动资产不足，则导致资金周转不灵，会影响企业的经营。

营运资金管理可以分为流动资产管理和流动负债管理两个方面，前者是对营运资金投资的管理，后者是对营运资金筹资的管理。由于流动负债的内容在筹资管理中已讲述，故本章讨论营运资金投资管理问题，目标是保证流动资产的安全，加快资金周转，控制财务风险，提高收益水平。

5.1.1　流动资产的持有政策

由于不同类型的流动资产在流动性、盈利性与风险性上存在差异，企业不仅需要确定流动资产在总资产中所占的比重,还要合理确定不同类型流动资产的合理水平。

1. 持有流动资产应考虑的因素

企业在确定流动资产的最佳持有量时,应综合考虑以下因素。

(1) 企业所属的行业。不同行业的经营范围不同,资产配置有较大的差异。以2008年我国上市公司数据为例[①]:农、林、牧、渔业的流动资产占总资产的比重约为60.7%,采矿业的流动资产占总资产的比重约为33.82%,建筑业的流动资产占总资产的比重约为71.33%,信息技术业的流动资产占总资产的比重约为66.09%,社会服务业的流动资产占总资产的比重约为34.56%。

(2) 企业规模。企业规模对流动资产配置也有重要影响,如图5-1所示,规模较大的企业的流动资产占总资产的比重较少。这是因为与小企业相比,大企业实力雄厚,当企业出现资金短缺时,大企业可以迅速筹集资金,因而即使配置较少的流动资产也可承担较大的风险。

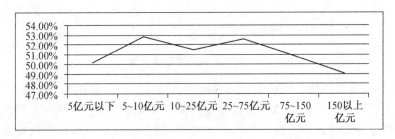

图5-1 2008年制造业上市公司流动资产占总资产比重(%)

(3) 外部筹资环境。一般情况下,在外部市场比较发达、筹资渠道比较畅通的环境下,企业为了增强整体的盈利能力,通常会减少对盈利能力不强的流动资产的投资,这将直接导致流动资产在总资产中比重的降低。

(4) 风险与成本。一方面,由于流动资产可以迅速地转化为现金,持有大量的流动资产有利于企业及时清偿债务,降低企业的财务风险;但如果将大部分资金都投放在流动资产上,其盈利能力必然受到削弱,从而存在机会成本。另一方面,资产来源于负债及所有者权益。负债中非流动负债与所有者权益为资产的长期资金来源,流动负债为资产的短期资金来源。通常情况下,长期资金的资本成本高于短期资金的资本成本。流动资产既可以采用短期筹资方式也可通过长期筹资方式筹集。前者筹集的资金成本较低、财务风险较高;后者筹集的资金成本较高、财务风险较低。财务管理人员应对风险、机会成本以及资金成本进行认真权衡。

---

① 荆新,王化成,刘俊彦.财务管理学(第七版)[M].北京:中国人民大学出版社,2015:283.

因此，流动资产持有多少合适，需要综合考虑以上因素方可决定；具体落实时，表现为流动资产与资产来源的配比。

2. 流动资产持有政策

为了管理的需要，将流动资产按经济用途划分为临时性流动资产和永久性流动资产。临时性流动资产是指那些随销售变化而变化的敏感资产；永久性流动资产是指那些满足企业正常经营，尤其是在企业经营淡季时仍需保留的流动资产。图 5-2 显示了企业不同时间对流动资产的需求。

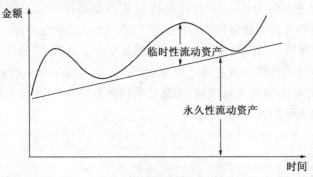

图 5-2 不同时间的流动资产需求①

相应地，流动负债也还可划分为临时性流动负债和自发性流动负债。临时性负债指为了满足临时性流动资金需要专门对外筹措的负债，一般只短期使用，如商业零售企业节假日前为满足节日销售需要，超量购入货物而借入的短期借款。自发性流动负债指直接产生于企业持续经营中、无需专门对外筹措的负债，如应付账款、其他应付款、应付职工薪酬、应付利息，以及应付税费等等。自发性流动负债因流动资产的产生而产生，但和流动资产又不是一一对应的关系，可供企业长期使用。根据如何安排流动资产的资金来源的策略来划分，流动资产持有政策主要包括稳健型、激进型及保守型投资策略三类。

(1) 稳健型政策

稳健型政策又称为配合型政策，其基本思路是将资产与负债的期间相配合，以降低企业不能偿还到期债务的风险和尽量降低资金的资本成本。稳健型政策具体如图 5-3 所示：对于临时性流动资产，需筹集临时性流动负债来满足其资金需要；对于永久性流动资产和非流动资产（统称为永久性资产），则运用自发性负债、非流动负债和权益资本筹集资金满足其资金需要。采取这种政策的企业在季节性低谷时除了自发性流动负债外没有其他流动负债；只有在临时性流动资产的需求高峰期时，企业才外借各种临时性流动负债。

---

① 张蕊.公司财务学[M].北京：高等教育出版社，2007：352.

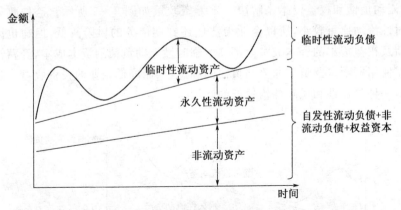

图 5-3　稳健型筹资政策

(2) 激进型政策

激进型政策又称为风险型政策,其基本思路是利用临时性流动负债的资本成本一般低于非流动负债和权益资本的特点,将临时性流动负债不但融通临时性流动的资金需要,还解决部分永久性资产的资金需要。该筹资政策如图 5-4 所示。这种政策下企业的资本成本比稳健型政策下还要低,相应地企业的投资收益较高。但为了满足永久性资产的长期资金的需要,企业在临时性流动负债到期后必须重新借债或申请债务延期。若外部经济环境及企业经营状况良好,借新债还借债不成问题,但若外部经济环境及企业经营状况恶化,则有可能到期债务无以为继,严重的甚至可能导致企业破产清算。所以激进型政策是一种收益性和风险性均较高的政策,一般在企业经营处于上升周期时才适合使用。

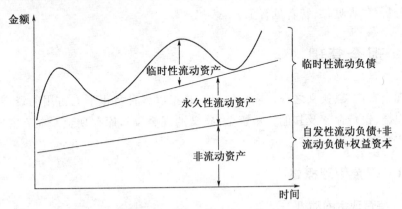

图 5-4　激进型筹资政策

(3) 保守型政策

保守型政策与激进型政策恰恰相反,其临时性流动负债只融通部分临时性流动资产的资金需要,另一部分临时性流动资产和永久性资产则由自发性流动负债、非流动负债和权益资本来解决。该筹资政策如图5-5所示。这种政策下由于临时性流动比重较小,所以企业无法偿还到期债务的风险较低,但却也因非流动负债及权益资本的资本成本大都高于临时性流动负债的资本成本,经营淡季时虽不需使用资金也要负担非流动负债的利息,从而降低企业的投资收益。保守型政策是一种收益性和风险性均较低的政策。

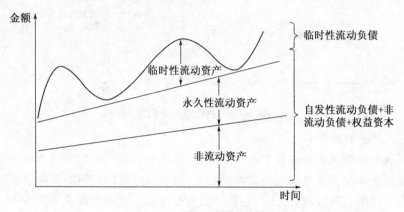

图5-5　保守型筹资政策

综上所述,激进型政策收益性和风险性最高;保守型政策收益性和风险性最低;稳健型政策收益性和风险性介于两者之间。由于流动资产应配置多少受多种因素共同作用影响,这些因素都是不断变化的,实际经济生活中往往存在许多难以预计的不确定性,再加上各个企业的管理层对待风险的偏好也各不相同,因此以上介绍只能描述各种流动资金持有政策的特点,至于如何选择则是需具体情况具体分析,仁者见仁、智者见智了。

5.2　现金管理

现金有广义、狭义之分。广义的现金是指以各种货币形态占用的资产,包括库存现金、银行存款及其他货币资金;狭义的现金仅指库存现金。本节主要讲述的是广义现金管理。

5.2.1　现金管理概述

1. 持有现金的动机

现金是企业重要的支付手段,可以有效地立即用来购买货物、劳务或偿还债务。企业一般会出于交易性、预防性、投机性以及补偿性四个方面考虑持有一定量的现金,这个四个方面也被称为持有现金的动机。

(1) 交易性动机。企业为了组织日常生产经营活动,必然需要购买原材料、支付工资、缴纳税款、偿还债务、派发现金股利。这些基于购、产、销行为而需要现金的考虑，称为交易性动机。一般情况下，出于交易动机而在手中保存的货币，其支出的时间、金额和用途一般事先可以确定。企业持有现金首要是满足交易性需求。

（2）预防动机。现实经济生活中不可避免地会出现一些未曾预料的、不确定的支出。为此，企业也需要保持一定量的现金在手中。这种为了应付不测之需而持有现金的考虑称为预防性动机。预防性现金的数额的大小与现金流量的确定性及企业的筹资能力有关。一方面，现金流量的不确定性越大，预防性现金的数额也就会越大；另一方面，企业若能够较容易随时筹集到短期资金，也可以减少预防性现金的数额。

（3）投机动机。投机性是指现金用于不寻常的购买机会，且通常会为企业带来超额利润。现金是最灵活的流动性资产，具有周转灵活性，持有它可以根据市场行情的变化随时进行投资活动。比如遇有廉价原材料或设备采购的机会、适当时机购入股票或其他有价证券等等。出于这种动机而产生的现金需求，称之为交易性动机。由于遇有不寻常的购买机会，有些企业也会设法临时筹集资金，所以通常情况下企业不会专门为投机性需要而保有较多现金。但拥有相当数额的现金，确实为突然地大批采购提供了方面，因此出于投机动机持有现金的数量将会因企业管理层不同而异。

（4）补偿性动机。企业向银行借款时，银行有时会要求企业在银行中保留贷款金额的10%～20%的余额来保证银行资金的安全。这种出于银行要求而保留在银行账户中的存款的考虑称为补偿性动机。这种补偿性现金只在向银行贷款时才有可能存在。

2. 持有现金的成本

企业持有现金需要负担一定的成本，通常包括：现金的管理成本、现金的机会成本、现金的短缺成本及现金的转换成本。

（1）现金的管理成本

现金的管理成本是指企业因持有一定数量的现金而发生的管理费用，如管理人员工资及必要的安全措施费。这部分费用在一定范围内与现金持有量的多少关系不大，一般属于固定成本，在决策时通常会被认为是决策无关成本。

（2）现金的机会成本

现金的机会成本是指企业因持有一定数量的现金而丧失的再投资收益。由于现金属于非盈利性资产，保留现金必然丧失再投资的机会及相应的投资收益（如有价证券的利率，或企业平均收益率），从而形成持有现金的机会成本，这种成本在数额上等同于资金成本，如公式(5.1)所示。

$$现金的机会成本 = 现金持有量 \times 投资收益率 \qquad (5.1)$$

比如企业欲持有10万元现金,假设企业平均收益率为8%,则只能放弃8 000元的投资收益。持有现金的机会成本属于变动成本,与现金持有量的表现为正相关关系,即:现金持有量越大,机会成本越高。

(3) 现金的短缺成本

现金的短缺成本是指在现金持有量不足而给企业造成的损失,包括直接损失与间接损失。轻的现金短缺可能造成企业暂时无法获得生产所需的材料、无法支付工资等;严重的现金短缺甚至会引起资金链断裂、企业破产。现金的短缺成本与现金持有量表现为负相关关系,即:现金的短缺成本随现金持有量的增加而下降,随现金持有量的减少而上升。

(4) 现金的转换成本

企业平时持有较多的现金,会降低现金的短缺成本,但也会增加现金占用的机会成本;反之则会增加现金的短缺成本,减少现金占用的机会成本。如果企业平时持有较少的现金,将闲置资金暂时投资于有价证券,在有现金需要的时,随时将有价证券出售,转换为现金,这样会帮助企业获取更多收益。此种情况下将会产生现金的转换成本。若将企业每次以有价证券转换回现金所付出的代价称为现金的交易成本(如委托买卖佣金、委托手续费、证券过户费、交割手续费等),则现金的转换成本是可通过公式(5.2)得到。

$$现金的转换成本 = 现金交易成本 \times 转换次数 \tag{5.2}$$

现金的转换成本与现金持有量表现为负相关关系,即:在现金需要量既定的前提下,现金持有量越少,进行证券变现的次数越多,相应的转换成本就越大。

持有现金的四类成本中,与现金持有量关系最密切的是机会成本、转换成本和短缺成本。一方面,现金的管理成本一般不会随着现金持有量的变化随时变化。另一方面,由于现金短缺的成本可能巨大,企业一定会想方设法避免这种情况出现,当现金短缺时会想方设法筹集资金,如将有价证券出售转换为现金等。因此现金的转换成本与现金的短缺成本不会同时出现。

3. 现金的特点及其管理的主要内容

现金是流动性最强的资产,企业的现金持有量反映着企业直接的支付能力和应变能力。拥有足够的现金对于降低企业风险、增强企业资产的流动性和债务的可清偿性有重要意义;否则将会出现现金短缺,影响企业的生产经营活动,严重的资金链断裂会导致企业破产清算。但另一方面,流动性强的资产,其收益性较低。现金的流动性最强,因此其收益性也最低。现金持有量越多,其机会成本自然就越高,企业的收益水平也就相应地降低。

因此,现金管理的目标是在现金的流动性和收益性之间进行合理选择,即在保证正常生产经营需要的同时,尽量降低现金的持有量。

现金管理的主要内容如图5-6所示,包括:编制现金收支计划,以便合理估计未来的现金需求;对日常的现金收支进行控制;用特定的方法确定最佳现金持有量;将预计现金收支数量及余额与最佳现金持有量进行对比;当企业实际的现金余额与最佳现金持有量不一致时,采用适当的措施调节。

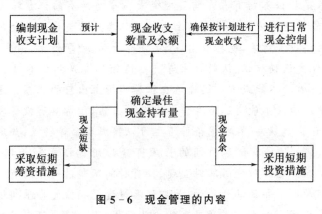

图 5-6 现金管理的内容

知识窗 5-1

有价证券投资

有价证券是一种表示财产权的有价凭证,持有者可以依据此凭证,证明其所有权或债权等私权的证明文件,包括商品证券、货币证券和资本证券。(1)商品证券。商品证券是证明持券人有商品所有权或使用权的凭证,取得这种证券就等于取得这种商品的所有权,持券者对这种证券所代表的商品所有权受法律保护。属于商品证券的有提货单、运货单、仓库栈单等。(2)货币证券。货币证券是指本身能使持券人或第三者取得货币索取权的有价证券,货币证券主要包括两大类:一类是商业证券,主要包括商业汇票和商业本票;另一类是银行证券,主要包括银行汇票、银行本票和支票。(3)资本证券。资本证券是指由金融投资或与金融投资有直接联系的活动而产生的证券。持券人对发行人有一定的收入请求权,它包括股票、债券及其衍生品种如基金证券、可转换证券等。有价证券有广义、狭义之分,狭义的有价证券仅指资本证券,简称"证券"。

有价证券可以从不同角度、按不同标准进行分类。如:(1)按证券发行主体的不同,有价证券可分为政府证券、公司证券。政府证券通常是由中央政府或地方政府发行的债券;公司证券是公司为筹措资金而发行的有价证券,公司证券的包括范围比较广泛,有股票、公司债券及商业票据等。此外,在公司债券中,通常将银行及非银行金融机构发行的证券称为金融证券,其中金融债券尤为常见。(2) 证券按是否具有适销性,可以分为适销证券和不适销证券。适销证券是指证券持有人在需要现金或希望将持有的证券转化为现金时,能够迅速地在证券市场上出售的证券。这类证券是金融投资者的主要投资对象,包括公司股票、公司债券、金融债券、国库券、公债券、优先认股权证、认股证书等。不适销证券是指证券持有人在需要现金时,不能或不能迅速地在证券市场上出售的证券。这种证券虽然不能或不能迅速地在证券市场上出售,但都具有投资风险较小、投资收益确定、在特定条件下也可以换成现金等特点,如定期存单等。(3) 按持有证券时间的长短可分为短期证券和长期证券。短期证券是指各种能够随时变现、持有时间不超过一年的有价证券以及不超过一年的其他投资;长期证券投资是指投资期限超过一年的证券投资。短期证券的变现能力非常强,因为公司可以随时在证券市场出售,这些有价证券,因此常被人们称为"准现金"。

……

企业投资于有价证券目的是多元的:(1) 可能是为未来积累现金即为未来变现而短期持有;(2) 可能是为谋取资本利得即为销售而长期持有;(3) 还有可能是为取得对其他企业的控制权而长期持有。由于企业的库存现金是"零收益"资产,银行活期存款的利息也很低;因此,当企业的现金富余可将暂时空闲的资金短期投资于有价证券既能保证企业资产的流动性,又可提高资产的收益,是企业调节现金余额的一种有效方法。

5.2.2 确定最佳现金持有量的方法

企业会充分考虑各种动机的需求后采用专门的方法确定最佳现金持有量。常用的确定最佳现金持有量的方法包括:现金周转模式、成本分析模式、存货模式以及随机模式。

1. 现金周转模式

现金周转模式是利用现金的周转天数来确定最佳现金持有量。现金周转天数是指从现金投入生产经营活动开始,经过生产经营程,最终又转化为现金所需要的时间。这段时间又可分为存货周转天数、应收账款周转天数以及应付账款周转天数三个部分。

存货周转天数是指将原材料转化为产品并最终售出所需要的时间;应收账款周转天数是指从产品售出到收回现金的时间;应付账款周转天数是指企业购货时

收到货物与现金付款之间所需的时间。这三者与现金周转天数的关系如图 5-7 所示。

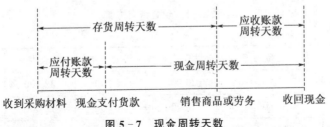

图 5-7 现金周转天数

由图 5-7 可看出,企业现金周转天数可以通过公式(5.3)计算得出:

现金周转天数＝存货周转天数＋应收账款周转天数－应付账款周转天数
(5.3)

其实,现金周转天数是反映企业现金利用效率的一种指标,其与现金周转次数[①]一起构成现金周转期指标。由于现金周转天数反映的是现金从投入开始到收回为止周转一次所需要的天数;则现金周转次数表现为现金在一年中能循环使用的次数。则得出公式(5.4):

$$现金周转次数 = \frac{360}{现金周转天数} \quad (5.4)$$

现金周转次数越高,说明公司现金周转的速度越快,在全年现金需求总量一定的情况,公司所需要的现金持有量就会越小。

$$最佳现金持有量 = \frac{年现金需求总量}{现金周转次数} = \frac{年现金需求总量 \times 360}{现金周转天数}$$

例 5.1 甲企业的材料采购和产品销售采用赊销方式,其应收账款的周转期为 60 天,应付账款的周转期为 30 天,存货的周转期为 50 天。预计该企业 2012 年的现金需求总量为 900 万。要求采用现金周转模型确定该企业 2012 年的最佳现金持有量。

现金周转天数＝60＋50－30＝80(天)
现金周转次数＝360/80＝4.5(次)
最佳现金持有量＝900/4.5＝200(万元)

2. 成本分析模式

成本分析模式是通过估算持有现金的管理成本、机会成本和短缺成本来决定最佳现金持有量的一种方法,其认为这三种成本总和最低时的现金持有量为最佳。

---

① 现金周转次数又称为现金周转率。

例5.2 甲企业有四种现金持有方案,各种方案所对应的机会成本、管理成本及短缺成本及持有现金的总成本如表5-1所示。

表5-1 现金持有方案

单位:元

方案项目	平均现金持有量	管理成本	机会成本	短缺成本	总成本
A	250 000	20 000	30 000	32 000	82 000
B	500 000	20 000	60 000	12 000	72 000
C	750 000	20 000	90 000	5 000	95 000
D	1 000 000	20 000	120 000	0	140 000

比较表5-1中四种方案的总成本数可发现,方案B的总成本最低,也就是说当企业平均持有75万元现金时,各方面的综合代价最低,对企业来说最划算。因此75万元是该企业的最佳现金持有量。

从概率的角度来看,表5-1中各方案的平均现金持有量是离散型分布的,估算最佳现金持有量只需将各方案成本加总后比较,取总成本最小的方案所对应的持有量即可。

若现金持有量如图5-8所示,是连续型分布的,则图5-8中总成本线即为不同现金持有量情况下所对应的持有现金的总成本的集合,其中总成本最低点所对应的现金持有量则为最佳现金持有量。

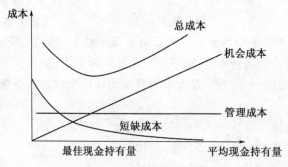

图5-8 持有现金的成本

3. 存货模式

在前面的分析中我们知道,企业若持有过多现金,会降低现金的短缺成本,但也会增加现金占用的机会成本;企业若持有现金过少,虽会减少现金占用的机会成本,但又会增加现金的短缺成本。如果企业将现金余额也看作是一种存货,当现金余额较大时,可用多余的资金去购买有价证券以降低机会成本;当现金余额下降到某一预先指定的水平,公司就将之前购买的有价证券出售(或借入现金)。虽然适当的现金与有价证券之间进行转换会发生现金的转换成本,但这样既能及时满足现金的需要,避免短缺成本,又能减少机会成本,绝大多数企业都会愿意这么做。在此情况下,受存货的经济批量模型启发,确定最佳现金持有量的存货模式得以产生。

存货模式确定最佳现金持有量有三个前提:(1) 企业运营的现金流入每隔一段时间发生一次(只在期初或期末);(2) 企业运营的现金流出在一定时期内均匀流出;(3) 企业可通过出售有价证券来获取现金。这三个前提可以用图 5-9 来表示。

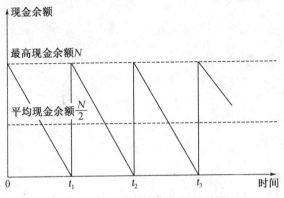

图 5-9 存货模型假定的现金流量

图 5-9 中,现金余额在最高点 N 与最低点 0 之间均匀变化;当现金余额降到 0 时,企业就会出售有价证券(或借入现金)将现金补充至 N 点;随后又均匀地降至 0,企业又再补充,如此不断重复。此时持有现金的成本只有现金的管理成本、机会成本及转换成本。

由于现金的管理成本一般不会随着业务量的变化而变化,所以确定现金持有量的决策相关成本只包括现金的机会成本与转换成本。如图 5-10 所示,现金的机会成本与现金余额成正比;现金的转换成本与现金余额成反比;两者合计构成现金总成本,可表示为公式(5.5)。

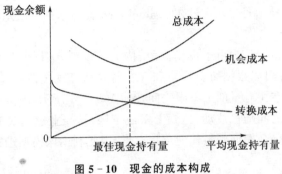

图 5-10 现金的成本构成

$$TC = 现金的机会成本 + 现金的转换成本 = \frac{N}{2} \times i + \frac{T}{N} \times b \tag{5.5}$$

式中：TC 表示持有现金的总成本；N 表示现金余额；i 表示投资收益率[①]；T 表示企业在特定时间内的现金需求总量；b 表示每次有价证券变现时所付的转换成本。

根据数学知识可知，对公式(5.5)中的 N 求导数，当一阶导数为零时，总成本曲线存在极值点；又由于现金总成本抛物线开口向上时总成本存在最小值点，因此可得到公式(5.5)的一阶导数为零时的现金余额为最佳现金持有量。

$$(TC)' = (N/2 \times i + T/N \times b)' = \frac{i}{2} - \frac{T \cdot b}{N^2}$$

当 $(TC)' = 0$ 时，可得：

$$\frac{i}{2} = \frac{T \cdot b}{N^2} \qquad N^2 = \frac{2T \cdot b}{i}$$

则，最佳现金持有量为：

$$N = \sqrt{\frac{2Tb}{i}} \tag{5.6}$$

例 5.3 华阳公司预计全年需要现金 1 500 万元，现金与有价证券的转换成本为每次 1 万元，有价证券的利息率为 15%。请计算该公司的最佳现金持有量。

根据公式(5.6)可解得：

$$N = \sqrt{\frac{2Tb}{i}} = \sqrt{\frac{2 \times 1\,500 \times 2}{15\%}} = 200(万元)$$

根据现金持有量的存货模式可以精确地计算最佳现金持有量的转化次数，但其前提条件与现实情况存在一定的差异。事实上，大多企业在每一个工作日都会发生现金收入且企业现金流出量也往往波动较大。因此，现金的存货模式计算出的结果也将存在一定的偏差。

4. 随机模式(Miller-Orr Model)

针对存货模式的简单前提和企业现金流动的实际情况不符的问题，默顿·米勒(Merton Miller)和丹尼尔·欧尔(Daniel Orr)提出米勒－欧尔模型(Miller-Orr Model)。

米勒－欧尔模型认为由于市场竞争、技术进步等原因，企业对现金的收支难以确切预测，但却可以根据历史经验和现实需要估算现金持有量的上限和下限，将现金余额控制在持有量的上下限之间。如图 5-11 所示，现金余额在现金持有量的上限或下限之间随机波动，达到上限或下限时，企业就通过有价证券的买入或售出来使得现金余额回到最佳现金持有量，因此利用该模型进行最佳现金持有

[①] 通常为购买的有价证券的利率。

量预测的方法又被称为随机模式。

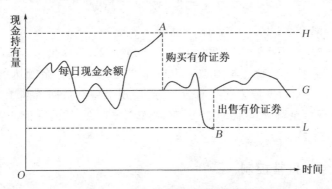

图 5-11　现金持有量的随机模式图

图 5-11 中，H 线表示现金持有量的上限；L 线表示现金持有量的下限；G 线表示最佳现金持有量均衡线（又称最优现金返回线）。当现金余额达到 H 线（如在 A 点）时，表明现金余额过多，企业将购入 $(A-G)$ 单位的有价证券，使现金余额回到最佳现金持有量 G；当现金余额达到 L 线（如在 B 点时）时，表明现金余额过少，企业将出售 $(B-L)$ 单位的有价证券，使现金余额回到最佳现金持有量 G；现金余额在 H、L 之间波动时，企业不采取任何措施。

与存货模式相同的是，随机模式也依赖于交易成本和机会成本：每次转换有价证券的交易成本被认为是固定的，每期持有现金的机会成本则是有价证券的日利率。与存货模型不同的是，随机模式每期的交易次数是一个随机变量，且根据每期现金流入与流出量的不同而发生变化。首先需要考虑企业每日的最低现金需要、管理人员的风险承受倾向等因素，确定下限 L；然后根据历史资料估计每日净现金流量的标准差；再结合机会成本与转换成本进行计算，如公式（5.7）、（5.8）所示：

$$G = \sqrt[3]{\frac{3b\delta^2}{4i}} + L \tag{5.7}$$

$$H = 3R - 2L \tag{5.8}$$

式中：b 表示每次有价证券的固定转换成本；i 表示有价证券的日利率；δ 表示每日现金余额变化的标准差。

例 5.4　假设 A 公司有价证券的年利率为 9%，每次固定转换成本为 5 000 元，公司认为任何时候其银行活期存款及库存现金余额均不能低于 10 万元，根据以往经验测算出现金余额波动的标准差为 3 000 元。请计算最佳现金持有量及现金控制上限。

有价证券日利率 = 9% ÷ 360 = 0.025%

$$G = \sqrt[3]{\frac{3b\delta^2}{4i}} + L = \sqrt[3]{\frac{3\times 5\,000\times 3\,000^2}{4\times 0.025\%}} + 100\,000$$

$$\approx 51\,299 + 100\,000 = 151\,299 \text{ 元}$$

$$H = 3R - 2L = 3\times 151\,299 - 2\times 100\,000 = 253\,897 \text{ 元}$$

A公司的最佳现金持有量为151 299。但当公司的现金余额达到253 897元时，应以102 598元的现金去购买有价证券，使现金持有量回落到151 299元；反之，当公司的现金余额降至100 000元时，则转让51 299元的有价证券，使现金持有量补充回151 299元。

5.2.3 现金的日常控制

现金的日常控制是指对企业的现金流入和现金流出活动所进行的控制，其影响着企业的实际现金余额。科学的现金日常控制会提高现金的使用效率，减少现金的占用，从而减少现金的机会成本。现金管理的基本思路应是在不影响上下游客户关系的前提下，尽可能地加速收款、推迟付款，再辅以现金流动同步化、合理使用现金"浮游量"等方法来提高现金的使用效率。

1. 加速收款

加速收款主要指缩短应收账款的时间。应收账款可以扩大销售，但同时也会增加公司的资金占用。企业需要在实施妥善的收账政策在扩大销售与减少资金占用这两者之间寻求平衡，如提供一定的现金折扣或组织专人管理、催收账款等。

此外，客户付款方式也会影响资金到账时间。一般情况下，网络银行转账比支票快，支票比银行汇票快，银行汇票比商业汇票快。企业收款时应设法与客户友好协商，尽量采用资金到账快的方式进行结算。若企业有多个销售中心，不同中心使用资金时间存在一定的时间差，最好能采取集中银行制度，将各中心零散的资金集中到一起，进行更有效的使用。

2. 推迟付款

推迟付款是指企业在不影响自己信誉的前提下，尽可能地推迟应付款的支付期。如，可充分利用供货方提供的现金折扣，在现金折扣期满最后一天支付货款；在企业急需现金时，甚至可放弃现金折扣，在信用期满的最后一天支付款项。

由于市场竞争激烈，银行也不断提供新的产品，零余额账户则是一例。零余额账户的具体做法是：设置一个主支付账户为专项支付账户提供服务，这样企业不需全额存入相应资金，而是当每日末，银行自动从主支付账户划拨刚好能结清提交兑现指令的相应资金给专项支付账户。因此，各专项支付账户都可以维持零余额。根据这一特点，企业可为支付工资、发放股利设置零余额账户。因为并不是所有人会在第一时间内支取工资或股利，而是在需要时或空闲时去支取。这种情况下，采用零余额账户，企业相当于推迟支付了那些未及时支取的工资或股利，并且是毫无成本的。

3. 现金流动同步化

如果一段时期内,企业只能获得一笔现金流入,但现金均匀流出,则该企业在此期间内必须持有的平均现金余额约为这笔现金流入的一半。如果企业在一段时期内现金流入和流出都很均匀,则其必须持有的平均现金余额会比前一种情况大大减少。更有甚者,如果企业每天的现金流入量与现金流出量刚好相等且保持稳定,则其只需要很少的现金余额就可以维持其正常的生产经营。这种现金流入与现金流出的时间及金额趋于一致即为现金流动同步化。为实现现金流动同步化,企业应依次做到:(1) 收入、支出预测;(2) 根据预测搭配现金收支、列出计划;(3) 严格执行现金收支计划。

4. 合理使用现金"浮游量"

现金"浮游量"是指显示在企业账面上的现金余额与记录在银行账簿中的企业存款之间的差额。企业在将款项交付银行结算时,会存在一定的时间差,即形成企业已付银行未付、企业已收银行未收、银行已付企业未付、银行已收企业未收四类未达账项。其中企业已付银行未付、银行已收企业未收账项会导致银行的存款余额比企业的银行存款余额多;银行已付企业未付、企业已收未收银行账项会导致银行的存款余额比企业的银行存款余额少。企业若能将收到的支票、汇票等及时进账(尽量赶在每个工作日的银行间结算时间内);在不影响企业信用的情况下,在支付货款时尽可能拖延至银行间结算时间之后①,则企业的现金"浮游量"将会变大。

5.3 应收账款管理

应收账款是企业对外销售商品、材料或提供劳务形成的应收而未收的款项。广义的应收账款包括应收销货款、应收票据、预付账款及其他应收款;狭义的应收账款仅仅指应收销货款。这里讨论的主要是应收销货款,但其方法也适用于其他应收款项。

5.3.1 应收账款管理概述

1. 应收账款形成的原因

一般情况下,企业都愿意采用现销方式销售商品或劳务,这样一方面可以立即回笼资金,另一方面也避免坏账产生的风险及收账费用。但由于结算、市场竞

---

① 这段时间内,尽管企业已开出了支票,但该企业银行存款账户上金额未发生变化,企业仍可使用银行存款账户上全部金额。

争等原因,企业或被迫,或主动采取赊销方式销售商品或劳务。

(1) 结算原因

发生销售时,交易双方可能不在同一城市,相距较远。销售方已发出货物确认销售,而购物方则要等到收到货物并验收入库方才付款,这样导致商品交易在销货和收款时间上不一致,从而形成应收账款。

(2) 商业竞争

市场经济环境中,市场竞争异常激烈。企业需要采取多种方式促进销售,如薄利多销、提高产品质量、提供优质服务,还包括赊销。赊销相当于提供给客户一笔无偿的短期贷款,而且手续简单。在现销、赊销销售价格一样的情况下,客户当然愿意选择赊购方式。因此,赊销方式有明显的促销作用。

(3) 减少存货、提高资金利用效率

企业存有过多的存货不仅占用了大量的资金,也增加一些不必要的仓储、保险等费用,甚至存货还存在过期贬值的风险。应收账款虽也占用资金,存在一定的坏账风险,但没有仓储、保险等费用更无过期贬值的风险。因此,一般情况下存货管理费用要比应收账款管理费用要高。此外,应收账款的变现速度也要高于存货的变现速度。存货变现仍需经过销售甚至赊销这一过程,若紧急将存货变现还有可能遭受压价。赊销促进了销售,企业库存商品的数量自然就减少了,转换为应收账款,有助于节约成本,提高资金利用效率。

由于上述原因,现代经济中,赊销作为一种通用的交易方式被广泛使用,应收账款也成为企业流动资产的一项重要组成部分。

2. 应收账款的成本

如持有现金一样,持有应收账款也是要付出代价的,这些代价即是应收账款的成本,主要包括:机会成本、管理成本、坏账成本。

(1) 应收账款的机会成本

企业因资金投放在应收账款上而丧失的其他收入即为应收账款的机会成本。这一成本的大小通常与企业维持赊销业务所需要的资金数量(即应收账款投资额)、资金成本率有关。应收账款机会成本可通过以下公式计算得出:

$$应收账款机会成本 = 赊销业务所需资金^{①} \times 平均收账天数 \times \frac{资金成本率}{360}$$

(5.9)

式中,平均收账天数一般按客户各自赊销额占总赊销额比重为权数的所有客户收账天数的加权平均数计算;资金成本率一般可按有价证券年利息率计算。

在资本成本不变的情况下,应收账款规模越大,机会成本越大。

---

① 关于应收账款平均占用额的确定一般有两种观点:(1) 按赊销收入计;(2) 按赊销成本计。本书采用的是第一种观点。

例 5.5 A 企业预计 2016 年度销售净额为 1 800 万元,应收账款周转天数为 90 天(一年按 360 天计算),资本成本率为 10%。请计算该企业全年应收账款的机会成本。

$$应收账款机会成本 = 1\,800 \times 90 \times \frac{10\%}{360} = 45(万元)。$$

(2) 应收账款的管理成本

并不是所有的客户都可赊购商品的,企业需要对客户的资信状况进行调查研究以确定是否赊销给该客户;当赊销发生后为了及时、准确地收回账款,还需准确记账、按计划收账。因此,企业对应收账款进行管理所发生的费用支出即为应收账款的管理成本,包括对客户的资信调查费用、应收账款账簿记录费用、催收账款所发生的费用、其他用于应收账款的管理费用。

应收账款的资信调查费用可视为事前成本,催收账款费用可视为事后成本,账簿记录及日常客户信息的维护费用可视为事中成本。资信调查费用、催账费用会因资信状况不同而付出不同的代价;当企业客户趋于稳定之后,应收账款管理成本则主要是事中成本,一般比较稳定。

(3) 应收账款的坏账成本

应收账款因故不能收回而发生的损失即为坏账成本。企业的客户资信情况是不完全一样的,且同一客户不同时期的资信也可能会发生变化,因此不能确保每一笔应收账款均可收回。实务中,为规避发生坏账成本给企业生产经营活动的稳定性带来的不利影响,企业通常会合理提取坏账准备。

应收账款管理中的坏账成本,通常根据预计的坏账损失率计算,其与应收账款数量同方向变动,与坏账损失率成反向变动。一般来说,严格的信用政策产生坏账的概率较小,过于宽松的信用政策比较容易产生坏账。

3. 应收账款政策

应收账款政策称为信用政策,是根据客户的资信情况,对应收账款进行规划和控制所确定的基本原则和规范,包括信用标准、信用条件和收款政策三个部分。

(1) 信用标准

信用标准是企业决定向客户提供赊销所要求的最低标准,通常以预期的坏账损失率为判断标准。若信用标准较严,只对信誉很好、坏账损失率很低的客户赊销,可使企业遭受坏账损失的可能减小,但会不利于扩大销售。反之,如果信用标准较宽,虽然有利于刺激销售增长,但有可能使坏账损失增加,得不偿失。可见,信用标准合理与否,对企业的收益与风险有很大影响,企业需要根据具体情况进行权衡。

(2) 信用条件

信用条件是企业赊销商品时,对客户延期付款提出的若干条件,包括信用期限、折扣期限和现金折扣。信用期限是企业为客户规定的最长付款期限。适当地延长信用期限可以扩大销售量,但信用期限过长也会造成应收账款的机会成本增加,同时加大坏账的风险。为了促使客户早日付款,加速资金周转,企业在规定信用期限的同时,往往附有现金折扣条件,如"2/10,1/30,N/60"。这个信用条件的意思为:付款最后期限为60天;在赊销发生后的10天内付款,可以享受2%的价格优惠,在赊销发生10天后,30天内付款,可以享受1%的价格优惠;赊销发生30天后,60天内付款没有价格优惠。提供比较优惠的信用条件能促进销售,但也会增加应收账款的成本;反之,减少应收账款成本,不利于促进销售。企业也需要根据具体情况权衡制定合理的信用条件。

(3) 收款政策

收款政策是当信用条件被违反时,企业所采取的收账策略。

通常,能成功回款的企业大都有一个成功的收款制度。这样一个制度应该是有条理的、事先规划好的、有规则的过程。顾客在超过企业允许拖欠的期限之后,企业首先应发信通知对方,有礼貌地提醒对方款项已过账期;如果没有效果,可以打电话催收或派催收人员登门催交货款,如果顾客确有困难,可以商谈延期付款办法。如果以上各项措施都没有作用,才可采取更强硬的手段——诉诸法律[①]。这一过程中,催收款的力度逐步地增加,不可一开始即上"猛药"——采取法律行动。采取法律行动往往只能促使对方破产,对企业没有什么实际的好处,因此妥协解决债务问题,往往比采取法律行动会获得更好的结果。

这一制度应具有充分的灵活性,应考虑到客户不同的个人品格、历史记录、财务状况和未来惠顾的价值。客户拖欠账款的原因可分为"无力付款但非故意拖欠"和"有能力付款但故意拖欠"两类。"无力付款但非故意拖欠"是指客户本意并不想拖欠,而是因各种原因引至资金出现问题,无能力按时付款。"有能力付款但故意拖欠"是客户有付款的能力,但为了本身利益,想尽办法故意不付款。因此,企业需要对客户拖延付款的原因进行详细的分析,对前者,要仔细研究该客户的未来发展趋势,若能给予延期,或一定程度的债务豁免,该客户可能"起死回生",则可以对该客户伸出援手;反之,则应停止继续供货,设法收回货款。

[①] 有些企业还会使用第三方收款(如专业追账公司或律师事务所)。第三方收款费用是昂贵的,只有在最严重情况下才使用。对于那些常规性的应收账款催讨,应尽量依靠企业内部去完成收款;对于那些较为复杂、金额较大的应收账款,使用第三方收款更加合理。

5.3.2 应收账款政策决策

上述三种信用政策可以单独使用,也可打组合拳,将两种或三种信用政策结合起来。如信用政策与收款政策进行组合:(1)宽松授信——严格收款;(2)严格授信——宽松收款;(3)宽松授信——宽松收款;(4)严格授信——严格收款。

但无论如何组合,应收账款的管理目标应是通过合理的信用政策,在赊销收益与成本之间进行权衡,只有赊销收益大于成本时才对企业有利。

1. 信用标准决策

信用标准是指企业决定授予客户信用所要求的最低标准,一般以坏账损失率来衡量,代表企业愿意承担的最大的付款风险。当企业的信用标准较严格时,意味着可以获得赊销的客户的坏账损失率较低;当企业的信用标准较宽松时,可以获得赊销的客户的坏账损失率较高。[①] 企业信用标准的决策,实则是坏账损失率的决策,调整坏账损失率的值,将会对赊销额及应收账款的成本均产生影响,如表5-2所示。

表 5-2 信用标准变化对收益及成本的影响(与现行信用标准相比)

		现行信用标准	较严格的信用标准	较宽松的信用标准
	坏账损失率	5%	3%	8%
	赊销额	—	减少	增加
	销售毛利	—	减少	增加
应收账款成本	机会成本	—	减少	增加
	管理成本	—	减少或保持不变	增加或保持不变
	坏账成本	—	减少	增加

与现行信用标准相比,若企业调整采用较严格的信用标准,赊销额、销售毛利减少,但应收账款的成本也相应减少;若应收账款成本减少的程度比赊销额、销售毛利减少的程度更大,则较严格的信用标准将会获得更多的利润。

与现行信用标准相比,若企业调整采用较宽松的信用标准,赊销额、销售毛利增加,但应收账款的成本也相应增加;若应收账款成本增加的程度比赊销额、销售毛利下降的更小,则较宽松的信用标准也将会获得更多的利润。

---

① 这里所说的坏账损失率的高低是相对的。如 A 企业的坏账损失率为 8%,其欲向甲、乙两企业分别进行赊购,甲企业的信用标准为 5%、乙企业的信用标准为 10%。对 A 企业来说,甲企业的信用标准较为严格、乙企业的信用标准较为宽松。

例 5.6 三辅公司当前信用政策下的经营情况如表 5-3 所示。

表 5-3 三辅公司当前信用政策下相关经营数据

项目	数据
赊销收入	10 000 万元
变动成本率	70%
固定成本	2 000 万元
平均收现期	45 天
平均坏账损失率	6%
资本成本率	15%

三辅公司准备对当前信用政策进行调整,提出 A、B 两个方案。预计两个方案下赊销收入与应收账款相关成本可能发生变化,如表 5-4 所示。

表 5-4 三辅公司备选的两种信用标准

项目	方案 A	方案 B
赊销收入	减少 1 000 万元	增加 1 500 万元
收现期	赊销收入减少部分的平均收现期为 90 天,剩余部分的平均收现期为 40 天	赊销收入增加部分的平均收现期为 90 天,原来部分的平均收现期仍为 45 天
坏账损失率	赊销收入减少部分的坏账损失率为 8.7%,剩余部分的平均坏账损失率降为 5.5%	赊销收入增加部分的坏账损失率为 12%,原来部分的平均坏账损失率为 6%

是否应该调整信用标准;若应调整,是选择方案 A 还是方案 B,需要进行具体计算才能确定。

表 5-5 三辅公司各种备选信用标准测算结果

项目	销售毛利	应收账款机会成本	坏账损失	净收益
原方案	$10\ 000 \times (1-70\%) - 2\ 000 = 1\ 000$ 万元	$10\ 000 \times 45 \times \frac{15\%}{360} = 187.5$ 万元	$10\ 000 \times 6\% = 600$ 万元	$1\ 000 - 187.5 - 600 = 212.5$ 万元
方案 A	$(10\ 000 - 1\ 000) \times (1-70\%) - 2\ 000 = 700$ 万元	$(10\ 000 - 1\ 000) \times \frac{15\%}{360} \times 40 = 150$ 万元	$(10\ 000 - 1\ 000) \times 5.5\% = 495$ 万元	$700 - 150 - 495 = 55$ 万元
方案 B	$(10\ 000 + 1\ 500) \times (1-70\%) - 2\ 000 = 1\ 450$ 万元	$(10\ 000 \times 45 + 1\ 500 \times 90) \times \frac{15\%}{360} \approx 243.75$ 万元	$10\ 000 \times 6\% + 1\ 500 \times 12\% = 780$ 万元	$1\ 450 - 243.75 - 780 = 426.25$ 万元

以上计算表明,三辅公司采用较为宽松的方案 B 将会获得更多的收益。

表 5-5 中的计算是先各自计算不同信用标准下的收益,然后再将净收益比较后进行决策,这种方法通常被称为"总量法"。实务中还可采用"增量法"进行决策,即先比较不同信用标准下所变动的销售毛利、应收账款成本,然后计算出变动的净收益,根据变动的净收益的结果进行决策。

2. 信用条件决策

信用条件包括延长信用期间、折扣期限、现金折扣率,其与赊销量在一定范围内呈现同方向变化,调整其中的一项或多项因素均会对销售量产生影响。如同信用标准调整类似:较宽的信用条件对销量有促进作用,但应收账款成本也会相应增加;较宽的信用条件虽会减少销量,但应收账款成本也会相应减少;最终仍要看销售变动引起的净收益来决策。

当企业给出客户现金折扣以期望尽早收回资金时,所产生的现金折扣损失也应视为一种应收账款的成本,决策时也应加以考虑。

例 5.7 仍以三辅公司的经营情况为例,假设该公司现有信用条件为 $(n/45)$[①]时经营情况如表 5-6 所示。

表 5-6 三辅公司当前信用政策下相关经营数据

项目	数据
赊销收入	10 000 万元
变动成本率	70%
固定成本	2 000 万元
平均收现期	60 天
平均坏账损失率	6%
资本成本率	15%

三辅公司为尽早收回资金并促进销售,将信用条件改为 $(1/10, n/30)$。新的信用条件中,由于提供了现金折扣,与原信用条件相比对顾客来说是提供了新的优惠;但另一方面信用周期缩短了,对顾客来说是则另一方面又减少了优惠。预计新政策可能引起的变化如表 5-7 所示。

表 5-7 三辅公司新信用条件所引起的变化

项目	方案 A
赊销收入	预计增加 100 万元
收现期	预计 60% 的客户在现金折扣期内付款;40% 的客户在信用期内付款
坏账损失率	预计全部销售收入的平均坏账损失率没变

---

① 即客户应在 45 天内付款。

是否应该采用新方案,也应经过具体的计算后才可决定。

表 5-8 三辅公司各种备选信用标准测算结果

项目	原方案	新方案
销售毛利	$10\,000\times(1-70\%)-2\,000=1\,000$ 万元	$10\,100\times(1-70\%)-2\,000=1\,030$ 万元
应收账款平均收账期	60 天	$10\times60\%+30\times40\%=18$ 天
应收账款机会成本	$10\,000\times60\times\dfrac{15\%}{360}=250$ 万元	$10\,100\times18\times\dfrac{15\%}{360}=75.75$ 万元
应收账款坏账损失	$10\,000\times6\%=600$ 万元	$10\,000\times6\%=600$ 万元
应收账款现金折扣损失	0	$10\,100\times60\%\times1\%=60.6$ 万元
净收益	$1\,000-250-600=150$ 万元	$1\,030-75.75-600-60.6=293.65$ 万元

以上计算表明,三辅公司采用新方案将会获得更多的收益。

3. 收款政策决策

企业收款政策过宽,可能促使逾期付款的顾客拖欠的时间更久,如果收款政策过严,催收过急,可能得罪无意拖欠的顾客,从而使未来的销售和利润受到损失。因此,企业采取的收款政策必须十分谨慎,即不能过严,也不能过宽。

一般情况下,收账费用支出越多,坏账损失越少,但这两者并不一定存在线性关系,而是如图 5-12 所示:(1) 前期花费一些收账费用,应收账款和坏账损失略有降低;(2) 收账费用继续增加,应收账款和坏账损失显著减少;(3) 当收账费用达到饱和点后,再增加收账费用,应收账款和坏账损失也不再显著减少,甚至不再减少。

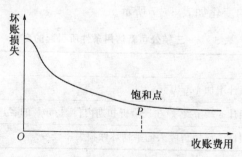

图 5-12 收账费用与坏账损失的关系

可见，收账费用达到饱和点后，无论如何都不应再增加收账费用；此外，即使收账费用没有达到饱和点，也应权衡增加收账费用与减少收账机会成本和坏账损失之间的得失。前面分析的是单项信用政策，但好的信用政策一般会将信用标准、信用条件、收账政策结合起来，称为综合信用政策。与单项信用政策决策相同的是决策原则仍是赊销的总收益应大于因赊销带来的总成本；所不同的是，要考虑信用标准、信用条件、收账政策的综合变化对销售额、应收账款机会成本、坏账成本和收账成本造成的影响。综合信用政策的决策相当复杂，计算中的变量的不确定性更大，在很大程度上要凭借依赖于管理经验来判断决定。

5.3.3 应收账款日常控制

信用政策建立以后，企业要做好应收账款的日常控制工作，以合理控制应收账款的成本，尽可能发挥应收账款的作用。通常包括事前、事中及事后控制三个部分。

1. 应收账款的事前控制——客户信用分析与评估

只有在正确评估客户信用状况的前提下，企业才能合理地执行应收账款政策。所以客户信用分析是应收账款日常管理的重要内容，其目的是确定什么样的客户能够取得企业提供的商业信用。

客户信用信息分析不是空中楼阁，其必须建立在大量、翔实、准确的数据基础之上。信用信息的来源可分为内部来源和外部来源两个方面。内部来源是指信用信息来源于企业或客户内部，如企业与客户以往的交易经验、对客户进行实地访问和信用调查等。外部来源是指独立于本企业及客户之外的第三方，如信用评估机构、咨询机构等。

信用部门必须重视对客户进行实地访问后形成的印象。尽管印象的主观色彩较浓，但却是不可或缺的信息来源。因为不管企业手头已经掌握了多少客户资料，总是间接获得的，只有让信用部门工作人员或销售部门人员亲自与客户接触，才有机会了解已掌握材料的背景或（幕后）情况，填补由于不能从其他渠道获得信息而形成的信息空白。

知识窗 5-2

通过与客户以往的交易经验搜集客户内部信息时的注意事项[①]

企业往往与一批固定客户保持长期商业往来。在频繁发生的商业交易中,企业对于每位客户对待各交易环节的习惯态度和做法,特别是对于偿付货款的一般做法会逐步加深了解。当前工作实践中所凸显的三个主要方面有:

(1) 注意客户是否通过合同纠纷等来掩盖自身的财务危机

企业与客户订立合同后,在合同执行过程中发生意见分歧和争端是常有的事。比如客户可能会抱怨企业的发票不合规格、发票定价有误、交货不及时、验货不合格等,并因此拖延付款。这类商业争端不仅令企业生产销售部门头疼,也给信用部门带来了一系列问题,使催收货款的工作变得更加困难。信用部门必须清楚客户对企业的种种怨词是不是存心编排的,目的只是借商业争端这个最有效的"烟幕弹"来掩盖自己在财务上出现的问题,找到拖欠货款的借口。这时候如果企业过分看重交易经验,就往往只能看到商业争端这个表象,而看不到隐藏的信用问题。

(2) 某些客户可能有能力付款但却拖延付款的不良习惯

有些客户以往的付款记录可能会显示他们有拖延付款的行为,但这往往不是由其财务危机引起的。实际上,他们的现金流动状况良好,也没有不付款的动机。他们就是习惯性地拖延时间,并认为在商业交易中这种做法无可非议。具有这种倾向的客户还为数不少,也是最难对付的。企业信用部门必须尽早识别哪些客户有这种症状,并注意在催收款时加强对他们的压力,保证按时收回货款。

(3) 不能只看重自己的交易经验

在行业中地位显著的大企业,特别是那些身为主要原材料供应厂商的大企业不能过分倚重对客户的交易经验,不能过分相信客户的付款表现。原因在于:由于这类企业的特殊性质,使它的客户几乎都不敢对它掉以轻心,因为拖欠款项只会使客户自己冒原材料供应受不利影响的风险。所以在客户的债权人名单上,这种大企业总是排在前面,客户总会尽力先偿清对它的债务。反映在大企业的客

[①] 付源,阮超.企业信用管理中客户信用信息的来源及内容探析[J].中国管理信息化,2009,12(02).

户付款记录中,便显得似乎绝大多数客户的付款表现都不错。殊不知其中有"水分",某些客户可能已经陷入困境当中,只是在勉强维持罢了。如果大企业只看重自己的交易经验,便可能在客户的信用危机突然爆发时措手不及,蒙受损失。

知识窗 5-3

企业从实地访问和信用调查中可以得到的信息[①]

对客户进行实地访问,企业可以了解到客户的一般背景资料。如销售额和利润的大小、资本结构、客户借入资金的来源以及提供给债权人的担保品、营运资金的流动性、存货周转状况、影响其产品销量的市场因素、催收欠款的表现等。

企业还可以了解到一些从间接渠道不易取得的信息,填补由于信息不完整而留下的空白,从而完整地了解客户的实际情况。比如,通过实地访问,企业的调查人员可以了解到客户管理层的构成,弄清其董事会成员及各部门主管的姓名、履历乃至工作风格,了解客户所处的竞争环境、客户对产品开发和营销的计划,还可以借参观厂区的机会观察工人的精神面貌、厂区的规划布置、生产的秩序效率等。这种直观观察所得的结论有时对信用决策的作用非常之大,只有通过实地访问才能做到。因此,尽量设法对更多的客户进行实地访问和信用调查,应当成为信用部门的一项日常职责。

利用实地访问这一途径搜集信息时,信用部门也要特别注意搞好与销售部门的关系。这是因为在大多数情况下,由销售人员上门访问客户是更通行的做法,也容易为客户所接受。当然,信用部门人员要争取与销售部门人员共同对客户进行访问。如果做不到这一点,就有必要在实地访问前积极与销售部门沟通,让负责实地访问的销售人员充分了解信用部门的职责所在和需要获取的信息。

收集到足够多的客户信用信息之后,企业还需要采用专门的方法对客户的信用状况进行评估,如 5C 评估法及信用评分法。

2. 应收账款的事中控制——应收账款账龄分析

应收账款账龄分析法是指根据应收账款的时间长短来管理应收账款的一种方法。应收账款账龄是指债务人欠款的时间。应收账款账龄越长,发生坏账损失

[①] 付源,阮超.企业信用管理中客户信用信息的来源及内容探析[J].中国管理信息化,2009,12(02).

的可能性就越大。采用账龄分析法时,将应收账款拖欠时间(即账龄)的长短分为若干区间,并编制"应收账款账龄分析表",如表5-9所示。

表5-9 三辅公司账龄分析表

客户	应收账款余额	信用期以内	超1月内	超1月~3月	……	超3年以上	备注
A	100 000	100 000					
B	50 000	50 000	10 000				
C	40 000	40 000	40 000	40 000			
…	…	…	…	…	…	…	…
合计	470 000	210 000	80 000	90 000			
比例	100%	44.68%	17.2%	19.15%	…	6.38%	

财务人员可以按不同标准,如销售地区、销售人员、账龄地区等计算结构比率。应收账款账龄分析表所提供的信息,可使管理当局了解收款、欠款情况,判断欠款的可收回程度和可能发生的损失。利用该表,管理当局还可酌情做出采取放宽或紧缩商业信用政策,并可作为衡量负责收款部门和资信部门工作效率的依据。

3. 应收账款的事后控制

根据账龄分析表,企业相关部门或人员(如财务部门、销售部门或专门的收账部门或人员)酌情进行催收。

对逾期时间不长、没有特别原因的应收账款,不宜采取过激行动,以免以后失去市场,可填写催款通知单交给债务人,限期催收。

对逾期时间长、困难大或有特殊问题的应收账款,可进一步按风险程度进行ABC分类。客户恶意行为欠债不还的应收账款归为A类;因为经营不善未达到预期收益,或因为资金被挪作他用等临时性经营困难而不能及时偿还的逾期应收账款归为B类;因自然灾害或客观环境发生较大变化等不可抗因素引起经营极度且扭转无望的应收账款归为C类。对A类债权,应及时采取措施(如:专业收账公司、法律手段)进行清欠;对B类债权,可以要求客户采取一些补救措施,如适当延长付款时间但加收一定的逾期补偿等;对C类债权,是延缓信用期还是进行债务重组,要加以权衡,尽可能降低损失。

由于收取账款的每个行动都可能要发生费用,因而收款决策要遵循成本效益原则,收账政策要在收账费用和所减少的坏账损失之间权衡。收款的努力顺序应该是从成本最低的手段开始,只有在前面的方法失效后再采用成本较高的方法。

5.3.4 应收账款融资[①]

应收账款的主要功能是扩大销售,但若不能及时收回,也会使企业面临资金短缺和产生坏账的隐患。随着管理技术的不断发展,企业将赊销而形成的应收账款有条件地转让给专门的融资机构,使企业得到所需资金成为一种常见的理财行为,被称为应收账款融资或发票融资。

实务中,按与应收账款债权相关的风险和报酬是否已经发生实质性转移,将应收账款融资的融资方式分为应收账款质押、应收账款保理和应收账款证券化三种方式。由于应收账款证券化在我国还属新领域,要求较高的金融专业知识,因此本书中仅介绍前两种融资方式。

1. 应收账款质押融资

应收账款质押融资指企业与银行等金融机构签订合同,以应收账款作为抵押品,在合同规定的期限和信贷限额条件下,采取随用随支的方式向银行等金融机构取得短期借款的一种融资方式。

根据是否可以用新的应收账款置换原质押的应收账款,应收账款质押融资可分为静态和动态两种模式,动态质押模式允许在保证不高于批准的质押率的前提下,可以用新的应收账款置换原质押的应收账款或回款专户内的资金;反之,不允许用新的应收账款置换的则为静态模式。

应收账款质押融资的具体流程一般按下列次序执行:

(1)卖方提交应收账款对应的贸易基础合同、运输单据与发票等(如基础合同尚未履行,提供历史交易的运输单据和发票等债权确认文件),向银行申请应收账款质押授信;

(2)银行授信审查与批复;

(3)卖方获得银行放款,与银行签署有关法律文本,进行应收账款质押登记,开立回款专户并通知应收账款债务人;

(4)应收账款债务方付款至回款专户,贷款得以偿还(或借款企业以其他还款来源还款)。

企业采用应收账款质押融资的质押率最高可以达到有效质押金额的80%,可有效盘活企业资产,提高资金周转速度,在其他可供担保的财产较少的情况下,应收账款质押制度的设立有利于打破中小企业融资难的困境。但为了减少了潜在的权利冲突,应收账款质押登记规范了应收账款质押公示方式,即意味着也披露了出质人的财务状况,企业的财务状况关系到企业信用,许多企业并不希望公示自己的融资行为。更为重要的是,应收账款质押登记中对应收账款的描述会涉

[①] 刘萍.应收账款担保融资创新与监管[M].北京:中信出版社,2009.

及第三债务人。在企业经营过程中,客户信息是重要的资源,重要客户的信息会被作为商业秘密来保护,应收账款质押登记不利于客户信息的保护,这是企业在质押过程中所不愿看到的。

应收账款质押融资在中国的应用背景

应收账款质押融资是国际上针对中小企业的主要信贷品种之一,可盘活企业沉淀资金,是缓解中小企业融资担保难、增强中小企业循环发展、持续发展能力的重要途径。在美国,约95%的中小企业融资有动产担保,大部分涉及应收账款,应收账款类融资额约占全部商业贷款的四分之一,规模接近6 000亿美元。在我国,由于法律上的障碍,该业务在我国一直发展缓慢,中小企业融资还主要依靠不动产担保。2007年10月1日正式实施的《物权法》第223条扩大了可用于担保的财产范围,明确规定在应收账款上可以设立质权,用于担保融资,从而将应收账款纳入质押范围,这被看作是破解我国中小企业贷款坚冰的开始。2007年9月30日,为配合《物权法》的实施,央行公布了《应收账款质押登记办法》(简称《办法》),央行征信中心建设的应收账款质押登记公示系统也于2007年10月8日正式上线运行。应收账款质押登记制度的建设,为应收账款质押融资顺利实施提供了保障。

2. 应收账款保理融资

应收账款保理又称托收保付,卖方将其现在或将来的基于其与买方订立的货物销售或服务合同所产生的应收账款转让给保理商(主要是银行),由保理商向其提供资金融通、买方资信评估、销售账户管理、信用风险担保、账款催收等一系列服务的综合金融服务方式。它是卖方为了强化应收账款管理、增强流动性而采用的一种委托第三者(保理商)管理应收账款的做法。

(1) 应收账款保理业务种类

应收账款保理业务按不同标准可以分成不同种类,具体如下:

① 有追索权保理和无追索权保理

按保理商是否有追索权来划分,应收账款保理可分为有追索权保理和无追索权保理。有追索权保理是指保理商根据债权转让向供应商融资后,如果买方拒绝付款或无力付款,保理商有权要求供应商偿还资金。无追索权保理是指保理商凭借债权转让向供应商提供资金后,随即放弃对供应商追索的权利,保理商独自承担买方拒绝付款或无力付款的风险。

②明保理和暗保理

按保理商是否将保理业务通知买方来划分,保理可以分为明保理和暗保理。明保理是指债权一经转让,供货商就立即将保理商参加保理的情况通知买方,并指示买方将货款直接付给保理商。暗保理即供货商为了避免让对方知道自己因流动资金不足而转让应收账款,并不将保理商的参与通知给买方,货款到期时仍由供货商出面催款,再向保理商偿还预付款。《中华人民共和国合同法》规定,供应商在对自有应收账款转让时,必须在购销合同中加以约定且必须通知买方,所以我国的保理业务属于明保理。

③折扣保理和到期保理

按保理商是否提供预付款来划分,保理可以分为折扣保理和到期保理。折扣保理是在供货商将发票交给保理商时,只要在信用销售额度内的已核准应收账款,保理商立即支付不超过发票金额80%的现款,余额待收妥后结清。如果保理商不提供预付账款融资,而是在应收账款到期时才支付,则为到期保理且届时不管货款是否收到,保理商都必须支付货款。到期保理与折扣保理相比,只需要保理商提供应收账款管理和坏账担保服务,未要求预付款,因此,折扣保理又被称为融资保理,到期保理又被称为非融资保理。

(2) 应收账款保理融资与质押融资的区别

应收账款保理融资与质押融资虽然都将应收账款作为还款来源,但两者的区别甚大,具体表现为:

①本质不同

应收账款保理融资是以应收账款的转让为基础的综合性服务,应收账款质押融资是以应收账款为担保物来提供的融资方式。

②法律性质不同

应收账款保理融资是债权让与的一种形式,是指不改变债权的内容与客体,债权人将其债权转移给受让人的法律制度。应收账款转让方式融资,在债权转让的情况下,原债权人退出债务的关系,受让人成为新的债权人,受让方获得的只是一种债权,仅具有债权效力。而在应收账款质押融资中,应收账款对应的债权没有发生转让,出质人仍是应收账款的债权人,只是在其到期不能向融资提供方(质权人)履行债务时才面临失权风险,实质上是一种权利质押,具有物权效力。

③适用法律依据不同

在应收账款保理融资中,适用的法律主要是《合同法》中关于合同权利转让的规定。在应收账款质押融资中,应收账款质押作为一项新的担保制度,主要适用的是《物权法》《担保法》等关于担保物权方面的规定。

④服务功能不同

应收账款保理融资,保理商除可提供融资外,还可提供应收账款管理、催收和坏账担保等服务；应收账款质押融资以企业明确的应收账款作为质押,仅向企业提供融资贷款的金融服务。

⑤权利人的法律地位不同

主要表现为应收账款受让人与应收账款质权人的法律地位不同。应收账款转让后,受让人作为新债权人,可以直接向应收账款债务人催收款项。除附追索权的转让外,受让人是否能够向债务人收回账款及收回多少,与原债权人无关。而在应收账款质押融资中,首先由应收账款债权人(出质人)清偿债务,在其未按约定履行清偿义务或约定的实现质权的条件成立时,质权人才有权以质押的应收账款实现债权。质权人行使质权后,若所收款项大于被担保的债权额,须将余额退还出质人,如有不足,则质权人有权向债权人请求偿还不足部分。

⑥法律后果及风险不同

在无追索权保理中,应收账款受让人承担买方信用风险,受让人应独自承担债务人恶意拖欠和破产的风险。应收账款质押融资中,银行不承担买方信用风险,质权人行使质权后,若所收款项小于被担保的债权额,有权继续要求应收账款债权人(出质人)偿还不足部分。

⑦收费不同

应收账款保理融资收取融资利息及手续费,应收账款质押融资只收取融资利息。

⑧财务报表的反映不同

对于应收账款保理融资,企业在内部账务上,直接表现为应收账款减少,现金增加,企业的资产负债率直接下降。对于应收账款质押融资,由于是企业以自己名义申请贷款,因此在财务报表上,应收账款并未减少,资产负债率则会相应上升。

5.4 存货管理

存货是指企业在日常生产经营过程中为生产或销售而储备的物资。存货是一种重要的流动资产,对生产型、商品流通型企业来说,存货占流动资产的比重一般约为40%～60%,有的企业甚至达到70%。在三种主要的流动资产(现金、应收账款及存货)中,存货是流动性最差的。过量的存货必然导致占用更多的资金、存货成本增加,从而影响企业的盈利能力。因此,存货管理的目的是要合理控制存货占用比率,在充分发挥存货功能的基础上,降低存货成本、获取更多收益。

5.4.1 存货的内涵及功能

1. 存货的内涵

存货包括原材料、商品、在产品、半成品、产成品及各类周转材料。

原材料指企业在生产过程中经加工改变其形态或性质并构成产品、主要实体的各种原料及主要材料、辅助材料、外购半成品(外购件)、修理用备件(备品备件)、包装材料、燃料等。

在产品指企业正在制造尚未完工的产品,包括正在各个生产工序加工的产品和已加工完毕但尚未检验或已检验但尚未办理入库手续的产品。

半成品指经过一定生产过程并已检验合格交付半成品仓库保管,但尚未制造完工成为产成品,仍需进一步加工的中间产品。

产成品指工业企业已经完成全部生产过程并验收入库,可以按照合同规定的条件送交订货单位或者可以作为商品对外销售的产品。企业接受外来原材料加工制造的代制品和为外单位加工修理的代修品,制造和修理完成验收入库后,应视同企业的产成品。

商品指商品流通企业外购或委托加工完成验收入库用于销售的各种商品。

周转材料指企业能够多次使用,但不符合固定资产定义的材料,如为了包装本企业商品而储备的各种包装物,各种工具、管理用具、玻璃器皿、劳动保护用品以及在经营过程中周转使用的容器等低值易耗品和建造承包商的钢模板、木模板、脚手架等其他周转材料。

2. 存货的功能

存货的功能是指存货在生产经营过程中的作用,具体包括:

(1) 保证生产顺利进行

企业生产通常是连续的,需要不断投入各种材料。尽管有些企业自动化程度很高,借助计算机、网络进行管理,努力实现"零库存"管理目标,但要完全达到这一目标并非易事,这就需要储备必要的原材料和在产品,保证生产连续、正常进行,否则会停工待料,给企业带来较大的损失。

(2) 维持均衡生产

市场需求有时是不稳定的,尤其是季节性产品。如果根据市场需求状况组织生产,难免会出现繁忙时超负荷运转;轻闲时负荷不足、资源闲置,这两种情况都会导致企业生产成本增加。为了降低成本,有些企业进行均衡生产,将闲时生产的产品储备起来,以应忙时之需。

(3) 适应市场变化

市场瞬息万变,压力与机遇并存。有些企业预期原料价格上涨,会提前在原料价格较低的时候大量购进原料;有些企业预期产品价格上涨,会囤积产品待价格上涨时再销售。

3. 存货的成本

由于以上原因,企业需要储备一定数量的存货。但是持有存货过多也会影响企业的收益,因为采购、储存存货要发生各种费用支出,这些费用支出就构成了持有存货的成本。具体来看,持有存货成本主要包括以下几个方面。

(1) 采购成本

采购成本为企业生产或购置该存货所发生的所有费用。在购置存货时,为了降低采购成本,企业应研究材料的供应情况,货比三家以争取采购到质量好、成本低的存货。采购成本一般与采购(生产)数量、采购价格(生产成本)成正比例变化。如果存货年需要量为 D,存货采购单价是为 P,则存货的年采购成本为:$D \cdot P$。

在存货市价稳定的情况下,如果一定存货年总需求量固定,则存货的总采购成本也是固定的,此时与采购批数及每批的采购量无关。但有些企业为了鼓励客户更多地购买商品,会给客户不同程度的数量折扣,即当客户一次采购批量达到一定数量时,可以给予价格上的优惠,此时存货的总采购成本与每批的采购量则是相关的了。

(2) 订货成本

订货成本是指为订购材料、商品而发生的成本,如:差旅费、邮资、谈判费、常设采购机构的基本开支等。订货成本中有一部分与订货次数无关,如常设采购机构的基本开支,可称为固定订货成本;另一部分与订货次数有关,如差旅费,可称为变动订货成本。如果存货年需要量为 D,每次进货批量为 Q,每次变动订货成本为 K,年固定订货成本为 F_1,则存货的年订货成本为:$\dfrac{D}{Q}K+F_1$。企业要想降低订货成本,需要大批量采购,以减少订货次数。

(3) 储存成本

储存成本是指在物资储存过程中发生的仓储费、搬运费、保险费、存货占用资金支付的利息费、存货残损和变质损失等。存货的储存成本也分为变动性和固定性储存成本。如存货占用资金的利息费、存货保险费、存货残损和变质损失等与储存存货的数量成正比,此类成本为变动储存成本。仓库折旧费、仓库保管人员的固定工资等与存货的储存数量无关,此类成本为固定储存成本。假设企业存货的单位年变动储存成本为 C,年固定储存成本为 F_2,年平均存货数量如图 5-13 所示为 $\dfrac{Q}{2}$,则存货的年储存成本为:$\dfrac{Q}{2}C+F_2$。与降低订货成本相反,企业要想降低储存成本,需要小批量采购,以减少存货的储存数量。

(4) 缺货成本

存货缺货成本是一种机会损失,是指由于存货储备不足而给企业造成的经济损失。如由于原材料储备不足而造成的停工待料的损失、产成品储备不足导致销售中断的损失、延迟交货引起的违约损失等。存货的短缺成本与存货的储备数量呈反方向变化,储存存货的数量越多,发生缺货的可能性就越小,缺货成本就越小。存货缺货成本一般依据管理人员的经验来估计,属变动成本,本书以 S 表示缺货成本。

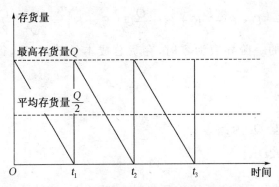

图 5-13 稳定耗用无安全库存的存货

如果以 TC 表示存货的总成本,综上所述,其计算公式为:

$$TC = D \cdot P + \frac{D}{Q}K + F_1 + \frac{Q}{2}C + F_2 + S \tag{5.10}$$

式中:D 为存货年需要量;P 为存货采购单价;Q 为每次进货批量;K 为每次变动订货成本;F_1 为年固定订货成本;C 为单位年变动储存成本;F_2 为年固定储存成本;S 为缺货成本。

5.4.2 存货的规划与决策

存货管理的目标,就是在保证企业正常生产经营需要的同时,使存货成本最小。因此,存货管理需要综合考虑上述存货成本的影响,即存货规划与决策,解决每次订货量及订货时间等问题。

1. 经济批量(Economic Order Quantity,EOQ)基本模型

经济批量又被称为经济订货量或最佳订货量,是指在一定时期企业存货的总成本最低的每批订货数量。

与存货成本有关的因素有很多,为了使复杂的问题简化,就需要设立一些假设,在此基础上建立经济批量的基本模型,然后再逐一去掉假设来解决较复杂的问题。经济批量基本模型的假设条件包括:(1) 企业能够随时补充存货;(2) 每批存货均能集中到达;(3) 没有缺货现象;(4) 全年需求量稳定,并且可预测;(5) 存货不变且无批量折扣;(6) 企业现金充足,不会因为现金短缺而影响进货;(7) 市场货源充足。

如前述讨论,存货有采购成本、订货成本、储存成本及缺货成本。在经济批量假设的条件下,存货年需要量、采购单价、年固定订货成本、年固定储存成本为常量不受每次进货批量的影响,并且企业也不允许缺货的情况发生;只有变动储存成本、变动订货成本是变量,受每次进货批量的影响。因此,存货总成本的高低取于每次进货批量 Q。要想求得使得总成本最低的经济批量,即对公式(5.9)进行求导。

$$(TC)' = \left(D \cdot P + \frac{D}{Q}K + F_1 + \frac{Q}{2}C + F_2 + S\right)' = \frac{DK}{2Q^2} + \frac{C}{2}$$

因为当 TC 的一阶导数为零时，存货总成本最低，所以，得到公式(5.11)如下。

$$\frac{DK}{2Q^2} + \frac{C}{2} = 0 \tag{5.11}$$

可得经济批量 Q^* 为：

$$Q^* = \sqrt{\frac{2DK}{C}} \tag{5.12}$$

例 5.8 三辅公司每年耗用 A 原材料 6 400 公斤，该材料单位成本为 100 元/公斤，单位变动年储存成本为 20 元，每次变动订货成本为 1 000 元(假定其不随订货批量的变化而变化)，求经济批量、最佳订货次数、最佳订货周期。

根据公式(5.12)可求得经济批量为：

$$Q^* = \sqrt{\frac{2DK}{C}} = \sqrt{\frac{2 \times 6\,400 \times 1\,000}{20}} = 800(公斤)$$

$$最佳订货次数 = \frac{6\,400}{800} = 8 \text{ 次}$$

$$最佳订货周期 = \frac{360}{8} = 45 \text{ 天}$$

由以上计算可知，三辅公司每次采购 800 公斤，全年存货总成本最低。

2. 经济批量扩展模型

只有当前面的各项假设条件严格成立时，才能运用经济批量基本模型求解实际问题。为使模型更接近于实际情况并具有较高的实用性，必须逐一放宽假设并改进模型。

(1) 提前订货

存货基本模型假设企业可以在存耗用完毕后订货，而且新的存货会及时送达。但通常的情况是企业在发出订单到新的存货入库之间需要一段时间。考虑到这一段时间，企业必须在存货耗尽之前订货，即提前订货。当企业再次发出订单时尚存的存货库存量称为再订货点，如公式(5.13)所示：

$$R = L \times d \tag{5.13}$$

式中：R 表示再订货点；L 表示订货日至到货日所需时间(订货周期)；d 表示每日耗用量。

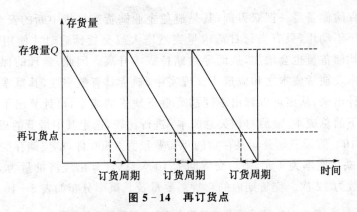

图 5-14 再订货点

例 5.9 承前例,假设企业订货日至到货日的时间为 9 天,每天存货耗用量 $\frac{160}{9}$ 公斤,则企业的再订货点为:

$$R = L \times d = 9 \times \frac{160}{9} = 160 \text{ 公斤}$$

从例 5.9 可以看出,在企业还存有 160 公斤存货时就应该再次订货,等到下批订货到达时,剩余的 160 公斤存货刚好用完。此时,有关存货的经济批量、订货间隔时间及次数并无变化。

(2) 保险储备

在企业实际的存货管理中,每天的需求量和交货时间可能发生变化。在按照一定的经济批量和再订货点发出订单后,如果需求量突然增大或者由于某种情况交货时间延迟,则会发生缺货。因此,为避免由此造成的损失,企业多储备一些存货以备应急之需,称为保险储备。假设用 B 表示保险储备,考虑保险储备的再订货点则如公式(5.14)所示:

$$R = 交货时间 \times 平均日需求量 + 保险储备 = L \times d + B \tag{5.14}$$

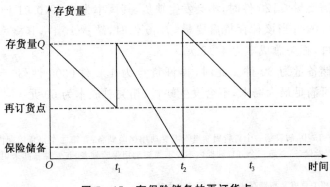

图 5-15 有保险储备的再订货点

存货保险储备是一把双刃剑,其是避免企业缺货或供货中断的安全存量,在正常情况下不动用,只有当每日需求量突然增大或交货延迟时才使用[1];但同时存货的平均储备量也会增加,从而导致储备成本升高。因此,合理的保险储备量的储存成本及缺货成本之和应最小。现实中,缺货具有概率性,其概率可根据历史经验估计出来,从而可以算出不同需要量下缺货的成本,再计算出不同保险储备量情况下的总成本,最后对相关总成本[2]进行比较,选定其中最低的成本。

例5.10 假设三辅公司某存货的年需要量为3 600件,单位储存变动成本为2元,单位缺货成本为4元,平均交货期为10天;已计算出经济批量为300件,每年订货次数为12次。交货期内的存货需要量及其概率分布如表5-10所示:

表5-10 某种存货交货期内的存货需要量及其概率分布

需要量(件)	70	80	90	100	110	120	130
概率	0.01	0.04	0.2	0.5	0.2	0.04	0.01

①不设置保险储备量。此时,保险储备量为0,再订货点为100件(300件/30天)。当该种存货需要量≤100件时,不会发生缺货,其概率为0.75(0.01+0.04+0.2+0.5);当该种存货需要量≤110件时,缺货10件,其概率为0.2;当该种存货需要量≤120件时,缺货20件,其概率为0.04;当该种存货需要量≤130件时,缺货30件,其概率为0.01;平均缺货量为3.1件,相关总成本为148.8元。[3]

②保险储备量为10件。此时,再订货点为110件(300件/30天+10件)。当该种存货需要量≤110件时,不会发生缺货,其概率为0.95(0.01+0.04+0.2+0.5+0.2);当该种存货需要量≤120件时,缺货10件,其概率为0.04;当该种存货需要量≤130件时,缺货20件,其概率为0.01;平均缺货量为0.6件,相关总成本为48.8元。

③保险储备量为20件。此时,再订货点为120件(300件/30天+20件)。当该种存货需要量≤120件时,不会发生缺货,其概率为0.99(0.01+0.04+0.2+0.5+0.2+0.04);当该种存货需要量≤130件时,缺货10件,其概率为0.01;平均缺货0.1件,相关总成本为44.8元。

④保险储备量为30件。此时,再订货点为130件(300件/30天+30件)。此种情况下可满足最大需求,不会发生缺货,相关总成本为60元。

---

[1] 如图5-15中,假设第一个订货周期里不需要动用保险储备;在第二个订货周期内需求量大于供货量,需要动用保险储备;在第三个订货周期内不仅不需要动用保险储备,正常储备亦未用完,下次存货即已送达。

[2] 这里的相关总成是指储存成本及缺货成本之和。

[3] 平均缺货量=(110-100)×0.2+(120-100)×0.04+(130-100)×0.01=3.1件
相关总成本=4×3.1×12+0×2=148.8元

比较上述不同保险储备量的相关总成本,可发现当保险储备量为 20 时相关总成本最低。

(3) 存在数量折扣

经济批量基本模型假设存货价格与订货批量无关。但有时销售方为了扩大销售,会提供数量折扣且每次购进的存货数量越多,存货的价格优惠就越大。此时,存货的采购成本也成为决策相关成本,存货决策时相关总成本应将其包括进来。一般按下列步骤进行决策:

①按经济批量基本模型计算出无数量折扣情况下的经济批量及相关总成本;
②按供货方提供的数量折扣条件计算出不同订货批量下的相关总成本;
③将前述步骤计算出的相关总成本进行比较,选择相关总成本最低的为最佳订货批量。

例 5.11 承例 5.8,假设所需材料单位采购价格为 100 元/公斤,但如果一次订购超过 1 000 公斤可给予 2% 的批量折扣,请问应以多少批量订货?

①按经济批量采购,不取得数量折扣时的相关总成本应为:

相关总成本＝订货成本＋储存成本＋采购成本

$$=100\times 6\,400+\frac{800}{2}\times 20+8\times 1\,000=656\,000\ 元$$

②按折扣批量采购,相关总成本应为:

相关总成本＝订货成本＋储存成本＋采购成本

$$=100\times 6\,400\times(1-2\%)+\frac{1\,000}{2}\times 20+6.4\times 1\,000=643\,600\ 元$$

由上述计算可知,订货量为 1 000 时相关总成本最低。

5.4.3 存货的日常管理

存货管理中,不仅需要科学测算经济批量、再订货点及保险储备、制定存货资金计划,还需要对存货的使用和保管进行合理的组织、调节和控制,即对存货进行日常管理,才能有效实现存货管理目标。

1. 存货日常管理内容

企业存货日常管理应遵循不相容职务相互分离原则做好采购、验收、保管、出库和盘点等五个环节的工作。

(1) 存货采购

首先,企业要按前述介绍的方法做好存货规划,合理确定经济批量和存货资金的占用额。其次,应建立健全采购体系的反舞弊机制,如:对关键岗位的采购人员实行不定期强制轮岗制度;加强对存货采购人员的监督和检查;建立存货请购、询价与审批机制,特别是对大额的采购应采取招投标管理制度和批量订货制度,以获取较低的采购价格,降低采购成本。

(2) 存货验收入库

验收程序不规范、验收标准不明确,可能导致以次充好、账实不符等问题。存货验收质检部门应同采购部门职责分离并建立严格的质量控制标准,健全验收流程。无论是企业外购还是自制的存货,都必须经过验收质检环节以保证存货的数量和质量符合合同规定及产品质量要求。外购存货的验收应当重点关注合同、发票等原始单据与存货的数量、质量、规格等核对一致,存货是否有残次损坏;自制存货的验收,应当重点关注产品质量,只有检验合格的半成品、产成品才能办理入库手续,不合格品应及时查明原因、落实责任、报批处理。

(3) 存货仓储保管

企业需建立完善的存货仓储保管制度,加强存货的日常保管和检查工作,严格限制未经授权的人员接触存货。存货在不同仓库之间流动时,应当及时办理出入库及调拨手续;存货要按照物资所要求的储存条件妥善保管,做好防火、防水、防盗、防变质等保管工作;不同批次、型号和用途的存货分类存放,防止周转成本的浪费。

(4) 存货出库

存货领用、发出审核不严格、手续不完备,可能导致货物流失。因此,企业应当明确存货发出和领用的审批权限及手续。仓储部门应核对经过审批的领料单或销售发货通知单的内容,做到单据齐全,名称、规格、计量单位准确,符合条件的准予领用或发出,并与领用人当面核对、点清交付、签字确认,单据及时转财务进行账务处理。对于大批存货、贵重商品或危险品的发出,还应当实行特别授权制度。

(5) 存货盘点

企业必须建立存货清查盘点制度,结合实际情况确定盘点周期、盘点流程等控制程序,检查存货数量以及时发现存货减值迹象。存货"监盘"人员、仓管人员应在盘点结果上签字确认;对盘点中发现的盘盈、盘亏、毁损、闲置以及需要报废的存货,应当查明原因,落实追究责任,及时处理。

2. 存货日常管理方法

为了加强存货的日常管理,提高存货资金利用效率,常用的存货日常管理方法主要有以下几种。

(1) 存货归口分级管理

存货归口分级管理又称归口分级管理责任制,包括归口管理和分级管理两部分内容,是集中统一领导和分级管理相结合、专业管理和群众管理相结合、责权利相结合的一种制度,是加强存货日常管理的一种重要方法。该方法包括以下三项内容:

①统一领导。在公司管理层领导下,财务部门统一领导存货资金的管理,考虑"供、产、销"相互协调,实现资金使用的综合平衡,要做到:根据国家财务制度和企业具体情况制定企业资金管理的各种制度;认真测算各种资金占用数额,汇总编制存货资金计划;把有关计划指标进行分解,落实到单位和个人;对各个单位的资金运营情况进行检查和分析并统一考核资金的使用情况。

②归口管理。根据使用资金和管理资金相结合,物资管理和资金管理相结合的原则,每项资金由哪个部门使用就归哪个部门管理。例如:材料、燃料、包装物等资金归口供应部门管理;在产品和自制半成品占用的资金归口生产部门管理;产成品资金归口销售部门管理;工具、用具占用的资金归口工具部门管理;修理备件占用的资金归口设备动力部门管理等。

③分级管理。各归口的管理部门要根据具体情况将资金计划指标进行分解,分配给所属单位或个人,层层落实,实行分级管理。例如:原材料资金计划指标可分配给供应计划材料采购、仓库保管、整理准备等各业务组管理;在产品资金计划指标可分配给各车间半成品库管理;成品资金计划指标可以分配给销售、仓库保管、成品发运等各业务组管理。

实行存货归口分级管理有利于调动各职能部门、各级单位和基层职工管好、用好存货的积极性和主动性,促进企业整体存货管理水平的提高。

(2) 存货 ABC 分类管理(Activity Based Classification)

公司的存货品种繁多,有的存货品种数量少但价值很高,有的存货品种数量多但价值较小。如果不分主次,所有存货采用同一种方法,花同样的精力去管理,其成本效益比一定是不够高的。如果能根据一定的标准,按重要性程度,将企业存货划分为 A、B、C 三类,分别实行按品种重点管理、按类别一般控制和按总额灵活掌握的存货管理方法,必然会事半功倍。这种突出重点的管理方法即为存货 ABC 分类管理法。[①]

存货分类的标准主要有金额标准和品种数量标准两类,前者是基本标准,后者是辅助标准,划分时通过列表、计算、排序等按下列具体步骤确定各种存货所属类别。

①收集数据。按分析对象和分析内容,收集有关数据,包括每种库存物资的

---

① ABC 分类法是由意大利经济学家维尔弗雷多·帕累托首创的。1879 年,帕累托在研究个人收入的分布状态时,发现少数人的收入占全部人收入的大部分,而多数人的收入却只占一小部分,他将这一关系用图表示出来,就是著名的帕累托图。该分析方法的核心思想是在决定一个事物的众多因素中分清主次,识别出少数的但对事物起决定作用的关键因素和多数的但对事物影响较少的次要因素。后来,帕累托法被不断应用于管理的各个方面。1951 年,管理学家戴克(H. F. Dickie)将其应用于库存管理,命名为 ABC 法。1951—1956 年,约瑟夫·朱兰将 ABC 法引入质量管理,用于质量问题的分析,被称为排列图。1963 年,彼得·德鲁克(P. F. Drucker)将这一方法推广到全部社会现象,使 ABC 法成为企业提高效益的普遍应用的管理方法。

平均库存量、每种物资的单价等。

②编制 ABC 分析表。对收集来的数据资料进行整理,分别按照物品名称、品目数累计、品目数累计百分数、物品单价、平均库存、平均资金占用额(单价乘以平均库存)、平均资金占用额累计、平均资金占用额累计百分数、分类结果进行制表分析。

③根据 ABC 分析表确定分类。按 ABC 分析表,将累计品目百分数为 5%~15%,而平均资金占用额累计百分数为 60%~80%左右的前几个物品,确定为 A 类;将累计品目百分数为 20%~30%,而平均资金占用额累计百分数也为 20%~30%的物品,确定为 B 类;其余为 C 类,C 类情况正和 A 类相反,其累计品目百分数为 60%~80%,而平均资金占用额累计百分数仅为 5%~15%。

根据 A、B、C 各类物资实施不同的管理策略:

A 类物料品种数量少,但占用库存资金额多,是企业非常重要的物料,要重点管理。①按照需求、小批量、多批次采购入库,最好能做到准时制管理;②与供应商建立良好的合作关系,尽可能缩短订货提前期和交货期,力求供应商供货平稳,降低物料供应变动,保证物料及时供给;③科学设置最低定额、安全库存和订货点报警点,防止缺货的发生;④严格执行物料盘点制度,定期检查,严密监控,尽可能提高库存物料精度,货位处于物流出口;⑤加强物料维护和保管,保证物料的使用质量。

B 类物料品种数量和占用库存资金额都处于 A 类与 C 类之间,是企业一般重要的物料,可以采取比 A 类物料相对简单而比 C 类物料相对复杂的管理方法,即常规管理方法。

C 类物料品种数量多,但占用库存资金额少,是企业不太重要的物料,可以采取粗放管理的方法。①大量采购,获得价格上的优惠。由于所消耗金额非常小,即使多储备,也不会增加太多金额。②减少物料的盘点次数,对部分数量很大价值很低的物料不纳入日常盘点范围,并规定物料最少出库的数量,以减少物料出库次数。对于积压物品和不能发生作用的物料,应该每周向公司决策层通报,及时清理出仓库。③为避免缺货现象,可以适当提高物料库存数量,减少订货次数,增加订货批量和安全库存量,减少订货费用。

(3) 适时制管理(Just-In-Time System)

适时制管理又称为零库存管理,起源于 20 世纪 20 年代福特汽车公司,于 20 世纪 70 年代在日本制造业得到有效应用,随后在欧美国家得到广泛应用[①]。适时制的倡导者认为:传统的生产过程所花的生产总时间包括加工、整理运送、等待和

---

① 以丰田、戴尔公司为代表,利用适时制存货管理大大降低了企业运营成本,在激烈的国际竞争中占据了有利地位。

检验四个时间阶段,如图 5-16 所示。

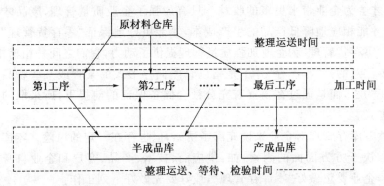

图 5-16 传统的生产过程所花的生产总时间

按以上时间构成对企业进行调查,发现大多数企业的产品加工时间不足总时间的 10%,其余时间均为运送、检验和等待的时间。这其中只有加工时间是增值时间。运送、检验及等待时间是不增加价值的,称为非增值时间。在这些非增值时间里各环节要顺利衔接则均需保有一定的存货。这些中间环节的存货将会加长存货周转期,影响资金周转效率,形成浪费。如果能消除这些非增值时间所形成的浪费,尽量使产品生产总时间等于产品加工时间,将会有效节约存货资金占用。为此,企业需要改变生产组织流程,前一生产工序生产什么、生产多少、产品质量和产出时间必须严格按后一生产工序所要求的有关在产品、半成品或零部件的数量、规格、质量和需求时间来安排,如此从后向前,直至材料采购。原材料、在产产品、半成品、产成品要在产、销环节都在需要时适时送到现场直接交付使用,无需通过仓库(或仓库只备有少许保险储备)。

企业实现零存货的益处主要表现在以下几方面:

①可减少存货资金的占用量,减少机会成本,提高企业资金的使用效率。传统的存货管理方法容易导致大部分流动资金被存货所占用。而在"零存货管理"方法下,每天的生产经营结束后存货的库存量为零,存货占用的资金也降低到了最低限度,这样就大大减少了企业流动资金的投入,节约了企业的资金。

②可降低存货的储存成本与管理费用。传统的存货管理方法必须要保存一定数量的存货以备不时之需,就必然会发生储存成本以及存货的保管费用。而"零存货管理"的方法,由于存货数量为零,从而避免了储存成本的发生,减少了固定资产的占用,降低了储存成本。

③可防止企业存货拍卖变现损失和跌价损失,保证了企业资金的正常流动及回收。传统的存货管理方法,由于存货流动性较差不容易变现,容易发生存货变现损失和跌价损失。而在"零存货管理"方式下,企业中的原材料、零部件,在产品以及产成品的库存均为零,大大加强了流动资产的流动性。

④可对生产实现全面的质量控制。"零存货管理"必须要注重企业的质量管理,这样才会为企业带来更多的收益。只有加强了企业质量管理,废品才能大大地减少,才能相应地降低产品的生产成本,才能更好地保证"零存货管理"的正常实行,而"零存货管理"为企业加强质量管理提供了动力,它们之间是相辅相成的。

需要注意的是"零库存"并不是指以仓库储存形式的某种或某些物品的储存数量真正为零,而是通过在物资有充分社会储备保证的前提下,所采取的一种特殊供给方式。

虽然零库存管理对企业来说充满了诱惑,但也存在一定的风险。零库存的实现与否取决于方方面面的因素,如:供应商、技术、产品、客户和企业自身的决策等,因此,企业要想做好"零库存管理",最好要先做好下列工作:

①要转变员工观念,树立员工对减少库存的认识。企业在推行零库存管理之前,应该对全体员工进行有效的宣传教育,使不同专业的员工对零库存有一个正面的了解。让他们知道推行零库存管理的意义,形成推行零库存管理的有利条件和良好氛围。

②要合理地选择供应商,与供应商建立良好的合作关系。由于零库存要求供应商在规定的时间里提供规定质量的原材料,因此原料库存、供应商的距离远近及运输方式的选择是关键因素。同时注重与供应商建立长期的合作关系,共享信息,共同协作解决问题,保证对所需货物的及时供应。

③要建立由销售来决定生产的观念。销售部门要致力于拓展销售市场,并保证销售渠道的稳定,而生产部门要有灵活的应变能力和以弹性的生产方式全力配合销售部门的工作,使企业能够比较均衡地进行生产,这对减少存货是有利的。

④要严肃奖惩制度。在零库存管理系统中,企业生产经营各环节、各生产工序的相互依存是非常重要的。企业内部的整条作业环节中的任何一个环节出现差错,都会使整条作业链出现紊乱甚至瘫痪。因而应严肃奖惩制度,以保障生产经营活动的顺利进行。

思考练习题

一、名词解释

1. 最佳现金持有量　　2. 信用标准
3. 信用条件　　　　　4. 应收账款质押融资
5. 应收账款保理　　　6. 保险储备
7. 经济批量　　　　　8. 再订货点

二、单项选择题

1. 下列关于信用期限的描述中,正确的是( )。
   A. 缩短信用期限,有利于销售收入的扩大
   B. 信用期限越短,企业坏账风险越大
   C. 信用期限越长,表明客户享受的信用条件越优越
   D. 信用期限越短,应收账款的机会成本越高

2. 下列各项中,属于应收账款机会成本的是( )。
   A. 坏账损失
   B. 收账费用
   C. 对客户信用调查的费用
   D. 应收账款占用资金的应计利息

3. 信用条件"$1/10, n/30$"表示( )。
   A. 信用期限为10天,折扣期限为30天
   B. 如果在开票后10~30天内付款可享受1%的折扣
   C. 信用期限为30天,现金折扣为10%
   D. 如果在10天内付款,可享受2%现金折扣

4. 下列关于信用标准的描述中,不正确的是( )。
   A. 信用标准是企业同意向顾客提供商业信用而提出的基本要求
   B. 信用标准主要是规定企业只能对信誉很好、坏账损失率很低的顾客给予赊销
   C. 如果企业的信用标准较严,则会减少坏账损失,减少应收账款的机会成本
   D. 如果信用标准较宽,虽然会增加销售,但会相应增加坏账损失和应收账款的机会成本

5. 经济批量是指( )。
   A. 采购成本最低的采购批量
   B. 订货成本最低的采购批量
   C. 储存成本最低的采购批量
   D. 存货总成本最低的采购批量

6. 在对存货采用ABC法进行控制时,应当重点控制的是( )。
   A. 数量较大的存货
   B. 占用资金较多的存货
   C. 品种多的存货
   D. 价格昂贵的存货

三、多项选择题

1. 现金管理的内容包括( )。
   A. 编制现金收支计划,以便合理地估计未来的现金需求
   B. 节约使用资金,从暂时闲置的现金中获得最多的利息收入
   C. 对日常的现金收支进行控制,力求加速收款,延缓付款
   D. 既保证企业交易所需资金,降低风险,又不使企业有过多的闲置资金,以增加收益

E. 用特定的方法确定最佳现金余额,当企业的实际现金余额与最佳现金余额不一致时,设法达到理想状况

2. 评估顾客信用的5C评估法中的"5C"包括(　　)。
A. 品德　　　　B. 能力　　　　C. 利润　　　　D. 资本
E. 情况

3. 应收账款的管理成本主要包括(　　)。
A. 调查顾客信用情况的费用　　　B. 收集各种信息的费用
C. 账簿的记录费用　　　　　　　D. 应收账款的坏账损失
E. 收账费用

4. 信用条件是指企业要求顾客支付赊销款项的条件,包括(　　)。
A. 信用期限　　B. 现金折扣　　C. 折扣期限　　D. 机会成本
E. 坏账成本

5. 下列关于收账费用与坏账损失关系的说法中,正确的有(　　)。
A. 收账费用支出越多,坏账损失越少,两者成反比例的线性关系
B. 收账费用支出越多,坏账损失越少,但两者不一定存在线性关系
C. 在一定范围内,坏账损失随着收账费用的增加而明显减少,但当收款费用增加到一定限度后,坏账损失的减少就不再明显了
D. 在制定信用政策时,要权衡增加收款费用和减少坏账损失之间的得失
E. 为了减少坏账损失,可以不断增加收账费用

6. 确定再订货点,需要考虑的因素有(　　)。
A. 平均每天的正常耗用量　　　　B. 预计每天的最大耗用量
C. 提前时间　　　　　　　　　　D. 预计最长收货时间
E. 保险储备

7. 关于储存成本,下列说法中正确的有(　　)。
A. 储存成本包括仓储费、搬运费、保险费、占用资金支付的利息费
B. 一定时期的储存成本总额等于该期内平均存货量与单位储存成本之积
C. 要降低储存成本,需要小批量采购
D. 要降低储存成本,需要大批量采购
E. 为了降低存货总成本,订货的数量越少越好

8. 应收账款的管理成本主要包括(　　)。
A. 调查顾客信用情况的费用　　　B. 收集各种信息的费用
C. 账簿的记录费用　　　　　　　D. 应收账款的坏账损失
E. 收账费用

9. 适时制的成功因素包括( )。
A. 计划要求　　　　　　　　B. 与供应商的关系
C. 准备成本　　　　　　　　D. 其他成本因素
E. 电子数据交换

四、判断题

1. 现金周转期就是存货周转期与应收账款周转期之和。（　）
2. 拥有大量现金的企业具有较强的偿债和承担风险能力,因此,企业单位应尽量多地拥有现金。（　）
3. 现金持有成本与现金余额成正比例变化,而现金转换成本与现金余额成反比例变化。（　）
4. 企业加速收款的任务不仅是要尽量使顾客早付款,而且要尽快地使这些付款转化为可用现金。（　）
5. 赊销售是扩大销售的有力手段之一,企业应尽可能放宽信用条件,增加赊销量。（　）
6. 收账费用支出越多,坏账损失越少,两者是线性关系。（　）
7. 通过编制账龄分析表,可以了解各客户的欠款金额、欠款期限和偿还欠款的可能时间。（　）
8. 在进行存货存货规划时,保险储备的存在会影响经济批量的计算,同时也会影响再订货点的确定。（　）

五、简答题

1. 简述企业持有现金的动机。
2. 简述应收账款的功能和成本。
3. 简述如何制定应收账款政策。
4. 简述如何使用 ABC 分类管理方法对存货进行管理。
5. JIT 存货管理下,如何解决传统存货管理所面临的问题?

六、计算题

1. 鼎鑫公司预计存货周转期为 90 天,应收账款周转期为 60 天,应付账款周转期为 30 天,预计全年需要现金 1 080 万元,该企业第 12 个月期初的现金余额为 300 万元,第 12 个月的现金收入为 100 万元,现金支出为 80 万元。

要求:试求该企业的现金周转期、最佳现金余额和现金余缺额。

2. 安旺公司计划采用赊销办法销售产品,有 A、B 两个方案可供选择。A 方案的信用条件是 N/30,年度赊销净额 180 万元,坏账损失率为 2%;B 方案为"1/30,N/60",估计约有 50% 的客户会享受现金折扣,年度赊销净额 300 万元,坏账损失率为 3%。企业变动成本率为 75%,机会成本率为 10%。

要求:判断 A、B 两方案孰优。

3. 三秦公司每年需用材料800吨,每次订货成本为400元,每吨材料的年储存成本为100元,该种材料买价为1 500元/吨。

要求计算:

(1) 每次购入多少吨,可使全年与进货批量相关的总成本达到最低?

(2) 若每次订货量在100吨以内没有折扣,在100吨以上可获2%的折扣,此时每次购入多少吨,可使全年与进货批量相关的总成本达到最低?

七、案例分析

四川长虹公司应收账款危机

四川长虹是"一五"期间的156项重点工程之一,净资产从3 950万元迅猛扩张到133亿元,是"中国彩电大王",它的股价曾达到66元/股,是上海A股市场的龙头。可是2004年12月底,四川长虹公司发布公告称,由于计提大额坏账准备,该公司将面对重大亏损(37亿元),此事件一时间成为业界的爆炸性新闻。受此影响,四川长虹股价连创新低,2005年该公司股价最低达2.85元/股。

1996年前后,家电业竞争愈加激烈,竞争对手大打价格战,利润空间越来越小。为了让公司摆脱这种不利的局面,四川长虹公司迫切希望开拓国际市场,特别是美国市场,以减轻经营的风险。从2001年7月开始,四川长虹公司将其彩电源源不断地发往APEX公司。APEX有100名工作人员,产品遍及北美的两万多个零售点,包括Best Buy和Cricuit City。APEX公司之所以最近几年在美国市场上异军突起,靠的就是大量从中国进口DVD、彩电等家电产品,然后以具有相当竞争力的价格销售给美国知名的连锁超市。APEX公司当家人季龙粉,这位被美国《时代》杂志评为2002年全球最具竞争力的企业家,总是以质量问题或货款未收回为借口,拒付或拖欠四川长虹公司货款。

四川长虹公司2003年年报、2004年年报都显示,APEX拖欠四川长虹公司应收账款近40亿元。2004年3月23日,四川长虹公司发表的2003年年度报告披露,截至2003年年末,公司应收账款49.85亿元人民币,其中APEX的应收账款为44.46亿元。2003年3月25日,四川长虹公司发表的2002年年报显示,四川长虹公司实现收入125.9亿元,实现净利1.75亿元,但经营性现金流量为-29.7亿元,这是自编制现金流量表以来(1998年),四川长虹公司经营性现金流首次出现负数。截至2002年底,四川长虹公司应收账款仍高达42.2亿元,其中未收回的APEX的应收账款数额为38.3亿元(4.6亿美元)。两相比较,应收账款不降反升。同时四川长虹公司拥有70多亿元的存货,其中31.2亿元是库存商品,22.56亿元是原材料。

2004年10月,季龙粉在深圳被四川警方以"涉嫌票据诈骗"刑事拘留,而这也意味着四川长虹公司对APEX的彻底失望。为尽量收回货款、减少损失,2004年12月14日,四川长虹公司向美国洛杉矶高等法院起诉APEX公司,以APEX

公司违反债务偿还协议，两次逾期不履行分期还款义务为诉求，要求被告美国 APEX 公司偿还 4.72 亿美元（约合人民币 40 亿元）的货款（连同利息及超期罚款共计标的额 4.843 亿美元）及律师费、诉讼费等，并要求法院发出禁令，禁止 APEX 转移资产及删改、毁坏账本，同时允许四川长虹公司查明 APEX 的财务状况。通过司法程序核实 APEX 的财务和经营状况，以利于 APEX 公司欠款问题的进一步解决，双方焦点集中于 APEX 公司在 2003 年为四川长虹公司开具的 37 张支票是否为空头支票，这将决定 APEX 是否涉嫌票据诈骗。但是，针对公司的诉讼，APEX 在 2005 年 1 月 14 日在美国洛杉矶高等法院以四川长虹公司在美国 CES 展（美国消费电子展）之前发布的预亏公告、媒体的报道毁损了其商业信誉等为由向四川长虹公司提起了反诉讼并要求予以赔偿。对此反诉，四川长虹公司认为，预亏公告是公司按照中国的法律依法做出的，且公司并没有向新闻媒体发布有损 APEX 商业信誉的言辞。

根据国际资信调查机构邓白氏的资料，APEX 的净资产数字与其销售额相比小得可怜。而且从其历史纪录来看，APEX 是一个麻烦不断的企业，从 2001 年至今，牵涉多宗商业纠纷，包括银行、供货商、运输商和保理机构在内的许多交易对手向 APEX 发函，即要求提供抵押。APEX 已抵押了其大量资产，个别资产甚至重复抵押，APEX 与合作伙伴大多都有逾期债务。

2005 年 9 月，四川长虹公司董事会公告显示，在对 APEX4.675 亿美元的欠款中，四川长虹公司可能从 APEX 收回的欠款只有 1.5 亿美元，这意味着还有 3.175 亿美元（26 亿元人民币）的欠款面临无法收回的境地。这一数字高于自 1999 至 2004 年 6 年间四川长虹公司的利润之和。

四川长虹公司在之后的数年内深受应收账款管理失败的困扰。

讨论：（1）应收账款对企业有何影响？

（2）四川长虹在应收账款管理存在哪些失误？

第 6 章 利润分配的管理

◎ 学习要点：

本章主要讲授利润分配的基本概念、股份有限公司股利理论及其利润分配政策。要求同学们能够掌握利润分配的策略及方法。其中利润分配的程序、利润发放的形式、股利政策的影响因素及类型是本章学习的重点。

◎ 学习难点：

理解与运用股利理论制定公司的股利政策。

6.1 利润分配概述

利润分配,是将企业实现的净利润,按照国家财务制度规定的分配形式和分配顺序,在企业和投资者之间进行的分配。利润分配是财务管理的重要内容之一,它关系到企业各利益相关者的切身利益,如若分配不当,则会影响企业的生存和发展。

根据所有制形式不同,企业可以分为独资企业、合伙企业和公司(公司又可分为有限责任公司和股份有限公司)三种形式。众多形式企业中,股份有限公司的股利分配最为复杂,其利润政策可能会对股票价格产生影响；其他形式的企业由于未采用股票形式,则相对简单一些,只需考虑现金流及未来发展需求即可。因此本章将着重强调股份有限公司的相关利润分配管理,这些内容对非股份有限公司股利政策的制定亦具有参考价值。

6.1.1 利润构成及分配程序

利润是指企业在一定会计期间的经营成果收入减去费用后的净额,直接计入当期利润的利得和损失。

1. 利润构成

在利润表中,利润的金额分营业利润、利润总额和净利润三个层次计算确定。

(1) 营业利润

营业利润是指企业通过一定期间的日常经营活动取得的利润,如公式(6.1)所示。

$$营业利润 = 营业收入 - 营业税金及附加 - 销售费用 - 管理费用 - 财务费用 - 资产减值损失 \pm 公允价值变动净损益 \pm 投资净损益 \quad (6.1)$$

其中,营业收入包括主营业务收入和其他业务收入;营业成本包括主营业务成本和其他业务成本;营业税金及附加是指企业经营业务应负担的价内税及附加费用,如消费税、城市维护建设税、教育费附加等。

(2) 利润总额

利润总额是指企业一定时期内所实现的所得税税前利润,如公式(6.2)所示。

$$利润总额 = 营业利润 + 营业外收入 - 营业外支出 \quad (6.2)$$

营业外收入和营业外支出是指企业发生的与日常活动无直接关系的各项利得或损失,如处置非流动资产形成的利得或损失、接受捐赠、捐赠支出、非货币性交换形成的利得或损失、债务重组形成的利得或损失、罚没利得或损失等。

(3) 净利润

净利润是指企业一定时期内所实现的所得税税后利润,它才是企业所有者最终所能得到的经营成果,如公式(6.3)所示。

$$净利润 = 利润总额 - 所得税 \quad (6.3)$$

净利润为正,表明企业所有者的本期财富比上一期得到了增加;净利润为负,表明企业所有者的本期财富比上一期减少了。

2. 利润分配及其程序

根据《中华人民共和国公司法》等有关法规的规定,企业当年实现的净利润,一般应按照下列内容、顺序和金额进行分配:

(1) 弥补公司的亏损

公司亏损是指在一个会计年度内,公司的盈利低于公司的全部成本、费用及其损失的总和。在公司存续期间内,公司应当经常保持与其资本相当的实有财产。当公司有利润时,应当首先用利润弥补公司的亏损。将本年净利润(或亏损)与年初未分配利润(或亏损)合并,计算出可供分配的利润;如果可供分配的利润为负数(即亏损),则不能进行后续分配;如果可供分配利润为正数(即本年累计盈利),则进行后续分配[①]。

[①] 如果企业当年亏损,只要仍然持有一定的累积未分配利润,也可以在满足一定条件下分配企业以前年度的未分配利润。

(2) 提取法定盈余公积金

法定盈余公积金是国家规定企业必须从本年净利润中提取的一种积累资金,主要用于弥补以前年度亏损、转增资本金、企业扩大再生产,必要时还可用来发放现金股利或利润。在不存在年初累计亏损的前提下,法定盈余公积金按照税后净利润的10%提取,法定盈余公积金已达注册资本的50%时可不再提取。提取的法定盈余公积金转增资本金后的留存不得低于注册资本的25%。《公司法》规定不依照本法规定提取法定盈余公积金的企业,由县级以上人民政府财政部门责令如数补足应当提取的金额,并可以处以二十万元以下的罚款。

(3) 提取任意盈余公积金

任意盈余公积金是根据公司章程及股东会的决议,从公司盈余中提取的公积金,其提取与否及提取比例由股东会根据公司发展的需要和盈余情况决定,法律不作强制规定。企业提取的任意盈余公积金除了可用于与法定盈余公积金同样的用途外,还可用于集体福利设施建设。需要注意的是,如果该企业是股份有限公司,其必须先支付优先股股利然后再提取任意盈余公积。

(4) 向普通股股东(所有者)支付股利(分配利润)

企业依顺弥补以前年度亏损,提取盈余公积金之后即可向普通股股东(所有者)分配利润了。公司股东会或董事会违反上述利润分配顺序,在抵补亏损和提取法定公积金之前向股东分配利润的,必须将违反规定发放的利润退还公司。

现实中,企业一般不会把提取完公积金之后的净利润全部分配给普通股股东(所有者),剩余的公司净利润称为未分配利润,仍可用于企业的扩大再生产及以后年度支付股东(所有者)利润。

6.1.2 利润分配的基本原则[①]

1. 依法分配原则

国家有关法律、法规对企业利润分配的基本原则、一般次序和重大比例也作了较为明确的规定,其目的是为了保障企业利润分配的有序进行,维护企业和所有者、债权人以及职工的合法权益,促使企业增加积累,增强风险防范能力。利润分配在企业内部属重大事项,企业的章程必须在不违背国家有关规定的前提下,对本企业利润分配的原则、方法、决策程序等内容作出具体而又明确的规定,企业在利润分配中也必须按规定办事。

2. 资本保全原则

资本保全是责任有限的现代企业制度的基础性原则之一,企业在分配中不能侵蚀资本。利润的分配是对经营中资本增值额的分配,不是对资本金的返还。按

---

① 中国注册会计师协会.财务成本管理[M].北京:中国财政经济出版社,2015.

照这一原则,一般情况下,企业如果存在尚未弥补的亏损,应首先弥补亏损,再进行其他分配。

3. 充分保护债权人利益原则

债权人的利益按照风险承担的顺序及其合同契约的规定,企业必须在利润分配之前偿清所有债权人到期的债务,否则不能进行利润分配。同时,在利润分配之后,企业还应保持一定的偿债能力,以免产生财务危机,危及企业生存。此外,企业在与债权人签订某些长期债务契约的情况下,其利润分配政策还应征得债权人的同意或经审核通过方能执行。

4. 多方及长短期利益兼顾原则

利益机制是制约机制的核心,而利润分配的合理与否是利益机制最终能否持续发挥作用的关键。利润分配涉及投资者、经营者、职工等多方面的利益,企业必须兼顾,并尽可能地保持稳定的利润分配。在企业获得稳定增长的利润后,应增加利润分配的数额或百分比。同时,由于发展及优化资本结构的需要,除依法必须留用的利润外,企业仍可以处于长远发展的考虑,合理留用利润。在积累与消费关系的处理上,企业应贯彻积累优先的原则,合理确定提取盈余公积金和分配给投资者利润的比例,使利润分配真正成为促进企业发展的有效手段。

6.1.3 利润发放的具体形式

利润发放的具体形式多种多样,常见的有现金红利、财产红利、负债红利、股票红利。

1. 现金红利

现金红利是企业以货币形式支付给所有者(或普通股股东)的投资报酬,亦称"派现",是最常见的红利发放形式之一。支付现金股利会引起企业资产的流出,同时所有者权益也会减少,采取这一形式发放利润的企业的"现金流"往往比较充足。

在宣布发放现金股利后,如果企业财务发生困难,陷入了无力偿付到期债务的窘境,包括不能如期支付已宣告的股利在内,则股东有权先行与其他无优先受偿权的债权人共同按比例分配公司的资产,因为这时股东因其拥有向公司索取股利的权利,而同时又成为公司的债权人,有权分享公司的资产。但若董事会分派股利的宣告违反了国家的有关法律规定或与债权人签订的协定,则董事会的宣告就无法律效力,公司也就不存在向股东分派股利的义务,破产清算时,股东无权与债权人一起分享公司的资产。

2. 财产红利

财产红利是以企业所拥有的非现金资产作为红利支付给所有者(或普通股股东),如商品、企业所持有的其他企业的股票、债券等。

通常情况下，股东都愿意接受那些那些声誉好、经济实力强的大公司发行的证券，因为其流动性强、易变现，股东对这种证券股利与现金股利的偏好没有多大的差别；而对于其他公司发行的证券，其流动性存在差异，当股东收到这种证券股利时，他们从中获得的利益则隐含着不确定性。企业采取此方式发放利润，有时是由于企业现金不足不得已而为之，有时则是企业为了避免证券投资收益的征税而主动采取的。

企业若采取商品等非现金实物发放红利，通常意味着企业经营欠佳。对于所有者（或普通股股东）来说，尽管实物股利不是他们所乐意接受的股利形式，但在企业经营状况欠佳时，发放实物股利至少要比不发放好。

3. 负债红利

负债红利是企业通过建立一项负债（如应付票据、应付公司债券或临时借据）来发放红利。通常是在已宣告分派红利后企业财务状况突发变化、现金不足发放红利的情况下，企业为了维护信誉而采取的一种权宜之策。企业账面上所反映的"应付股利（应付利润）"账户是不表示负债红利的。实务中，企业通常开立带息应付票据来界定延期支付红利的责任并补偿没有即期支付红利的货币时间价值。

4. 股票红利

股票红利是以尚未公开发行的股票形式支付给股东的股息。由于股票红利只适用于股份有限公司，因此又被称为"股票股利"或送"红股"。

对于企业来说，一方面，发放股票股利可使股东分享企业的盈余而无须分配现金，从而为企业留存了大量现金，便于进行再投资，有利于企业长期发展；另一方面，在盈余和现金股利不变的情况下，发放股票股利可以降低每股价值，从而吸引更多的投资者。

对股东来说，当其需要现金时，可以将分得的股票股利出售。有些国家税法规定，出售股票所需交纳的资本利得（价值增值部分）税率，比收到现金股利所需交纳的所得税率低，这使得股东可以从中获得纳税上的好处。但对股东而言，股票股利有下列不足：(1) 无法获得公司的资产；(2) 股权比例不变；(3) 理论上讲，投资的市场价值不会增加，增加的股份数量会被每股市价所抵消；(4) 因股票股利减少留存利润，将来的发放现金股利会受到影响。

上述四种方式中，现金红利与股票红利最为常见；股份有限公司通常将现金红利和股票红利组合一起（称为混合红利）发放，这既能帮企业节约一部分现金，又可能帮股东获得资本增值的收益。

知识窗 6-1

股票股利个人所得税征收方法

国家税务总局在1997年12月25日下发的《关于股份制企业转增股本和派发红股征免个人所得税的通知》（即：国税发〔1997〕198号文）中规定：上市公司以留存收益派发股票股利（包括以利润送股和以盈余公积转增股本两种方式）时，"对个人取得的红股数额，应作为个人所得征税，由派发的企业履行扣缴义务"，征收20％的个人所得税。

按照"198号文"的规定，对个人股东征收个人所得税是由上市公司代为履行扣缴义务的，但是，当上市公司在利润分配中只派红股不派现金的情况下，由于上市公司并无现金流向股东，致使上市公司难以进行操作，在实务中普遍的操作办法是把应代扣代缴的个人所得税作为"其他应收款"挂账处理。但上市公司的这笔应收款实际上是难以收回的，而一旦无法收回，将必然最终要冲减公司利润，这意味着该项损失要由确认损失时的公司全体股东共同承担，代扣缴个人所得税实际上成了上市公司的一项费用，这对非个人股东以及未获得股票股利的新投资者是不公平的。为解决上市公司在只派发股票股利情况下存在的个人所得税款难以收到的困境，目前，很多上市公司采取"股票股利加现金股利法"，即在派发股票股利的同时也派发现金股利，对需交个人所得税的股东以扣减其所获现金股利的办法来抵派发的股票股利部分的个人所得税。

这种方法表面上解决了股票股利支付个人所得税的问题，但实际上仍然没有解决在只发放股票股利的情况下上市公司操作上的困境。

知识窗 6-2

关于修改上市公司现金分红若干规定的决定[①]

上市公司现金分红是实现投资者投资回报的重要形式，对于培育资本市场长期投资理念，增强资本市场的吸引力和活力，具有十分重要的作用。为了引导和规范上市公司现金分红，现就有关事项决定如下：

---

① 中国证监会 www.csrc.gov.cn，时间：2008-10-09，来源：中国证券监督管理委员会令（第57号）。

1. 在《上市公司章程指引(2006年修订)》第一百五十五条增加一款,作为第二款:"注释:公司应当在章程中明确现金分红政策,利润分配政策应保持连续性和稳定性。"

2. 在《关于加强社会公众股股东权益保护的若干规定》第四条第(一)项增加规定:"上市公司可以进行中期现金分红。"

3. 将《上市公司证券发行管理办法》第八条第(五)项"最近三年以现金或股票方式累计分配的利润不少于最近三年实现的年均可分配利润的百分之二十"修改为:"最近三年以现金方式累计分配的利润不少于最近三年实现的年均可分配利润的百分之三十。"

4. 将《公开发行证券的公司信息披露内容与格式准则第2号——年度报告的内容与格式(2005年修订)》第三十七条修改为:"上市公司应披露本次利润分配预案或资本公积金转增股本预案。对于本报告期内盈利但未提出现金利润分配预案的公司,应详细说明未分红的原因、未用于分红的资金留存公司的用途。公司还应披露现金分红政策在本报告期的执行情况。同时应当以列表方式明确披露公司前三年现金分红的数额、与净利润的比率。"

5. 将《公开发行证券的公司信息披露内容与格式准则第3号——半年度报告的内容与格式(2007年修订)》第三十七条第一款修改为:"公司应当披露以前期间拟定、在报告期实施的利润分配方案、公积金转增股本方案或发行新股方案的执行情况。同时,披露现金分红政策的执行情况,并说明董事会是否制定现金分红预案。"

6. 在《公开发行证券的公司信息披露编报规则第13号——季度报告的内容与格式特别规定(2007年修订)》第十三条后增加一条,作为第十四条:"公司应当说明本报告期内现金分红政策的执行情况。"

7. 中国证监会派出机构、上海证券交易所、深圳证券交易所和中国证券登记结算有限责任公司应当督促上市公司按照本决定修改公司章程,履行信息披露义务,做好监管和服务工作。

8. 本决定自2008年10月9日起施行。《关于规范上市公司行为若干问题的通知》(证监上字(1996)7号)同时废止。

6.1.4 股份有限公司股利派发程序

在金融市场上,股东可以依法转让自己的股票给其他法人或个人,对于上市公司,股东转让股票更为便捷。因此,股份有限公司的股东可能是不断发生变化的。为了确定哪些人可以领到股利,必须确定一套严格的派发程序以确保股利的正常发放。

1. 股利宣告日

股利宣告日是公司董事会将股东大会通过本年度利润分配方案的情况以及股利支付情况予以公告的日期。公告中将宣布每股支付的股利、股权登记期限、除息日、股利支付日期以及派发对象等事项。

利润分配方案经股东代表大会表决之后,董事会才能对外公布。

2. 股权登记日

股权登记日是有权领取本期股利的股东资格登记截止日期。只有在股权登记日收盘前在公司股东名册上登记的股东,才有权分享股利;在这一天没有登记在册,即使是在股利发放日之前买入股票的股东,也无权领取本次分配的股利。

在未实现证券无纸化交易之前,为证明对上市公司享有分红权,股东们要在公司宣布的股权登记日予以登记;实行股票的无纸化交易后,股权登记都通过计算机交易系统自动进行,股民不必到上市公司或登记公司进行专门登记,只要在登记的收市时还拥有股票,股东就自动享有分红的权利。[1]

3. 除息日

由于公司股本增加或者向股东分配红利,每股股票所代表的企业实际价值(每股净资产)有所减少,需要在发生该事实之后从股票市场价格中剔除这部分因素。因股本增加而形成的剔除行为称为除权,因股利分配引起的剔除行为称为除息。除息日是指从股价中除去股利的日期[2]。在除息日之前的股票价格中包含了本次股利;在除息日之后购买的股票价格中不包含本次股利。

除息日当天开市前要根据除权除息具体情况计算得出一个剔除除权除息影响后的价格作为开盘指导价,这也称为除权(除息)基准价。由于可以采以现金、送股和配股的方式派发股利,因此,除息基准价的计算如公式(6.4)所示:

---

[1] 在该日收盘后持有该股股票的投资者没有享受分红配股的权利,通常该日称为登记日或 R 日,在登记日下午收盘时(下午3点钟)持有该公司的股票就由券商系统自动登记。交易所在该日收盘之后将认真核对有关资料,对享受分红配股权利的投资者进行核对后登记,全部过程均由交易所主机自动完成,而不需要投资者去办理登记手续,这也是证券无纸化交易的一个优点。

[2] 先进的计算机登记结算系统为股票的交割过户提供了快捷的手段,因此现在的除息日一般是股权登记日后的第一天。

$$除息基准价 = \frac{股权登记日收盘价 + 配股比例 \times 配股价 - 每股派发现金股利}{1 + 送股比例 + 配股比例}$$

(6.4)

4. 股利发放日

股利发放日是指将股利正式发放给股东的日期，又称付息日。以登记在册的股东为准，即使股东在股利发放日前已经将其所持股票抛售，仍有权获得股利。目前，公司可以通过证券登记结算系统将股利直接划入股东在证券公司开立的资金账户。

6.2 股利理论

利润分配政策是企业管理当局对企业利润分配有关事项所采取的方针和策略，主要包括企业是否发放股利、发放多少、何时发放、以何种形式发放等等。长期以来，学者们就股利分配政策对上市公司的价值或股票价格是否有影响，形成了股利无关论和股利相关论两类股利理论。

6.2.1 股利无关论

股利无关论是由美国经济学家弗兰科·莫迪利安尼(Franco Modigliani)和财务学家默顿·米勒(Merton Miller)于 1961 年首先提出的(又被称为 MM 理论)，是认为股利分配政策不会对公司的价值或股票的价格产生任何影响的一种理论。

1. 股利无关论的基本假设

股利无关论建立在完全市场假设的基础之上。完全市场假设包括：

(1) 完善的竞争假设

任何一位证券交易者都没有足够的力量通过其交易活动对股票的现行价格产生明显的影响。

(2) 信息完备假设

所有的投资者都可以平等地免费获取影响股票价格的任何信息，不存在信息不对称的情况。

(3) 交易成本为零假设

证券的发行和买卖等交易活动不存在经纪人费用、交易税和其他交易成本，在利润分配与不分配、资本利得与股利之间均不存在税负差异。

(4) 理性投资者假设

每个投资者都是财富最大化的追求者。

2. 股利无关论的结论

（1）投资者对股利和资本利得无偏好

在假设的完全市场里，投资者对股利和资本利得并无偏好。因为在公司有较好的投资机会时，分配较少现金股利，留存较多的利润用于再投资，会导致公司的价值或股票价格上升，需用现金的投资者可以出售股票换取现金；反之，若公司发放较多的现金股利，投资者可以用分得的现金去寻求新的投资机会，公司也可以顺利地筹集到新的资金。

（2）股利支付比率不影响股票的价格

股利支付率也称股息发放率，是净利润中股利所占的比重。股利发放率指标反映普通股股东从每股的全部净收益中分得多少，就单独的普通股投资者来讲，这一指标比每股净收益更直接体现当前利益。因为，既然投资者不关心股利的分配，股票的价格就完全由其投资的获利能力所决定。

6.2.2 股利相关论

现实生活中，完全市场的条件通常无法满足。企业和投资者均需要支付所得税；股票发行与交易均有成本发生；信息不对称，内部管理者比外部投资者知道更多关于企业的信息等现象均说明了此点。这些现象存在一个或多个，股利分配政策就会引起股票的价格发生变动。股利相关论即是认为股利分配政策会对公司的价值或股票的价格产生影响的一种理论。"一鸟在手论""信号传递理论""税差理论"和"代理理论"分别从不同角度说明了股利分配政策对公司的价值或股票价格的影响力。

1. "一鸟在手"论

"一鸟在手"论源于谚语"双鸟在林不如一鸟在手"，美国人麦伦·戈登是这一理论的代表人物。该理论认为：股利是确定性收入，留存利润是风险性收入；用留存收益再投资带给投资者的收益具有很大的不确定性，并且投资风险将随着时间的推移而进一步增大；投资者厌恶风险，宁愿当前收到较少的股利，也不愿等到将来再收回不确定的较大的股利或获得较高的股票出售价格。换句话说，投资者愿意为那些股利支付率较高，而其他方面完全一样的股票支付一个较高的价格。在持该理论的人看来，支付现金股利是最优的股利分配政策。

2. 信号传递理论

股利无关论假设投资者可以自由、免费地获取各种信息，并且投资者与管理层之间信息是对称的。但现实并非如此，投资者往往处于信息劣势地位。利润宣告、股利宣告和融资宣告是公司管理层向外界传递公司内部信息的常见信号，由于利润的会计处理可操纵性较大,相比而言股利宣告是一种比较可信的信号模式。[①] 信号传递理论认为,在信息不对称的情况下,股利政策包含了公司真实的经营信息,投资者可通过对股利政策的分析做出判断[②],以决定是否买其股票,从而引起股票价格的变化。根据此理论,公司在制定股利政策时应当考虑市场的反应,避免传递那些容易被投资者误解的信息。

3. 税差理论

股利无关论假设"股利收入"和"资本利得"没有所得税的差异,现实中二者适用的所得税税率通常是不同的。研究税率差异对公司价值及股利政策影响的股利理论被称为税收差别理论。一般来说,大多数国家及地区的股利收入的所得税税率高于资本利得的所得税税率。在这种差异的情况下,股东更偏好"低股利支付率"政策。虽然股东从公司分得较少甚至未分得股利,但股东可以在二级市场上出售股票获得"资本利得"以自制股利,从而达到避税的目的。此外,即使在二者税率相同的情况下,由于资本利得只有在出售股票时才纳税,相比股利而言,股东还可以获得货币时间价值的好处[③],因而还是偏好"低股利支付率"政策。不过应用该理论时要注意其成立的前提,否则会得出错误的结论。

4. 代理理论

如本书第一章第二节中所论述的,在信息不对称的情况下,股东与管理层之间、股东与债权人之间、大股东与小股东之间由于利益与目标不完全一致,进而存在相应的利益冲突。现代企业理论将这些冲突归结为"委托-代理"问题。股利政策作为公司一种重要的财务活动,要想实现财务管理目标,自然要化解这些"委托-代理"问题。综合考虑上述三种代理问题,代理理论认为分派现金股利是较优的选择。因为分派现金股利可以达到以下效果:(1) 减少了经理利用公司资源牟取个人私利的机会;(2) 由于留用利润的减少,当公司未来有好的投资机会需要资金时,必须从外部资本市场筹集,从而加强了资本市场对经理的监督;(3) 可以减少控股股东可支配的资本,降低掏空公司对中小股东利益的伤害。

---

① 因为股利发放是要拿出"真金白银"的,如若夸大宣告,对企业来说是得不偿失的事。

② Said Elfakhani(1995)的研究更进一步地揭示了股利信号的价值。他指出,股利信号的价值取决于三个因素:股利变化的方向(增加还是减少)、信号的性质(利好还是利空)、信号的作用(确认、澄清还是混淆)。市场更加关注的是股利信号的性质而不是股利变化的方向。因此,并不是所有的股利减少都是坏消息,也不是所有的股利增加都是好消息。传递利好信息的股利减少会导致正的市场反应,而传递利空信息的股利增加会导致负的市场反应。股利信号的作用则与公司披露事项的多少及一致性相关。如果公司披露的信息足以揭示公司的经营状况,而且所披露的各类信息对公司经营状况的揭示具有高度一致性,那么股利增加信号所起的确定性作用对市场的影响就不强,因为所传递信息中非预期信息太少。但如果公司披露的信息较少或所披露信息之间一致性不强,那么股利信号所传递的信息价值就较高,它有利于消除投资者判断上的不确定性,所以更能引起市场的反应。

③ 需要注意的是:"资本利得"存在一定程度的不确定性。

不过需要注意的是,现金股利会减少公司的现金持有量,债权人的风险将会增加,为了缓解股东与债权人之间的代理问题,股东与债权人应能达成一个双方都能接受的股利支付水平。[①]

6.3 股利政策

上述理论从不同角度强调了股利政策对公司价值或股票价格会产生影响,但并未给出一个普遍适用的股利政策。在实际中,不同企业会在综合考虑各种理论的基础之上,结合自己的实际情况(制约因素)制定其股利政策。

6.3.1 股利政策制约因素

1. 法律因素

公司的利益相关者在股利分配中存在激烈的利益冲突,《公司法》为平衡各方利益,制定了一系列公司法律制度来规范企业的股利分配行为。主要有:

(1) 累计净利润的限制

公司当年年度净利润为正时,首先要足额弥补以前的年度亏损;只有累计净利润为正数时才可发放股利。

(2) 企业积累的限制

为了制约公司支付股利的任意性,规定公司税后利润必须先提取法定公积金。此外还鼓励公司提取任意公积金,只有当提取的法定公积金达到注册资本的50%时,才可以不再提取。提取法定公积金后的利润净额才可以用于支付股利。

(3) 资本保全的限制

规定公司不能用资本(包括股本和资本公积)发放股利。股利的支付不能减少法定资本,如果一个公司的资本已经减少或因支付股利而引起资本减少,则不能支付股利。

(4) 超额累积利润的限制

如果对"资本得利"征收的税率低于对"股利收入"征收的税率,则出于"税差理论"的考虑,很多公司尽量少分甚至不分红。于是很多国家规定公司不得超额累积利润,一旦公司的保留盈余超过法律认可的水平,将被加征额外税额。我国法律对公司累积利润尚未作出限制性规定,且未征收资本利得税,因此现阶段我国企业的税后留成比例较大。

[①] 债权人在与企业签订借款合同时,可以在借款合同中规定关于股利支付水平的限制性条款或要求企业对债务提供担保。

（5）无力偿付的限制

支付现金股利会导致公司资产的流出或负债的增加，对原有债权人来说即意味着债务人的偿债能力被削弱。基于对原有债权人的利益保护，在债务合同中要对公司发放现金股利进行一定的限制。如：规定每股股利的最高限额；规定未来股息只能用贷款协议签订以后的新增收益支付，不能用签订协议前的留存利润支付；规定上公司的流动比率、利息保障倍数低于一定的标准时，不得分配现金股等等。

2. 股东因素

公司的股利政策最终需经股东代表大会表决，股东在投资机会、股权控制、规避风险、税负等方面的意愿和态度也会对股利政策产生影响。

（1）股东的外部投资机会

不同的股东面临的投资机会不同。如果有的股东将股利收入投资于公司外部其他投资机会所得的报酬（或称"对外投资报酬率"）大于将留存收益用于再投资所得的报酬（或称"对内投资报酬率"）时，这些股东希望多发放现金股利；反之，则不一定希望多发放现金股利。

（2）控制权要求

有的股东持股比例较高，其持有公司股票的目的是控制公司或对该公司发挥重大影响。通常情况下，这样的股东希望公司暂时少分现金股利、多留存利润，这样既可不影响其控制或影响力，又可进一步增强公司长期发展能力。其主要原因是：如果公司大量发放现金股利，可能会造成未来经营资金短缺，继而需要通过资本市场再次筹资。此时，不仅公司筹资成本增加，而且如果采取发行新股筹资，原有股东可能需要拿出比获得的现金股利还要多的资金才能维持其控制权。

（3）规避风险

有的股东是依靠股利维持生活的，他们追求稳定的收入，是"一鸟在手"论的支持者，他们认为留用利润可能使股票价格上升而带来的资本利得收益具有较大的不确定性，还是取得现实的股利比较稳妥。这类股东即使获得股票股利也会选择尽早将红股卖掉，以寻求"落袋为安"。

3. 公司自身因素

公司自身因素包括其现金流量、再筹资能力、发展的生命周期等，这些对股利政策也会产生重要影响。

（1）现金流量

公司在分配股利时，不能只看损益表上净利润的数量。由于净利润是按权责发生制计算的，公司年度净利润不一定等于净现金流量。净利润多的公司，其现金持有量不一定多，若其现金股利的比率较大，公司未来的支付能力将会受到影响。

(2) 再筹资能力

再筹资能力的强弱体现在能否及时、足额、经济地再筹集到资金[①]。如果公司的再筹资能力较强,则可采取较宽松的股利政策,多发放股利尤其是现金股利;否则应采取较紧缩的股利政策,少发放现金股利,留较多的资金在企业以保证企业的生产经营正常进行。

(3) 公司发展的生命周期

从公司发展的生命周期来看,处于初创或上升周期的公司投资机会多,资金紧缺;处于成熟或衰退期的公司投资机会减少,资金需求量降低,资金较充裕。公司在制定政策时,应考虑自己处于哪一类的生命周期,未来是否有良好的投资机会。通常处于初创或上升周期的公司会少发现金股利,避免减少资产或增加负债,以留用更多利润用于投资和发展;处于成熟或衰退期的公司可适当多发放股利。

6.3.2 常见的股利政策

1. 剩余股利政策

剩余股利政策的理论依据是股利无关论,其主要观点是公司生产经营所获得的净收益首先应满足公司的资金需求,剩余收益用于派发股利;如果没有剩余,则不派发股利。其决策步骤如下:

(1) 根据公司的投资计划确定公司的最佳资本预算;

(2) 根据公司的目标资本结构及最佳资本预算预计公司资金需求中所需要的权益资本数额;

(3) 尽可能用留存收益来满足资金需求中所需增加的股东权益数额;

(4) 留存收益在满足公司股东权益增加需求后,如果有剩余再用来发放股利。

如果完全遵照执行剩余股利政策,股利发放额就会每年随投资机会和盈利水平的波动而波动。即使在盈利水平不变的情况下,股利也将与投资机会的多寡呈反方向变动:投资机会越多,股利越少;反之,投资机会越少,股利发放越多。而在投资机会维持不变的情况下,则股利发放额将因公司每年盈利的波动而同方向波动。

这种政策不会受到希望有稳定的股利收入的股东欢迎,一般不宜长期使用,处于成长期的公司在特定时期可以采用。

2. 固定股利政策

固定股利政策的理论依据主要是"一鸟在手"理论和股利信号理论,其是指公

[①] 其最终将通过再筹集到的资金的资本成本的高低来反映,能以较低的资本成本筹集到资金则意味着再筹资能力强。

司在较长时间内每股支付固定金额的现金股利的政策。采用此政策,在公司盈利发生一般变化时,也不会影响股利的支付,而是使其保持稳定的水平;只有当公司对未来利润增长(或下降)趋势不可逆转时,才会增加(或减少)每股利润额,希望向投资者传递公司经营状况稳定或向好的信息。

固定股利政策是许多依靠固定股利收入生活的股东更喜欢的股利支付方式,它更利于投资者有规律地安排股利收入和支出,有利于股票价格的稳定;但也可能会给公司造成较大的财务压力,尤其是在公司的净利润下降或是现金紧张的情况下,公司为了保证股利的照常支付,容易导致现金短缺,财务状况恶化。现实中,企业不太可能采取高固定股利股利政策。

3. 固定增长股利政策

固定增长股利政策的理论依据主要是信号传递理论,其是在一定的时期内,公司每期的每股现金股利均以一个固定的比率增长的股利政策。操作时,一般使股利增长率等于或略低于利润增长率以保证股利增长的可持续性。公司采取此种股利政策的目的是向股东传递该公司经营业绩稳定增长的信息,从而有利于稳定股价或促使股价上涨;但现实中,很难有公司的经营业绩一直处于稳定增长的状态,一旦业绩下滑,该政策可能会给公司造成较大的财务压力,甚至侵蚀公司留存利润,最终使公司难以为继。

该政策适用于经营活动比较稳定、受经济周期影响小、处于成长或成熟阶段的公司。

4. 固定股利支付率政策

固定股利支付率政策是指公司每年都以固定的比率向股东发放现金股利。采用此政策,保持股利与利润间的一定比例关系,当年实现净利润多,股东领取的股利就多;反之,股东领取的股利就少,体现了"多盈多分、少盈少分、无盈不分"的股利分配原则。这种股利政策不会给公司造成较大的财务负担。但若公司的盈利水平波动较大,则现金股利的波动也会较大,可能向股东传递经营状况不稳定、投资风险较大的不良印象,从而成为公司的不利因素。

5. 低正常股利加额外股利政策

低正常股利加额外股利政策是公司事先设定一个较低的经常性股利额,一般情况下,公司每期都按此金额支付正常股利,只有企业盈利较多时,再根据实际情况发放额外股利。这种股利政策较灵活,公司每年固定派发的股利维持在一个较低的水平上,在公司盈利较少或需用较多的留存收益进行投资时,公司仍然能够按照既定承诺的股利水平派发股利,使股东保持一个固有的收益保障,体现了"一鸟在手"理论。而当公司盈利较大且有剩余现金,公司可派发额外股利,体现了股利信号理论。公司将派发额外股利的信息传播给股票投资者,有利于促进股价上涨。

这种股利政策既吸收了固定股利政策对股东投资收益的保障优点,同时又摒弃其对公司所造成的财务压力方面的不足,所以在资本市场上颇受投资者和公司的欢迎,有效地修正了固定股利支付率政策和固定股利政策所存在的缺陷。

思考练习题

一、名词解释

1. 现金股利
2. 股票股利
3. 股利无关论
4. 股利相关论
5. 股权登记日
6. 除息日
7. 股权宣告日
8. 剩余股利政策

二、单项选择题

1. 企业的法定盈余公积金应当从(　　)中提取。
   A. 利润总额　　B. 税后净利润　　C. 营业利润　　D. 营业收入
2. 企业提取的盈余公积金不能用于(　　)。
   A. 弥补企业的亏损　　　　　B. 支付股利
   C. 增加注册资本　　　　　　D. 集体福利支出
3. 下列(　　)的股利政策可能给公司造成较大的财务负担。
   A. 剩余股利政策　　　　　　B. 固定股利支付率的股利政策
   C. 固定股利或稳定增长股利政策　　D. 低正常股利加额外股利政策
4. 一般来说,如果一公司的举债能力较弱,往往采取(　　)的利润分配政策。
   A. 宽松　　B. 较紧　　C. 固定　　D. 变动
5. 领取股利的权利与股票相分离的日期是(　　)。
   A. 股利宣告日　B. 股权登记日　C. 除息日　　D. 股利支付日
6. 下列股利政策中,能够使股利支付水平与公司盈利状况密切相关的是(　　)。
   A. 剩余股利政策　　　　　　B. 固定股利支付率的股利政策
   C. 固定股利或稳定增长股利政策　　D. 低正常股利加额外股利政策

三、多项选择题

1. 股份公司分配股利的一般形式有(　　)。
   A. 现金股利　　B. 股票股利　　C. 财产股利　　D. 负债股利
   E. 资产股利
2. 影响股利政策的因素有(　　)。
   A. 法律因素　　　　　　　　B. 债务契约因素
   C. 公司现金流量状况　　　　D. 资本成本因素

E. 股东因素

3. 公司股利政策的内容主要包括（　　）。
A. 股利分配的时间　　　　B. 股利支付率的比率
C. 每股股利额的金额　　　D. 股利分配的形式
E. 股利分配的对象

4. 关于股利分配政策，下列说法正确的是（　　）。
A. 剩余股利分配政策能充分利用筹资成本最低的资金资源保持理想的资金结构
B. 固定股利政策有利于公司股票价格的稳定
C. 固定股利支付率政策体现了风险投资与风险收益的对等
D. 低正常股利加额外股利政策有利于股价的稳定
E. 固定股利支付率股利政策使公司各年股利较为稳定

四、判断题

1. 企业的法定盈余公积金是按利润总额的10%计提的。（　　）
2. 企业应当在弥补亏损、提取盈余公积金和公益金之后才能向投资者分配利润。（　　）
3. 采用剩余股利政策，首先要确定企业的最佳资本结构。（　　）
4. 企业采用股票股利进行股利分配，会减少企业的股东权益。（　　）
5. 投资者在宣布日以后购买股票就不会得到最近一次股利。（　　）
6. 投资者只有在除息日之前购买股票，才能领取最近一次股利。（　　）

五、简答题

1. 简述MM理论的前提假设。
2. 发放现金股利对公司的股东权益、股东持股比例和股票市价带来怎样的影响？
3. 发放股票股利对公司的股东权益、股东持股比例和股票市价带来怎样的影响？
4. 简述影响股利政策的法律因素。
5. 简述税收差别理论的基本内容。
6. 简述代理理论的基本内容。
7. 简述信号传递理论的基本内容。
8. 简述"一鸟在手"理论的基本内容。

六、案例分析

现金分红被"双重征税"伤了谁？[①]

2012年3月18日，时任证监会主席郭树清到浙江调研，深入到散户中听取投资者呼声，这可能算是历任证监会主席第一次"下乡调研"。在这次座谈中，股民谈得最多的就是红利税问题。有股民提出："请不要送股和分红给我，因为我要交红利税。"

目前，个人投资者从上市公司获得的现金分红按10%征税。投资者实际所得的账面现金收入是分红额的90%。而在分红除权日，分红股票的开盘参考价实行的却是按分红额的100%。这样一来，股票还没开盘，投资者的股票账户市值就已经缩水。此外，上市公司现金分红来源于税后利润，即为缴纳了企业所得税之后的利润，而个人投资者、基金在收到分红后还需要再按10%的税率缴纳个人所得税，造成现金分红重复征税。然而，除了个人投资者、基金外，其他投资者诸如法人、企业等，收到的上市公司分红反而无需纳税。由此造成了不同投资者之间的税负不均。中国政法大学法与经济研究中心教授刘纪鹏在微博中指出，"双重征税"尤其伤害了中小投资者的利益。

曾有业内人士把中美两国的股市交易成本作比较：在同等条件下，按每年操作15次计算，用100万元人民币在中国股市做满仓交易，不赔不赚情况下，仅印花税每年就要交9万元。加上券商佣金，交易成本大概15万；而把这笔钱换成美元在美国股市做满仓交易，同样情况，印花税免交，券商佣金平均每笔10美元，同时每笔交易还有万分之二的证券交易税，年平均交易成本约为540美元（约合3 843元人民币）。武汉科技大学金融证券研究所所长董登新介绍说，在美英等发达国家的股市中，为了稳定市场，鼓励价值投资和长期投资，股市税制都是以资本所得税（或称资本利得税）作为主体税种，而以印花税和红利税作为辅助性税种。在美国个人所得税中其中重要的一项申报就是股票税，如果你的股票在当年12月31日或之前卖出时低于你买进时，你的股票便是亏损。亏损不但不用交纳股票税，而且可以从你的应税年薪中减去股票亏损的那一部分，不用再计税。

试分析：
1. 税收政策对股利政策会产生哪些影响？
2. 我国当前对股利的税收政策是怎样的？

[①] 本案例参考2012年3月24日扬子晚报《10年股指涨幅为零 股民却缴纳5 388亿印花税》一文编写。

上市公司股东大会规则（2014 年修订）[①]

第一章 总 则

第一条 为规范上市公司行为，保证股东大会依法行使职权，根据《中华人民共和国公司法》（以下简称《公司法》）、《中华人民共和国证券法》（以下简称《证券法》）的规定，制定本规则。

第二条 上市公司应当严格按照法律、行政法规、本规则及公司章程的相关规定召开股东大会，保证股东能够依法行使权利。

公司董事会应当切实履行职责，认真、按时组织股东大会。公司全体董事应当勤勉尽责，确保股东大会正常召开和依法行使职权。

第三条 股东大会应当在《公司法》和公司章程规定的范围内行使职权。

第四条 股东大会分为年度股东大会和临时股东大会。年度股东大会每年召开一次，应当于上一会计年度结束后的 6 个月内举行。临时股东大会不定期召开，出现《公司法》第一百零一条规定的应当召开临时股东大会的情形时，临时股东大会应当在 2 个月内召开。

公司在上述期限内不能召开股东大会的，应当报告公司所在地中国证监会派出机构和公司股票挂牌交易的证券交易所（以下简称"证券交易所"），说明原因并公告。

第五条 公司召开股东大会，应当聘请律师对以下问题出具法律意见并公告：

（一）会议的召集、召开程序是否符合法律、行政法规、本规则和公司章程的规定；

（二）出席会议人员的资格、召集人资格是否合法有效；

（三）会议的表决程序、表决结果是否合法有效；

（四）应公司要求对其他有关问题出具的法律意见。

第二章 股东大会的召集

第六条 董事会应当在本规则第四条规定的期限内按时召集股东大会。

第七条 独立董事有权向董事会提议召开临时股东大会。对独立董事要求召开临时股东大会的提议，董事会应当根据法律、行政法规和公司章程的规定，在

[①] 中国证监会 www.csrc.gov.cn，时间：2015-05-11。

收到提议后10日内提出同意或不同意召开临时股东大会的书面反馈意见。

董事会同意召开临时股东大会的,应当在作出董事会决议后的5日内发出召开股东大会的通知;董事会不同意召开临时股东大会的,应当说明理由并公告。

第八条 监事会有权向董事会提议召开临时股东大会,并应当以书面形式向董事会提出。董事会应当根据法律、行政法规和公司章程的规定,在收到提议后10日内提出同意或不同意召开临时股东大会的书面反馈意见。

董事会同意召开临时股东大会的,应当在作出董事会决议后的5日内发出召开股东大会的通知,通知中对原提议的变更,应当征得监事会的同意。

董事会不同意召开临时股东大会,或者在收到提议后10日内未作出书面反馈的,视为董事会不能履行或者不履行召集股东大会会议职责,监事会可以自行召集和主持。

第九条 单独或者合计持有公司10%以上股份的普通股股东(含表决权恢复的优先股股东)有权向董事会请求召开临时股东大会,并应当以书面形式向董事会提出。董事会应当根据法律、行政法规和公司章程的规定,在收到请求后10日内提出同意或不同意召开临时股东大会的书面反馈意见。

董事会同意召开临时股东大会的,应当在作出董事会决议后的5日内发出召开股东大会的通知,通知中对原请求的变更,应当征得相关股东的同意。

董事会不同意召开临时股东大会,或者在收到请求后10日内未作出反馈的,单独或者合计持有公司10%以上股份的普通股股东(含表决权恢复的优先股股东)有权向监事会提议召开临时股东大会,并应当以书面形式向监事会提出请求。

监事会同意召开临时股东大会的,应在收到请求5日内发出召开股东大会的通知,通知中对原请求的变更,应当征得相关股东的同意。

监事会未在规定期限内发出股东大会通知的,视为监事会不召集和主持股东大会,连续90日以上单独或者合计持有公司10%以上股份的普通股股东(含表决权恢复的优先股股东)可以自行召集和主持。

第十条 监事会或股东决定自行召集股东大会的,应当书面通知董事会,同时向公司所在地中国证监会派出机构和证券交易所备案。

在股东大会决议公告前,召集普通股股东(含表决权恢复的优先股股东)持股比例不得低于10%。

监事会和召集股东应在发出股东大会通知及发布股东大会决议公告时,向公司所在地中国证监会派出机构和证券交易所提交有关证明材料。

第十一条 对于监事会或股东自行召集的股东大会,董事会和董事会秘书应予配合。董事会应当提供股权登记日的股东名册。董事会未提供股东名册的,召集人可以持召集股东大会通知的相关公告,向证券登记结算机构申请获取。召集人所获取的股东名册不得用于除召开股东大会以外的其他用途。

第十二条　监事会或股东自行召集的股东大会，会议所必需的费用由公司承担。

第三章　股东大会的提案与通知

第十三条　提案的内容应当属于股东大会职权范围，有明确议题和具体决议事项，并且符合法律、行政法规和公司章程的有关规定。

第十四条　单独或者合计持有公司3%以上股份的普通股股东（含表决权恢复的优先股股东），可以在股东大会召开10日前提出临时提案并书面提交召集人。召集人应当在收到提案后2日内发出股东大会补充通知，公告临时提案的内容。

除前款规定外，召集人在发出股东大会通知后，不得修改股东大会通知中已列明的提案或增加新的提案。

股东大会通知中未列明或不符合本规则第十三条规定的提案，股东大会不得进行表决并作出决议。

第十五条　召集人应当在年度股东大会召开20日前以公告方式通知各普通股股东（含表决权恢复的优先股股东），临时股东大会应当于会议召开15日前以公告方式通知各普通股股东（含表决权恢复的优先股股东）。

第十六条　股东大会通知和补充通知中应当充分、完整披露所有提案的具体内容，以及为使股东对拟讨论的事项作出合理判断所需的全部资料或解释。拟讨论的事项需要独立董事发表意见的，发出股东大会通知或补充通知时应当同时披露独立董事的意见及理由。

第十七条　股东大会拟讨论董事、监事选举事项的，股东大会通知中应当充分披露董事、监事候选人的详细资料，至少包括以下内容：

（一）教育背景、工作经历、兼职等个人情况；

（二）与公司或其控股股东及实际控制人是否存在关联关系；

（三）披露持有上市公司股份数量；

（四）是否受过中国证监会及其他有关部门的处罚和证券交易所惩戒。

除采取累积投票制选举董事、监事外，每位董事、监事候选人应当以单项提案提出。

第十八条　股东大会通知中应当列明会议时间、地点，并确定股权登记日。股权登记日与会议日期之间的间隔应当不多于7个工作日。股权登记日一旦确认，不得变更。

第十九条　发出股东大会通知后，无正当理由，股东大会不得延期或取消，股东大会通知中列明的提案不得取消。一旦出现延期或取消的情形，召集人应当在原定召开日前至少2个工作日公告并说明原因。

第四章 股东大会的召开

第二十条 公司应当在公司住所地或公司章程规定的地点召开股东大会。

股东大会应当设置会场,以现场会议形式召开,并应当按照法律、行政法规、中国证监会或公司章程的规定,采用安全、经济、便捷的网络和其他方式为股东参加股东大会提供便利。股东通过上述方式参加股东大会的,视为出席。

股东可以亲自出席股东大会并行使表决权,也可以委托他人代为出席和在授权范围内行使表决权。

第二十一条 公司股东大会采用网络或其他方式的,应当在股东大会通知中明确载明网络或其他方式的表决时间以及表决程序。

股东大会网络或其他方式投票的开始时间,不得早于现场股东大会召开前一日下午3:00,并不得迟于现场股东大会召开当日上午9:30,其结束时间不得早于现场股东大会结束当日下午3:00。

第二十二条 董事会和其他召集人应当采取必要措施,保证股东大会的正常秩序。对于干扰股东大会、寻衅滋事和侵犯股东合法权益的行为,应当采取措施加以制止并及时报告有关部门查处。

第二十三条 股权登记日登记在册的所有普通股股东(含表决权恢复的优先股股东)或其代理人,均有权出席股东大会,公司和召集人不得以任何理由拒绝。

优先股股东不出席股东大会会议,所持股份没有表决权,但出现以下情况之一的,公司召开股东大会会议应当通知优先股股东,并遵循《公司法》及公司章程通知普通股股东的规定程序。优先股股东出席股东大会会议时,有权与普通股股东分类表决,其所持每一优先股有一表决权,但公司持有的本公司优先股没有表决权:

(一)修改公司章程中与优先股相关的内容;

(二)一次或累计减少公司注册资本超过百分之十;

(三)公司合并、分立、解散或变更公司形式;

(四)发行优先股;

(五)公司章程规定的其他情形。

上述事项的决议,除须经出席会议的普通股股东(含表决权恢复的优先股股东)所持表决权的三分之二以上通过之外,还须经出席会议的优先股股东(不含表决权恢复的优先股股东)所持表决权的三分之二以上通过。

第二十四条 股东应当持股票账户卡、身份证或其他能够表明其身份的有效证件或证明出席股东大会。代理人还应当提交股东授权委托书和个人有效身份证件。

第二十五条 召集人和律师应当依据证券登记结算机构提供的股东名册共同对股东资格的合法性进行验证,并登记股东姓名或名称及其所持有表决权的股份数。在会议主持人宣布现场出席会议的股东和代理人人数及所持有表决权的股份总数之前,会议登记应当终止。

第二十六条　公司召开股东大会,全体董事、监事和董事会秘书应当出席会议,经理和其他高级管理人员应当列席会议。

第二十七条　股东大会由董事长主持。董事长不能履行职务或不履行职务时,由副董事长主持;副董事长不能履行职务或者不履行职务时,由半数以上董事共同推举的一名董事主持。

监事会自行召集的股东大会,由监事会主席主持。监事会主席不能履行职务或不履行职务时,由监事会副主席主持;监事会副主席不能履行职务或者不履行职务时,由半数以上监事共同推举的一名监事主持。

股东自行召集的股东大会,由召集人推举代表主持。

公司应当制定股东大会议事规则。召开股东大会时,会议主持人违反议事规则使股东大会无法继续进行的,经现场出席股东大会有表决权过半数的股东同意,股东大会可推举一人担任会议主持人,继续开会。

第二十八条　在年度股东大会上,董事会、监事会应当就其过去一年的工作向股东大会作出报告,每名独立董事也应作出述职报告。

第二十九条　董事、监事、高级管理人员在股东大会上应就股东的质询作出解释和说明。

第三十条　会议主持人应当在表决前宣布现场出席会议的股东和代理人人数及所持有表决权的股份总数,现场出席会议的股东和代理人人数及所持有表决权的股份总数以会议登记为准。

第三十一条　股东与股东大会拟审议事项有关联关系时,应当回避表决,其所持有表决权的股份不计入出席股东大会有表决权的股份总数。

股东大会审议影响中小投资者利益的重大事项时,对中小投资者的表决应当单独计票。单独计票结果应当及时公开披露。

公司持有自己的股份没有表决权,且该部分股份不计入出席股东大会有表决权的股份总数。

公司董事会、独立董事和符合相关规定条件的股东可以公开征集股东投票权。征集股东投票权应当向被征集人充分披露具体投票意向等信息。禁止以有偿或者变相有偿的方式征集股东投票权。公司不得对征集投票权提出最低持股比例限制。

第三十二条　股东大会就选举董事、监事进行表决时,根据公司章程的规定或者股东大会的决议,可以实行累积投票制。

前款所称累积投票制是指股东大会选举董事或者监事时,每一普通股(含表决权恢复的优先股)股份拥有与应选董事或者监事人数相同的表决权,股东拥有的表决权可以集中使用。

第三十三条　除累积投票制外,股东大会对所有提案应当逐项表决。对同一事项有不同提案的,应当按提案提出的时间顺序进行表决。除因不可抗力等特殊原因导致股东大会中止或不能作出决议外,股东大会不得对提案进行搁置或不予表决。

股东大会就发行优先股进行审议,应当就下列事项逐项进行表决:

(一)本次发行优先股的种类和数量;

(二)发行方式、发行对象及向原股东配售的安排;

(三)票面金额、发行价格或定价区间及其确定原则;

(四)优先股股东参与分配利润的方式,包括:股息率及其确定原则、股息发放的条件、股息支付方式、股息是否累积、是否可以参与剩余利润分配等;

(五)回购条款,包括回购的条件、期间、价格及其确定原则、回购选择权的行使主体等(如有);

(六)募集资金用途;

(七)公司与相应发行对象签订的附条件生效的股份认购合同;

(八)决议的有效期;

(九)公司章程关于优先股股东和普通股股东利润分配政策相关条款的修订方案;

(十)对董事会办理本次发行具体事宜的授权;

(十一)其他事项。

第三十四条　股东大会审议提案时,不得对提案进行修改,否则,有关变更应当被视为一个新的提案,不得在本次股东大会上进行表决。

第三十五条　同一表决权只能选择现场、网络或其他表决方式中的一种。同一表决权出现重复表决的以第一次投票结果为准。

第三十六条　出席股东大会的股东,应当对提交表决的提案发表以下意见之一:同意、反对或弃权。证券登记结算机构作为沪港通股票的名义持有人,按照实际持有人意思表示进行申报的除外。

未填、错填、字迹无法辨认的表决票或未投的表决票均视为投票人放弃表决权利,其所持股份数的表决结果应计为"弃权"。

第三十七条　股东大会对提案进行表决前,应当推举两名股东代表参加计票和监票。审议事项与股东有关联关系的,相关股东及代理人不得参加计票、监票。

股东大会对提案进行表决时,应当由律师、股东代表与监事代表共同负责计票、监票。

通过网络或其他方式投票的公司股东或其代理人,有权通过相应的投票系统查验自己的投票结果。

第三十八条　股东大会会议现场结束时间不得早于网络或其他方式,会议主持人应当在会议现场宣布每一提案的表决情况和结果,并根据表决结果宣布提案是否通过。

在正式公布表决结果前,股东大会现场、网络及其他表决方式中所涉及的公司、计票人、监票人、主要股东、网络服务方等相关各方对表决情况均负有保密义务。

第三十九条　股东大会决议应当及时公告,公告中应列明出席会议的股东和代理人人数、所持有表决权的股份总数及占公司有表决权股份总数的比例、表决方式、每项提案的表决结果和通过的各项决议的详细内容。

发行优先股的公司就本规则第二十三条第二款所列情形进行表决的,应当对普通股股东(含表决权恢复的优先股股东)和优先股股东(不含表决权恢复的优先股股东)出席会议及表决的情况分别统计并公告。

发行境内上市外资股的公司,应当对内资股股东和外资股股东出席会议及表决情况分别统计并公告。

第四十条　提案未获通过,或者本次股东大会变更前次股东大会决议的,应当在股东大会决议公告中作特别提示。

第四十一条　股东大会会议记录由董事会秘书负责,会议记录应记载以下内容:

(一)会议时间、地点、议程和召集人姓名或名称;

(二)会议主持人以及出席或列席会议的董事、监事、董事会秘书、经理和其他高级管理人员姓名;

(三)出席会议的股东和代理人人数、所持有表决权的股份总数及占公司股份总数的比例;

(四)对每一提案的审议经过、发言要点和表决结果;

(五)股东的质询意见或建议以及相应的答复或说明;

(六)律师及计票人、监票人姓名;

(七)公司章程规定应当载入会议记录的其他内容。

出席会议的董事、董事会秘书、召集人或其代表、会议主持人应当在会议记录上签名,并保证会议记录内容真实、准确和完整。会议记录应当与现场出席股东的签名册及代理出席的委托书、网络及其他方式表决情况的有效资料一并保存,保存期限不少于10年。

第四十二条　召集人应当保证股东大会连续举行,直至形成最终决议。因不可抗力等特殊原因导致股东大会中止或不能作出决议的,应采取必要措施尽快恢复召开股东大会或直接终止本次股东大会,并及时公告。同时,召集人应向公司所在地中国证监会派出机构及证券交易所报告。

第四十三条　股东大会通过有关董事、监事选举提案的,新任董事、监事按公司章程的规定就任。

第四十四条　股东大会通过有关派现、送股或资本公积转增股本提案的,公司应当在股东大会结束后2个月内实施具体方案。

第四十五条　公司以减少注册资本为目的回购普通股公开发行优先股,以及以非公开发行优先股为支付手段向公司特定股东回购普通股的,股东大会就回购普通股作出决议,应当经出席会议的普通股股东(含表决权恢复的优先股股东)所持表决权的三分之二以上通过。

公司应当在股东大会作出回购普通股决议后的次日公告该决议。

第四十六条　公司股东大会决议内容违反法律、行政法规的无效。

公司控股股东、实际控制人不得限制或者阻挠中小投资者依法行使投票权,不得损害公司和中小投资者的合法权益。

股东大会的会议召集程序、表决方式违反法律、行政法规或者公司章程,或者决议内容违反公司章程的,股东可以自决议作出之日起60日内,请求人民法院撤销。

第五章　监管措施

第四十七条　在本规则规定期限内,上市公司无正当理由不召开股东大会的,证券交易所有权对该公司挂牌交易的股票及衍生品种予以停牌,并要求董事会作出解释并公告。

第四十八条　股东大会的召集、召开和相关信息披露不符合法律、行政法规、本规则和公司章程要求的,中国证监会及其派出机构有权责令公司或相关责任人限期改正,并由证券交易所予以公开谴责。

第四十九条　董事、监事或董事会秘书违反法律、行政法规、本规则和公司章程的规定,不切实履行职责的,中国证监会及其派出机构有权责令其改正,并由证券交易所予以公开谴责;对于情节严重或不予改正的,中国证监会可对相关人员实施证券市场禁入。

第六章　附　则

第五十条　对发行外资股的公司的股东大会,相关法律、行政法规或文件另有规定的,从其规定。

第五十一条　本规则所称公告或通知,是指在中国证监会指定报刊上刊登有关信息披露内容。公告或通知篇幅较长的,公司可以选择在中国证监会指定报刊上对有关内容作摘要性披露,但全文应当同时在中国证监会指定的网站上公布。

本规则所称的股东大会补充通知应当在刊登会议通知的同一指定报刊上公告。

第五十二条 本规则所称"以上"、"内",含本数;"过"、"低于"、"多于",不含本数。

第五十三条 本规则由中国证监会负责解释。

第五十四条 本规则自公布之日起施行。《上市公司股东大会规则(2014年修订)》(证监会公告〔2014〕20号)同时废止。